# IMPRESSUM

**HERAUSGEBER:** *Prof. Dr. Ann-Kristin Achleitner, Hagen Rickmann*
**KONZEPT & VERLAGSLEITUNG:** *Jens de Buhr*
*(Feedback an: debuhr@jdb.de oder 0172 - 430 21 88)*

**AUTOR:INNEN UND INTERVIEWPARTNER:INNEN:** *Dr. Jens Baas, Oliver Bierhoff, Alexander Birken, Dr. Martin Brudermüller, Jens de Buhr, Dr. Susanne Falk, Prof. Dr. Lisandra Flach, Angie Gifford, Dr. Stephan Glander, Tim Höttges, Prof. Dr. Sabina Jeschke, Christian Klein, Dr. Axel Kniehl, Olaf Koch, Keith Krach, Dr. Thomas Lange, General Stan McChrystal, Jens Meier, Daniel Metzler, Tina Müller, Markus Pflitsch, Dr. Maike Reimer, Hagen Rickmann, Prof. Dr. Helga Rübsamen-Schaeff, Dr. h. c. Thomas Sattelberger, André Schmidt, Dr. Martin Sonnenschein, Carolin Stüdemann, Margret Suckale, Inhi Cho Suh, Prof. Dr. Isabell Welpe, Prof. Dr. Jochen Werner, Philipp Westermeyer, Prof. Dr. Norbert Winkeljohann, Stefan B. Wintels*

**PROJEKTLEITUNG:** *Alex Steudel*

**FOTOS:** *Efe Kurnaz/Unsplash (Cover), Jim Rakete (Cover, S. 9), JdB Media (S. 42), Wolfgang Maria Weber (S. 122), Charlotte Schreiber (S. 150), Marco Wehr & Dr. Thomas Lange (214), Felix Matthies (S. 248), Benne Ochs (S. 256), Pressefotos (alle anderen)*

**GRAFIK:** *Melanie Nix*
**LEKTORAT:** *Uta Kleimann, Ulrich Paasch*


*Initiiert und umgesetzt wird das Projekt vom DIND*
*(Deutsches Innovationsinstitut für Nachhaltigkeit und Digitalisierung)*

*ISBN: 9798366021944*

ANN-KRISTIN ACHLEITNER - HAGEN RICKMANN

# NEXT.

33 KLUGE KÖPFE ÜBER DEUTSCHLANDS ZUKUNFT

# 2030

GESUNDHEIT, FOOD, DEEPTECH, KLIMA, DIGITALISIERUNG: WAS SICH IN UNSEREM LAND ALLES ÄNDERN WIRD - ODER MUSS

DIND INNOVATIONSINSTITUT

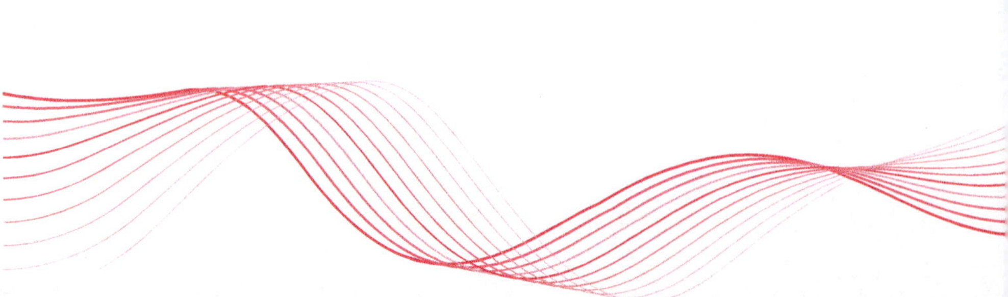

# VORWORT

Als wir das Projekt *Next.2030* starteten, geschah das vor allem aus einem Grund: Wir wollten, dass alle, die dieses Buch lesen, danach optimistischer in die Zukunft blicken als zuvor – insbesondere in die Zukunft Deutschlands. Und wir wollten, dass unsere Leser:innen am Ende sagen: Toll, vielversprechend und aufregend, was da alles auf uns zukommt – ich freue mich darauf und will diese Zukunft mitgestalten!

Zukunft bedeutet meistens Veränderung. Und wir leben in einer Zeit, in der Veränderung zum Alltag gehört. Wohin das führt? In einem Buchbeitrag ist beispielsweise von Unternehmen die Rede, deren Hauptquartiere künftig „aus Software und nicht aus Ziegeln und Mörtel" bestehen. Oder davon, dass „im kommenden Jahrzehnt Künstliche Intelligenz bei jeder Aufgabe, jedem Arbeitsablauf und jedem Gerät zum Einsatz kommen wird". Viele Menschen haben Angst vor dem Ungewissen, aber in diesem Buch geht es nicht um Bedrohung, sondern um Chancen – vor allem für Deutschland: als Wirtschafts- und Wissenschaftsstandort, als Digitalisierer, als Vorreiter in Sachen Energietransformation und, und, und.

**33 VORDENKER:INNEN ERKLÄREN, WO SIE DAS DEUTSCHLAND VON ÜBERMORGEN SEHEN**

Wir haben also Vordenker:innen und Zukunftsgestalter:innen aus allen Bereichen des Lebens gefragt, ob sie einen Blick ins Jahr 2030 riskieren und beschreiben möchten, wo sie das Deutschland von übermorgen sehen oder was passieren muss, damit wir künftig noch besser dastehen. Wo etwa Gefahren lauern. Welche Herausforderungen gelöst werden sollten. Viele namhafte Autor:innen haben sofort und begeistert zugesagt. 33 Texte sind daraus entstanden. Und ob von CEO, Gründerin, Aufsichtsratsvorsitzendem oder Wissenschaftlerin: Die Beiträge nehmen uns nicht nur auf eine spannende Zeitreise mit, sie machen vor allem Mut – Mut, unsere Zukunft selbst in die Hand zu nehmen.

Viel Spaß beim Lesen wünschen

**PROF. DR. ANN-KRISTIN ACHLEITNER,**
TU München, Mitglied
in Aufsichtsräten verschiedener
börsennotierter Konzerne

**HAGEN RICKMANN,**
verantwortlich für den
Geschäftskundenbereich der
Telekom Deutschland

FOTOS: Jim Rakete, Telekom

# INHALT

## MEIN KÖRPER



## BLICK VON AUSSEN



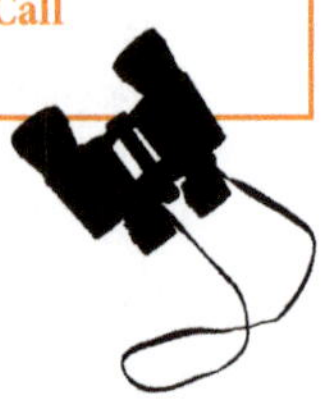

## MADE IN GERMANY



## ZWISCHENGEDANKE I

# 01
# MEIN KÖRPER

# GESUNDHEIT DER ZUKUNFT

## Die Revolution der Medizin

**DR. JENS BAAS,**
**Vorstandsvorsitzender der Techniker Krankenkasse, erklärt, wie wir künftig leben und geheilt werden - und welch große Veränderungen dem Gesundheitswesen bevorstehen**

Mit wem könnte man besser über die Zukunft der Gesundheit sprechen als mit dem Chef von Deutschlands größter Krankenkasse? Dr. Jens Baas hat für *Next.2030* die drängendsten Fragen der Zeit beantwortet, kommentiert – und über den Tellerrand geschaut. Dr. Baas, was sagen Sie über ...

**... DIE ORGANISATION DER GESUNDHEIT?** Wenn die Menschen heute einen Arzt suchen, ist eigentlich fast alles wie vor 100 Jahren. Zunächst werden Freunde und Familie gefragt: Wen würdet Ihr empfehlen? Hört man dann, Doktor X ist ganz nett, folgen der Griff zum Hörer und der Versuch, einen Termin zu machen. Nach ein paar Anläufen erreicht man mit viel Ausdauer die Praxis und bekommt irgendwann einen Termin – mit Pech aber auch nicht. Beim ersten Arzttermin stellt man dann fest, welche Vorbefunde man besser schon mitgehabt hätte, und dass man nun deshalb wiederkommen muss. Bei der Anamnese fragt der Arzt notgedrungen viele Dinge, die jeder andere Arzt bei jedem Termin auch schon gefragt hat, etwa die Frage nach Allergien. Und alle Ärzte kennen Patienten, die auf die Frage nach ihren Medikamenten mit „Sie wissen schon, die kleinen roten, die so bitter schmecken!“ antworten. Benötigt der Arzt zusätzliche Untersuchungen, und sei es nur ein Röntgenbild, gibt es erst mal nur einen Überweisungsschein, und der Spaß geht wieder von vorne los.

**„DIESER PROZESS MUSS SICH VERÄNDERN, WEIL ER ZU EINER SCHLECHTEREN BEHANDLUNGSQUALITÄT FÜHRT.“**

Ich bin der Meinung, dass wir diesen Prozess verändern und an die heutige Zeit anpassen müssen. Er muss sich verändern, weil er zu einer schlechteren Behandlungsqualität führt. Er muss ich verändern, weil er für die Patienten ausgesprochen unbequem ist. Er muss sich verändern, weil er die zunehmend knapper werdenden Fachressourcen im Gesundheitswesen mit unnötigen organisatorischen Aufgaben belastet. Und er muss sich verändern, weil er durch seine Ineffizienz die Versichertengemeinschaft viel zu viel Geld kostet.

In der Zukunft werden wir datenbasiert in die Lage versetzt werden, den für uns jeweils besten passenden Arzt herauszufinden. Ein Device – das kann ein Handy, eine Brille oder ein Sprachassistent sein – wird anhand von Daten, die es über uns und unsere Krankheitsgeschichte hat, und mithilfe von Symptomcheckern, sei es mit oder ohne Künstliche Intelligenz (KI), eine Vor- oder Verdachtsdiagnose stellen können. Anhand dieser Verdachtsdiagnose wird es den richtigen Ansprechpartner, also die richtige Facharztrichtung oder einen anderen Behandler, vorschlagen. Das wird übrigens auch in Zukunft oft der Hausarzt sein. Aber nicht nur das, es wird in der Lage sein, aus mehreren Ärzten den für mich optimalen herauszusuchen. Dabei werden Daten wie Behandlungshäufigkeiten, Spezialisierung, wissenschaftliche Arbeiten, Qualitätsindikatoren und auch Patientenbewertungen eine Rolle spielen. Und wenn ich es wünsche, wird mein Device dann auch gleich einen für mich passenden Termin ausmachen können.

Mit immer besser werdender Sensorik, wie sie zum Beispiel in Ansätzen heute schon in Smart Watches verbaut ist, werden wir zudem mehr Frühwarnsymptome erkennen können. Die Devices können uns dann aufgrund der Daten warnen und einen Termin beim Arzt für uns vereinbaren. Vielleicht wird die Patientin oder der Patient zu einem vereinbarten Termin automatisch mit dem Taxi abgeholt, wenn das voreingestellt ist. Und wenn sie oder er angekommen ist, hat der Arzt bereits alle wichtigen Gesundheitsdaten vorliegen.

**„DIE ÄRZTE DER ZUKUNFT WERDEN MEHR ZEIT
FÜR DIE BEHANDLUNG IHRER PATIENTEN HABEN"**

Wir kennen alle diese Standardfragen: Wie alt, groß, schwer sind Sie? Haben Sie Allergien, und welche Medikamente nehmen Sie? Dies zu fragen und zu beantworten, wird in Zukunft nicht mehr nötig sein, da die Daten zusammen mit allen Ergebnissen vorheriger Untersuchungen in einer digitalen Patientenakte vorliegen. Bei einer Verknüpfung mit anderen smarten Devices liegen dort auch die aktuellen Werte für Blutdruck, Blutzucker und so vieles mehr. Da zudem die vorherigen Arztbriefe und Befunde nicht nur an einem zentralen Ort gespeichert sind, sondern eine KI diese auch nach relevanten Daten und Befunden durchsuchen wird, werden die Ärzte in der Zukunft weniger Zeit für die Suche nach Vorbefunden aufbringen müssen und mehr Zeit für die Behandlung ihrer Patienten haben, und die Qualität dieser Behandlung wird höher sein.

Reine Zukunftsmusik? Keineswegs, aus vielen anderen Bereichen unseres Lebens kennen wir ähnliche Prozesse und Angebote bereits, sie müssen nur auf das Gesundheitswesen übertragen werden.

Die eigentliche Revolution wird allerdings der nächste Schritt sein: In einer Weiterentwicklung der vorhandenen Symptomchecker und unter Nutzung der dann verfügbaren Daten sowie der vorliegenden Symptome erhält der Arzt von einer Künstlichen Intelligenz eine Einschätzung zu wahrscheinlichen Diagnosen sowie aktuelle Behandlungsempfehlungen. Am Ende wird der Arzt natürlich die Entscheidung treffen, aber es wird meiner Meinung nach in ein paar Jahren ein Kunstfehler sein, wenn ein Arzt vor einer Diagnose nicht noch einmal eine KI befragt. Diese wird den Arzt also nicht ersetzen, aber zu einem mächtigen Instrument in seinem Instrumentenkasten werden.

Durch optimierte Prozesse in der Behandlung profitieren also Patienten und Behandler. Gleichzeitig könnten wir damit aber im Gesundheitsbereich nicht nur jährlich einen Milliardenbetrag einsparen, wir könnten auch dafür sorgen, dass die

Gesundheitsberufe wieder attraktiver werden. Denn es ist meist nicht die Bezahlung alleine, die sich verbessern muss, sondern es sind in erster Linie die Arbeitsbedingungen. Die Digitalisierung wird dazu beitragen, dass das medizinische Personal weniger Zeit mit Organisation und mehr mit den Patienten verbringen kann.

**... DAS SELBSTMANAGEMENT DER ZUKUNFT?** Wir werden in der Zukunft auf eine andere Art von Monitoring und Daten zurückgreifen können, als es heute der Fall ist. Menschen werden deutlich häufiger Devices wie zum Beispiel eine smarte Brille oder Uhr tragen, die in der Lage sind, Vitalzeichen zu checken. Nicht nur die schon heute allgegenwärtige Schrittmessung, sondern relevante Parameter wie Puls, Blutdruck, Blutzucker und sogar Indizien für mentale Gesundheit. Die Devices werden kontinuierlich Daten erheben und können im richtigen Moment sagen: „Du solltest jetzt zum Arzt gehen."

Je kontinuierlicher die Daten erfasst werden, desto deutlicher werden Unregelmäßigkeiten erkennbar. Dadurch können Menschen gewarnt werden, wenn sich zum Beispiel ihr individuelles Risiko für einen Herzinfarkt erhöht. Basierend auf diesen Daten werden die Menschen künftig sehr präzise und personalisierte Empfehlungen bekommen können, wie sie besser mit ihrer Gesundheit umgehen und zielgerichtet Prävention betreiben können. Dadurch ergibt sich die Möglichkeit, dass auch teure Präventionsmaßnahmen genutzt werden, weil sie statt „mit der Gießkanne" dann sehr gezielt eingesetzt werden können.

In der Zukunft wird das Selbstmanagement zudem stärker in der Versorgung integriert sein. Aus dem Prinzip „ambulant vor stationär" wird dann „digital vor ambulant vor stationär". Wenn wir heute also zunächst prüfen, ob eine Behandlung in der Praxis statt im Krankenhaus stattfinden kann, werden wir in Zukunft in einigen Fällen die digitale Versorgung davorsetzen. Die Menschen müssen dann nicht mit jedem Symptom sofort zum Arzt, sondern sie können vorher ein digitales Angebot, gegebenenfalls mit Künstlicher Intelligenz, zur Rate ziehen.

Ein Beispiel dafür ist die Videosprechstunde: Mit deren Einführung, inklusive einer möglichen telefonischen Krankschreibung in der Covid-Pandemie, haben wir gesehen, dass die digitale Versorgung in Deutschland angenommen wird. Es macht bei einfachen Atemwegsinfekten einfach keinen Sinn, sich morgens krank in die Arztpraxis zu schleppen. Um auf dem Weg dorthin und im Wartezimmer noch andere anzustecken, nur um eine Arbeitsunfähigkeitsbescheinigung zu erhalten. Immer weniger Menschen haben in der heutigen Zeit Verständnis für solche analogen Prozesse.

**„MIT DEN AKTUELLEN SMARTPHONES IST ES EIN LEICHTES, EIN AUSREICHEND GUTES FOTO VON EINER HAUTVERÄNDERUNG AN DEN DERMATOLOGEN ZU SCHICKEN"**

Ein weiteres Beispielfeld, in dem heute schon digitale Angebote verfügbar sind, ist die Dermatologie: Mit den aktuellen Smartphones ist es ein Leichtes, ein ausreichend gutes Foto von einer Hautveränderung aufzunehmen, und das über einen gesicherten Weg (zum Beispiel eine App) an den Dermatologen zu schicken. Der kann häufig auf einen Blick erkennen, ob die Veränderung harmlos ist oder man zur weiteren Abklärung besser doch einmal einen Termin macht. Und gerade in der bildgebenden Diagnostik ist mittlerweile auch die KI sehr gut und kann gegebenenfalls schon eine Voreinschätzung durchführen und hier den Arzt ersetzen.

Für das Selbstmanagement der Zukunft bedeuten diese Entwicklungen, dass wir im Jahr 2030 Krankheiten früher erkennen und auch spezifischer auswerten können, was mit unserem Körper nicht in Ordnung ist.

**... DIE REVOLUTION DER MEDIZIN?** Wir erleben derzeit im Bereich der Medizin extreme Fortschritte. Ich gehe noch weiter: Ich glaube, es ist die größte Veränderung nach der Erfindung des Penicillins – die maschinelle Nutzung und Auswertung großer Mengen von Daten.

Die Auswertung des ersten menschlichen Genoms hat einmal Abermillionen von Dollar gekostet. Heute kann man sein Genom für ein paar 100 Dollar auswerten lassen, und es wird noch deutlich billiger werden. Das heißt, die Wahrscheinlichkeit, dass wir bald alle unser Genom auswerten lassen können, ist hoch. Dabei fallen natürlich riesige Datenmengen an, die für die Medizin erst nutzbar werden (dann aber einen unvorstellbar wertvollen Schatz darstellen), wenn sie maschinell ausgewertet werden können.

**„DIE AUSWERTUNG GROSSER DATENMENGEN WIRD DAZU FÜHREN, DASS NEUE THERAPIEN ZUKÜNFTIG SEHR VIEL SCHNELLER ENTWICKELT WERDEN KÖNNEN.“**

Es wird zudem immer besser möglich sein, das Verhalten von Molekülen im menschlichen Körper digital zu simulieren. Beides führt zu bisher ungeahnten Erkenntnissen über unseren Körper und über viele Krankheiten. Die medizinische Forschung wird schneller und kostengünstiger werden. Heute sehen wir zudem erste Schritte, bei denen uns Daten bei einem stratifizierten Therapieansatz helfen. Wir können etwa bei einigen Krebserkrankungen voraussagen, ob eine Therapie bei einer bestimmten Krebsart und einem bestimmten Patienten Erfolg versprechend sein wird oder nicht. Das ermöglicht nicht nur, die individuell beste Therapie vor Behandlungsbeginn herauszufinden, sondern erspart Patienten auch unnötige Therapieversuche mit einer für sie unwirksamen Chemotherapie mit aber dennoch zum Teil drastischen Nebenwirkungen, so wie das im heutigen „Trial and Error“-Ansatz leider noch zu oft der Fall ist. Die Auswertung großer Datenmengen wird also dazu führen, dass neue Therapien zukünftig sehr viel schneller entwickelt werden können und dann zielgerichtet bei denen eingesetzt werden, denen sie auch wirklich helfen.

**... DEN ARZT UND DIE MASCHINE?** Vor 100 Jahren konnten Ärzte ihr Fachgebiet noch vollkommen überblicken: Spezialisten wussten in ihrem Bereich fast alles. Das ist heute nicht mehr möglich. Das medizinische Wissen ist mittlerweile so groß, dass kein Arzt der Welt alles auch nur über sein eigenes Fachgebiet wissen kann – und das, obwohl die Fachgebiete immer kleiner und spezieller werden. Um den Patientien trotzdem eine Behandlung zu ermöglichen, die dem neuesten Stand der wissenschaftlichen Forschung entspricht, kommen wir am Einsatz der Künstlichen Intelligenz nicht vorbei. Sie wird den Ärzten das Wissen aus den großen medizinischen Datenbanken so aufbereiten, dass es im Praxisalltag zur Verfügung steht. Ärzte werden durch Künstliche Intelligenz aber nicht überflüssig. Die medizinische Welt von morgen ist trotz des Einsatzes von KI keine entmenschlichte, sondern im Gegenteil eine, in der die Ärzte mehr Zeit haben werden, sich um die Patienten persönlich zu kümmern, ihnen Dinge zu erklären und mit ihnen die nächsten Behandlungsschritte zu besprechen.

Patienten brauchen keinen Arzt, der Röntgenbildern hinterhertelefoniert, Termine ausmacht oder zum 100. Mal nach Allergien fragt. Sie brauchen einen Arzt, der hilft. Wer krank ist, will jemanden um sich haben, dem er vertrauen kann – das ist selbstverständlich keine Maschine, sondern ein anderer Mensch. Dieser Mensch wird aber in der Zukunft ein weiteres Werkzeug zurate ziehen können. Das ist dann eben kein Stethoskop oder Computertomograf, sondern eine Künstliche Intelligenz.

**… DIE BEHANDLUNG VON KREBS?** Wir werden große Fortschritte machen, aber ich fürchte, dass wir in absehbarer Zeit den Krebs noch nicht besiegt haben werden. Denn es gibt eben nicht den einen Krebs. Krebs ist eine tückische Erkrankung mit sehr vielen Gesichtern und vielen Variationen – das kann sogar bei ein und demselben Patienten, erst recht im Zeitverlauf, zutreffen. Ich glaube aber, dass wir bei der Bekämpfung einiger Krebsarten deutliche Fortschritte machen werden.

Denn auch der Kampf gegen Krebs ist ein Datenthema. Wenn ich mein Genom kenne und vielleicht auch das Genom des Tumors habe, und das mit Daten aus unzähligen anderen Behandlungen abgleichen kann, dann kann ich sehr viel gezielter therapieren. Wie schon beschrieben, können wir das bei manchen Tumorarten heute schon. Hinzu kommen neue Ansätze, die gerade in den vergangenen Monaten bekannt wurden, weil sie auch bei den mRNA-Impfstoffen gegen Covid-19 zum Einsatz kommen. Auch hier stehen wir am Anfang einer sehr vielversprechenden Technologie.

Wir werden also Krebsarten erleben, die in der Vergangenheit tödlich gewesen wären und dann heilbar oder zumindest in ein beherrschbares chronisches Stadium überführbar sind. Aber ich fürchte, auch in zehn Jahren werden unsere Haupt-Todesursachen Herz-Kreislauf-Erkrankungen und Tumorerkrankungen sein, obwohl wir bessere Methoden und bessere Prävention kennen.

**… UNSERE LEBENSERWARTUNG?** Ein langes und gesundes Leben ist ein ewiger Menschheitstraum. Je besser wir in der Vergangenheit den menschlichen Körper und unsere Umwelt verstanden haben, desto größer wurde auch unsere Lebenserwartung. Stehen wir, wie es manche vermuten, heute am Anfang einer Wissensexplosion in der Medizin, könnte unsere oder zumindest die nächste Generation deutlich älter werden als wir heute. Ewiges Leben wird zwar wohl Science-Fiction bleiben, und das ist auch gut so, aber wenn wir diesen Weg weiterverfolgen, haben wir durchaus die Chance, als Gesamtbevölkerung in absehbarer Zukunft ein Durchschnittsalter von über 100 Jahren zu erreichen.

**... DIE TÜCKEN DES DATENSCHUTZES?** Ich bin ein sehr großer Befürworter eines strengen Datenschutzes. Das gilt noch stärker im Gesundheitswesen, wo wir es mit sehr sensiblen Daten zu tun haben. Diese Daten müssen erheblich besser geschützt werden als viele andere. Gleichzeitig steht ein übertriebener Datenschutz vielen Entwicklungen im Wege, die wir im Bereich der Digitalisierung jetzt unbedingt angehen müssen.

In Deutschland haben wir eine merkwürdige Einstellung zum Schutz von Gesundheitsdaten entwickelt: Das Recht auf Datenschutz wird vereinzelt über das Recht auf Gesundheit gestellt. Selbst wenn ein Leben auf dem Spiel steht, kann der Datenschutz verhindern, dass einem Menschen geholfen wird.

Ein Beispiel: Bei den Krankenkassen liegen Abrechnungsdaten vor, die zeigen, welche Medikamente ihre Versicherten einnehmen. Wir wissen auch, welche Medikamente nicht in Kombination miteinander genommen werden dürfen. Wenn ein Patient zwei solcher Medikamente von zwei verschiedenen Ärzten verschrieben bekommt, darf die Krankenkasse aber nicht proaktiv eingreifen. Aus Datenschutzgründen darf sie diese Daten nicht abgleichen und ihre Versicherten warnen, wenn sie eine schädliche oder sogar potenziell tödliche Arzneimittelkombination einnehmen. Wir sollten daher in Deutschland anfangen, eine Debatte über den Schutz von Gesundheitsdaten zu führen. Wenn wir die Hürden zu hoch setzen und an Grundsätzen wie der Datensparsamkeit blind festhalten, werden wir in der Digitalisierung nicht vorankommen. Eine Verbesserung des Selbstmanagements funktioniert nur, wenn ich Daten dafür habe. Forschung führt in Zukunft nur zum Erfolg, wenn Daten ausgewertet werden können, und auch moderne Versorgung wird in Zukunft verwertbare Daten benötigen.

### „EIN ZAHLENDREHER REICHT, UND SENSIBLE INFORMATIONEN LANDEN BEIM NÄCHSTEN PIZZASERVICE"

Das Kuriose an der Diskussion ist, dass wir im Digitalen einen viel höheren Standard verlangen, als es im Analogen der Fall ist. Denn es werden noch immer Befunde per Fax verschickt. Nicht nur, dass hier ein Zahlendreher reicht, und diese sensiblen Informationen landen beim nächsten Pizzaservice (soweit der noch über diese alte Technologie verfügt), in vielen Praxen liegen die Daten dann offen herum.

Ein weiteres Beispiel ist der klassische Brief per Post. Es ist ein Leichtes für jeden Postboten, einen Brief zu öffnen, oder für den neugierigen Nachbarn, ihn aus dem Briefkasten zu fischen. Die Anforderungen des Datenschutzes an einen „digitalen Brief" sind, dass es technisch nahezu unmöglich ist, ihn unbefugt zu öffnen. Übertragen auf die Briefpost würde das bedeuten, dass jeder Postbote die Sendungen in einem mehrfach verschlüsselten Safe überbringen müsste, der sich eventuell noch selbst zerstört, wenn man die falsche Kombination eingibt.

Gesundheitsdaten müssen besonders geschützt werden, aber wenn wir es nahezu unmöglich machen, an diese Daten heranzukommen oder mit ihnen zu arbeiten, werden uns diese Daten nichts nützen. Mit der europäischen Datenschutz-Grundverordnung (DSGVO) haben wir schon ein sehr gutes Instrument, diese beiden Interessen auszubalancieren. So finden wir in anderen europäischen Ländern wesentlich besser digitalisierte Gesundheitssysteme vor. Nur in Deutschland haben 17 Datenschützer offenbar andere und unterschiedliche Auffassungen, wie man diese Verordnung auslegt, und blockieren somit oft diese wichtigen Entwicklungen.

Übertriebener Datenschutz bremst die Digitalisierung aus. Entwickeln wir unser Gesundheitssystem aber nicht weiter, werden wir eine schlechte Versorgung und ein teures sowie ineffizientes Gesundheitssystem haben. Dazu kommt ein ganz neues Problem: In einer globalisierten und vernetzten Welt werden wir Gesundheitsangebote von internationalen Tech-Unternehmen bekommen, die dann diese Daten weitab der DSGVO speichern, verwerten und kommerzialisieren werden. Denn wir sehen in anderen Bereichen, zum Beispiel bei Navigationsdiensten, dass vielen Menschen der Datenschutz nicht so wichtig ist, wenn sie die Daten für eine gute Anwendung hergeben. Analog gilt das auch für das Gesundheitswesen: Wenn ein Tech-Konzern ein gutes digitales Gesundheitsangebot anbietet, wird es Menschen geben, die es nutzen werden – ungeachtet dessen, wie die eigenen Daten benutzt werden.

Wir sollten in Deutschland (und in ganz Europa) Datenschutz nicht als eine große Hürde verstehen, sondern als Chance. Dabei sollten wir eine Risiko-Nutzen-Abwägung nicht aus den Augen verlieren und die Anforderungen der analogen und der digitalen Welt angleichen. Die DSGVO gibt uns bereits die Möglichkeit, die Digitalisierung im Gesundheitswesen weiterzuentwickeln, wir müssen die Vorschriften jedoch auch praxisnah auslegen.

**... DR. AMAZON?** Internationale Tech-Unternehmen, ob sie nun aus den USA kommen oder aus Ländern wie China, haben längt den lukrativen Gesundheitsbereich für sich entdeckt und investieren Milliardensummen. Wenn sie ihre Produkte und Services auf den deutschen Markt bringen, haben wir jedoch nicht nur ein Problem mit dem Datenschutz. Denn diese kommerziellen Anbieter stellen ihr Streben nach Profit immer über alle anderen Interessen, und sie haben in der Vergangenheit schon mehrfach gezeigt, dass sie ganze Branchen und Industriezweige grundlegend verändern können. Wir müssen also unbedingt sicherstellen, dass diese Unternehmen nur zu unseren (Datenschutz-)Bedingungen auf den deutschen Markt kommen, und wir gleichzeitig die grundlegenden Errungenschaften unseres Sozialsystems (vor allem den garantierten Zugang zu einer guten Versorgung unabhängig von Einkommen und Vorerkrankungen) verteidigen. Schaffen wir das nicht, besteht die Gefahr, dass wir in Zukunft in einem rein kommerziell ausgerichteten Gesundheitssystem leben, dass zudem durch eben diese Konzerne gesteuert wird.

Eine Stärke dieser Konzerne ist, dass sie Prozesse identifizieren, die schlecht laufen, und dafür gute digitale Prozesse anbieten. Das Geschäft machen sie meistens mit den gewonnenen Daten. Wenn wir im Zukunftsszenario, das ich am Anfang genannt habe, unser Device nach einem Arzt oder einer Klinik für mein Anliegen fragen, wird ein Tech-Konzern unter Umständen nicht den medizinisch besten Arzt oder die beste Klinik für mich heraussuchen, sondern vielleicht diejenigen, die Werbung geschaltet haben, oder die exklusive Medikamente von jenem Konzern verschreiben. Was wir heute schon beim Online-Shopping erleben, finden wir dann auch im Gesundheitssystem: Tech-Konzerne steuern über Algorithmen, welche Anbieter wir nutzen und welche Produkte wir kaufen.

Viele entgegnen mir dabei, dass wir in Deutschland ja einen regulierten Gesundheitsmarkt haben und so ein Szenario hier nicht eintreten kann. Dann erinnere ich gern an einen großen Digitalkonzern, der einst mit dem Versand von Büchern angefangen hat – ein in Deutschland ebenfalls sehr regulierter Markt.

Um es einmal deutlich zu sagen: Ich bin gar nicht dagegen, dass diese Unternehmen digitale Angebote machen. Aus dem Silicon Valley kommt eine ungeheuer große Innovationskraft, die wir gern für das Gesundheitssystem nutzen würden. Wir müssen nur aufpassen, dass am Ende nicht ein einzelner oder wenige Anbieter die Schlüsselstelle und damit Gesundheitsdaten der Versicherten allein besetzen und besitzen. Zum Problem wird das, wenn Patienten und Versicherte benachteiligt werden. Wenn jemand eine bessere Versorgung bekommt, weil er ein gutes Risiko hat, also entweder gesund ist oder unter einer Krankheit leidet, die lukrativ ist, während jemand mit einer bestimmten Erbkrankheit benachteiligt wird.

Wir müssen uns fragen: Wollen wir die Digitalisierung unseres Gesundheitswesens einem internationalen Tech-Konzern überlassen, oder können wir die Entwicklung so gestalten, dass wir zu fairen Bedingungen vom Fortschritt profitieren, ohne die zentralen Werte und Errungenschaften unsere Solidarsystems aufzugeben oder zuzulassen, dass sie untergraben werden?

**... GEWINNER UND VERLIERER?** Wir werden einen viel stärkeren Qualitäts-Wettbewerb sehen, als das heute der Fall ist. Denn Digitalisierung bedeutet auch immer Transparenz. Und wenn Qualität transparenter wird, werden sich schlechte Leistungserbringer nicht mehr verstecken können, sondern gezwungen werden, sich zu verbessern.

Das heißt, es wird individuelle Gewinner und Verlierer geben. Ich würde aber nicht so weit gehen zu sagen, dass das auf ganze Branchen zutreffen wird. Sie werden sich jedoch verändern müssen. Apotheken und die Krankenhaus-Landschaft werden anders aussehen als heute. Das Gesundheitssystem wird sich stark verändern, und die Menschen werden ebenso stark davon profitieren – das gilt für die Menschen, die in dem System arbeiten, genauso wie für die Patienten, die auf das System angewiesen sind.

Zu sagen, dass man keine Veränderung will, ist keine Option, denn wer in der Zukunft nichts verändert, verliert. Deswegen rate ich allen: Je mehr Angst du hast, desto mehr musst du dich verändern. Daran führt kein Weg vorbei.

**… SCHOCKZUSTÄNDE?** Veränderungsbereitschaft wird meistens durch eine Krise oder einen Schockzustand herbeigeführt. Nehmen wir den Personalmangel im Gesundheitssystem. Die Menschen merken auf einmal: Da ist kein Hausarzt mehr in meiner Nähe. Oder: Wenn ich im Krankenhaus liege, kann ich klingeln, so viel ich will, es kommen keine Krankenpfleger, weil sie einfach viel zu wenig Zeit für mich haben.

Eine weitere schmerzliche Erfahrung werden wir in den nächsten Jahren zunehmend machen: Die Menschen werden merken, dass im Ausland all die Dinge funktionieren, die bei uns nicht mehr funktionieren. Sie werden aus dem Urlaub zurückkommen und ihren Freunden sagen: „Ich war gerade in Israel, da funktioniert die Versorgung super." Oder: „Du, ich war in Helsinki, da läuft alles digital!"

Die Menschen in Deutschland werden das auch wollen. Warum geht das im Ausland und bei uns nicht? Warum ist unser System so veraltet (analog)? Heute fällt es noch nicht so deutlich auf, wie einfach administrative Prozesse in einigen Ländern schon funktionieren. Während man hier im Bürgeramt anrufen muss, um einen Termin in drei Monaten zu bekommen – ein Prozess, den man eigentlich problemlos vom Sofa aus erledigen kann.

Deutschland ist das Land der Innovation, der Techniker, der Tüftler. Wir dürfen nicht ausgerechnet bei Gesundheitsthemen hinter den Rest der Welt zurückfallen, auch wenn im Moment genau das droht. Wenn es uns aber gelingt, hier rechtzeitig das Ruder herumzureißen, dann, da bin ich mir sicher, werden wir ein goldenes Zeitalter der medizinischen Innovationen erleben, von denen wir dank eines stabilen Gesundheitssystems auch alle profitieren können.

*Dr. Jens Baas trat 2011 in den Vorstand der Techniker Krankenkasse (TK) ein und ist seit 2012 Vorsitzender des Vorstands. In Deutschlands mit über elf Millionen Versicherten größter gesetzlicher Krankenkasse verantwortet er die Bereiche Unternehmensentwicklung, Finanzen/Controlling, Informationstechnologie, Marke/Marketing, Politik/Kommunikation sowie Verwaltungsrat/Vorstand. Vor seiner Zeit als Vorstandsvorsitzender war er bei der Unternehmensberatung Boston Consulting Group tätig, zuletzt als Partner und Geschäftsführer. Seine Schwerpunkte lagen in der Arbeit mit Leistungserbringern, der pharmazeutischen und medizintechnischen Industrie. Sein Studium der Humanmedizin absolvierte Baas an der Universität Heidelberg und der University of Minnesota/USA. Er arbeitete dann als Arzt in den chirurgischen Universitätskliniken Heidelberg und Münster.*

# FOODTECH

## Eine Chance historischen Ausmaßes

OLAF KOCH,
Gründer der Venturecapital-Gesellschaft Zintinus, beschäftigt sich mit der Ernährung der Zukunft. Hier schreibt der Ex-CEO von Metro darüber, wie wir 2030 essen werden: über „Alternative Proteine", neue Perspektiven dank Algen und Pilzen sowie über Lebensmittelverluste

Gutes Essen, zumal in Gesellschaft von Freunden und Familie, ist ein wichtiger Teil unserer Lebensqualität und wesentlicher Bestandteil unserer Kultur. Was gibt es Schöneres, als gemeinsam eine wunderbare Mahlzeit zu genießen? Gesunde Ernährung ist lebenswichtig, da gibt es keinen Zweifel. Dennoch ist es trotz aller Anstrengungen noch nicht gelungen, den Hunger auf diesem Planeten zu besiegen. Etwa 750 Millionen Menschen fehlt ausreichender Zugang zu Nahrungsmitteln, und zwei Milliarden können sich nicht gesund ernähren. Allein das ist schon Grund genug, sich mit unserem Ernährungssystem fundamental zu beschäftigen.

Die vergangenen Jahrzehnte waren im Wesentlichen davon geprägt, möglichst vielen Menschen Zugang zu guten und günstigen Lebensmitteln zu gewähren. Doch die Auswirkungen auf die Umwelt blieben dabei zu oft unberücksichtigt. Im Wettlauf um niedrige Kosten wurden Kompromisse in Kauf genommen, deren negative Auswirkungen sich jetzt immer deutlicher herauskristallisieren. Dabei ist die Erkenntnis, dass wir auf Nachhaltigkeit achten müssen, definitiv nicht neu.

Hatte uns nicht der Club of Rome schon vor 50 Jahren mit seinen „Grenzen des Wachstums" deutlich gewarnt? Unsere Zukunft sei in Gefahr, hieß es, wenn wir weiter so täten, als hätten wir unbegrenzten Zugang zu den Ressourcen der Erde. Das war 1972. Heute ist die Bewältigung der Erderwärmung als Folge der Ausbeutung natürlicher Ressourcen eine der drängendsten Aufgaben unserer Zeit.

Aber wo ansetzen auf der Suche nach einer Lösung?

## DIE GROSSEN HERAUSFORDERUNGEN DES LEBENSMITTELSYSTEMS

Auch wenn es viele Ursachen und Verursacher gibt, steht die riesige, globale Lebensmittelindustrie besonders im Fokus. Die weltweiten Lebensmittelumsätze haben im Jahr 2022 rund 8,8 Billionen US-Dollar erreicht. Nach Einschätzung der Vereinten Nationen ist das Lebensmittelsystem für etwa ein Drittel der weltweiten Treibhausgasemissionen verantwortlich und repräsentiert den größten Verbraucher an Frischwasser. Insbesondere die ressourcenintensive Fleischindustrie spielt dabei eine große Rolle.

Gleichzeitig geht etwa ein Drittel der jährlich produzierten Lebensmittel verloren. Häufige Ursachen hierfür sind mangelnde Infrastruktur, ineffektive Warenströme, mangelnde Planungsqualität, Überbestände und mangelnde Markttransparenz. Projekt „Drawdown", eine der führenden gemeinnützigen

Organisationen, die sich mit Klimalösungen befassen, stuft die Reduzierung von Lebensmittelabfällen als die wichtigste potenzielle Lösung ein, um den Temperaturanstieg bis zum Jahr 2100 auf zwei Grad Celsius zu begrenzen. Die Reduzierung von Lebensmittelabfällen ist für große Unternehmen und politische Entscheidungsträger zu einer absoluten Priorität geworden.

Erschwerend kommt hinzu, dass der Lebensmittelbedarf wegen des Bevölkerungsanstiegs und verbesserter Einkommensverhältnisse bis 2050 voraussichtlich um mehr als 50 Prozent nach oben schnellt. Die Nachfrage nach proteinreichen Lebensmitteln wie Fleisch und Milchprodukten steigt bis dahin voraussichtlich sogar noch stärker, nämlich um fast 70 Prozent. Die Zahlen verdeutlichen, wie dringlich die Transition des Ernährungssystems ist – sowohl aus Gründen der Nachhaltigkeit als auch der Versorgungssicherheit.

Die Nachfrage verändert sich auch, weil das Thema ökologischer Fußabdruck Teile der Lebensmittelbranche, viele Verbraucher:innen und damit auch die politische Debatte erreicht hat. Dieser Diskurs sowie ein neues Gesundheitsbewusstsein in der Gesellschaft bedeuten Veränderung: Immer mehr Menschen präferieren alternative Produkte.

Der Umsatz bei pflanzlichen Fleischalternativen ist beispielsweise in den USA in den vergangenen zwei Jahren um 53 Prozent gestiegen. Das Feld „Pflanzenbasierte Produkte“ ist in Europa und in den USA um das Vier- bis Fünffache stärker gewachsen als der Gesamtmarkt – auf ein Jahresvolumen von 16 Milliarden Euro.

Doch nicht nur die Nachhaltigkeit, auch die Gesundheit ist stärker in den Fokus geraten. Viele Zivilisationskrankheiten wie Diabetes und Herzkrankheiten, die sehr mit der kalorienreichen Massenproduktion von Lebensmitteln zusammenhängen, setzen die Gesundheitssysteme unter enormen Druck. Beispielsweise stiegen die europäischen Ausgaben zur Behandlung von Diabetes im Jahr 2021 auf fast 190 Milliarden US-Dollar.

## FOOD-TECH: NEUE PERSPEKTIVEN, NEUE CHANCEN

Durch die Pandemie hat dieser Diskurs an Intensität und Bedeutung gewonnen und damit die Verbraucherpräferenzen weiter verschoben. In einer Umfrage von Bain & Company haben Verbraucher:innen „Gesundheit“ als Priorität Nummer zwei und „Nachhaltigkeit“ als Priorität Nummer vier bei Kaufentscheidungen genannt. Das hohe Inflationsniveau wird das Konsumverhalten sicher beeinflussen, eine Verschiebung der Präferenzen ist allerdings nicht zu erwarten. Doch wie soll man das Problem angehen? Gibt es genügend vielversprechende Lösungsansätze, mit denen das Lebensmittelsystem bis 2030 nachhaltiger und gesünder gestaltet werden kann?

Die Antwort lautet eindeutig „Ja“.

Unter dem Dachbegriff „FoodTech“ haben sich zahlreiche neue Ansätze entwickelt, um nachhaltigere und/oder gesündere Lebensmittel und Nährstoffe herzustellen. Insbesondere der Bereich „Alternative Proteine“ hat in den letzten Jahren einen enormen Sprung nach vorn gemacht. Vor ein paar Jahren waren pflanzliche Alternativen nur ein Nischenthema, also interessant eher für eine kleine Gruppe von Veganer:innen und Vegetarier:innen. Inzwischen sind sie ein Mainstream-Phänomen. 54 Prozent der Verbraucher:innen in den USA, in Großbritannien und Deutschland geben an, pflanzliches Protein schon mindestens einmal probiert zu haben, 47 Prozent konsumieren es mindestens einmal pro Woche.

Was die Umweltverträglichkeit angeht, haben pflanzliche Fleisch-, Fisch- oder Milchalternativen einen erheblichen Vorteil: Laut einem vom Good Food Institute (GFI) erstellten Vergleich verbrauchen etwa pflanzliche Fleischalternativen 47 bis 99 Prozent weniger Land, emittieren 30 bis 90 Prozent weniger Treibhausgase, benötigen 72 bis 99 Prozent weniger Wasser und verursachen 51 bis 91 Prozent weniger aquatische Nährstoffbelastung als herkömmliches Fleisch. Außerdem benötigen pflanzenbasierte Produkte keine Antibiotika, was sie auch gesünder macht.

## FERMENTATION SCHEINT EINE VIELVERSPRECHENDE TECHNOLOGIE ZU WERDEN

Es gibt aber auch Nachteile: Bei der Herstellung einiger Produkte werden in Sachen Zutaten Kompromisse eingegangen, um ein möglichst „echtes" Geschmackserlebnis zu ermöglichen. Das wiederum führt nicht immer zu Alternativprodukten mit einem guten, also gesunden Nährwert. Insbesondere die kritisch bewertete Methylcellulose (E 461) kommt heute häufig zum Einsatz.

Die Anzahl neuer Verfahren zur Erzeugung von alternativen Proteinprodukten ist sehr groß. Das Thema reicht weit über die Extrusion von Proteinen aus Hafer, Soja, Mandeln und Erbsen hinaus. Insbesondere die Fermentation scheint sich zu einer sehr vielversprechenden Technologie weiterzuentwickeln. Das kommt eigentlich nicht überraschend: Seit Jahrtausenden spielt sie bei Lebensmitteln und Getränken wie Joghurt, Brot, Bier und Wein eine wichtige Rolle. Nun eröffnen sich neue Perspektiven durch die Fermentation von Pilzen und Algen.

Insbesondere Mycelium hat enorm an Popularität gewonnen, da es sich hervorragend dazu eignet, eine große Vielfalt von Aromen, Farben und Strukturen in der Form von hochwertigen Proteinen zu erzeugen. Über die Fermentation des Myceliums kann eine breite Vielfalt von Produkten erzeugt werden, die der Kategorie der pflanzenbasierten Alternativprodukte einen weiteren Schub geben wird, da diese nicht nur deutlich gesünder, sondern noch einmal deutlich ressourcenschonender sind, da sie unter anderem erheblich weniger Wasser und Fläche benötigen.

Noch einen Schritt weiter geht die Präzisionsfermentation. Sie baut auf der gleichen Logik auf, erweitert sie jedoch um den Einsatz von Mikroorganismen. Dieser hocheffiziente Ansatz zur Erzeugung von Proteinen und anderen Nährstoffen wie Süßungsmitteln wird seit den 1980er-Jahren verwendet. Die Präzisionsfermentation verspricht, eine Vielzahl hochwertiger Proteine auf sehr umweltfreundliche Weise und zu attraktiven Kosten zu erzeugen. Das könnte zu einem wichtigen Treiber für die Verlagerung hin zu alternativen Proteinen werden. Die Produkte, die entwickelt werden, reichen von Milchprodukten, Eiscreme und fermentiertem Eiprotein bis hin zu Gelatine.

Der Haken: Zutaten und Produkte der Präzisionsfermentation fallen oft unter die Novel-Food-Verordnung und erfordern daher eine Genehmigung der Behörden wie beispielsweise der EFSA in Europa. Das kann zu einem zeitaufwendigen und kostspieligen Verfahren werden.

Ein weiterer sehr vielversprechender Weg ist der zellbasierte Ansatz, der sich auf die „Züchtung tierischer Zellen" und nicht auf die „Züchtung von Tieren" konzentriert. Das Konzept basiert auf der In-vitro-Kultivierung tierischer Zellen, die Proteine, Fette und Gewebe produzieren. Das Ziel: Von der „ressourcenintensiven" Tierhaltung zu einer „ressourcenleichten" Zellproduktion übergehen. Die beliebteste Anwendung ist Fleisch, obwohl sich einige Unternehmen auf Meeresfrüchte spezialisiert haben. In einem aus dem medizinischen Bereich übernommenen Ansatz werden dem Tier Stammzellen entnommen und einem Nährmedium ausgesetzt, das sie dann ernährt und wachsen lässt. Dies bietet eventuell die Möglichkeit, Fleisch und Meeresfrüchte mit dem gleichen Geschmackserlebnis und dem gleichen oder sogar besseren Nährwert wie Fleisch vom Tier zu züchten, ganz ohne Antibiotika und deutlich ressourcenschonender produziert.

Hier besteht aber dasselbe Problem wie oben: Auch für diese Produkte werden behördliche Freigaben erforderlich sein, weil sie eine vollkommen neue Lebensmittelvariante repräsentieren. Ebenso wichtig ist die Frage nach der Wirtschaftlichkeit. Heute sind die Produktionskosten noch um ein Vielfaches höher als bei den konventionellen Produkten, die sie ersetzen sollen, oder bei anderen Alternativen. Darüber hinaus fehlt aktuell eine ausreichende Produktionsinfrastruktur. Diese scheinbar enormen Hürden könnten sich aber durch den technischen Fortschritt alsbald als überwindbar darstellen.

## FUNKTIONELLE LEBENSMITTEL

Auch auf anderen Feldern wurden große Fortschritte gemacht. Bei funktionellen Lebensmitteln etwa. Sie sehen aus wie ihre traditionellen Entsprechungen, enthalten aber zusätzliche, gesunde Inhaltsstoffe. Beispiele: Snacks mit Vitaminzusatz oder mit Probiotika angereicherte Lebensmittel und immunstärkende Getränke. Oder Nahrungsergänzungsmittel mit ernährungsphysiologischer Wirkung. Sie werden meistens als Pillen, Tabletten, Kapseln oder Flüssigkeiten verkauft. Auch wenn es durchaus skeptische Stimmen zu diesem Thema gibt, wird erwartet, dass Nahrungsergänzungsmittel an Bedeutung gewinnen, weil sie bei gleichen oder ähnlichen Essgelegenheiten einen höheren Nährwert bieten. Nach einem Bericht von Grand View Research soll der globale Markt für funktionelle Lebensmittel bis 2025 voraussichtlich 275,8 Milliarden US-Dollar erreichen.

Deutliche Fortschritte wurden auch auf dem Gebiet Lebensmittelverlust gemacht: Entlang der gesamten Wertschöpfungskette sind viele neue, innovative Wege entstanden. Beispielsweise Speicherlösungen – etwa solarbetriebene Kühlräume speziell für die Temperaturregelung in Ländern mit begrenzter Kühlketteninfrastruktur. Oder Verpackungslösungen: Sie können eine Schlüsselrolle bei der Herstellung von Produkten spielen, wenn sie durch eine zusätzliche Schutzschicht länger haltbar sind.

Datenanalytik könnte sich dabei als einer der wichtigsten Treiber erweisen. Von der Versorgungstransparenz von Erntegütern in Entwicklungsländern bis hin zur Sichtbarkeit, wo Lebensmittelverschwendung stattfindet, gibt es verschiedene Möglichkeiten. In der Konsumgüterindustrie und im Handel sind zahlreiche dieser Planungs- und Steuerungswerkzeuge schon im Einsatz und haben dabei geholfen, die Verderbsquoten erheblich zu reduzieren.

## EINE VIELFALT AN NEUEN LÖSUNGSANSÄTZEN

Wenn es gelingt, ähnliche Systeme in Kombination mit Rückverfolgbarkeit in der gesamten Branche einzuführen, können 2030 erhebliche mehr Lebensmittel für den Verbrauch gerettet werden.

Ein weiteres Beispiel: die Gastronomie. Das Sichtbarmachen von Überbeständen oder Essensresten hat sich als sehr effektives Mittel zur Reduzierung von Lebensmittelabfällen erwiesen, was obendrein die Kunden freut. Das Prinzip ist einfach: Über eine Plattform werden überschüssige Lebensmittelbestände an Orten wie Bäckereien oder Hotels anzeigt, die nach Geschäftsschluss verloren gehen (zum Beispiel Brot oder Gebäck am Abend oder für das Frühstücksbuffet nach den Hauptstoßzeiten). Diese Waren werden den Verbraucher:innen mit einem Rabatt verkauft, was Lebensmittelverluste reduziert und Betreibern weitere Einnahmen beschert.

Die Vielfalt an neuen Lösungsansätzen und der rasante Fortschritt der technologischen Reifegrade sind sehr ermutigend. Die Konvergenz der Notwendigkeit, die Branche nachhaltiger zu machen, und die sich schnell ändernde Verbrauchernachfrage eröffnen enorm viele neue Möglichkeiten.

Generell hat ESG (Environmental, Social, Governance, also: Umwelt, Soziales und Unternehmensführung) in den letzten Jahren, insbesondere nach dem Pariser Klimaabkommen, für deutlich mehr Aufmerksamkeit bei Investoren gesorgt. Der Wert der Vermögenswerte in öffentlich zugänglichen ESG-Fonds stieg von 3,7 Billionen US-Dollar im Jahr 2020 auf 6,4 Billionen US-Dollar Ende November 2021. In einer Umfrage unter großen institutionellen Anleger:innen antworteten 95 Prozent, sich bei Anlageentscheidungen auf ESG-Themen zu konzentrieren.

Während dieser Wandel auf dem Aktienmarkt stattfindet, verlagert sich auch die Risikokapitalfinanzierung. Lange standen besonders „Downstream"-Technologien wie Essensliefersysteme und Quick Commerce im Fokus. Das änderte sich 2020, dem ersten Jahr, in dem „Upstream"-Investitionen im Zusammenhang mit der Lebensmittelproduktion und -versorgung (etwa alternative Proteine, funktionelle Lebensmittel) „Downstream" mit insgesamt 15,8 Milliarden US-Dollar übertrafen. Die Dynamik nahm 2021 weiter zu: mit „Upstream"-Investitionen in Höhe von 18,9 Milliarden US-Dollar. Allein der alternative Proteinsektor stieg auf ein Rekordfinanzierungsniveau von fünf Milliarden US-Dollar. Auch in der 2022 deutlich eingetrübten Marktsituation blieb das Investmentniveau relativ stabil. Einer GFI-Analyse zufolge erhielten alternative Protein-Start-ups im zweiten Quartal Investitionen in Höhe von 833 Millionen US-Dollar, verglichen mit 914 Millionen US-Dollar im ersten Quartal – ein Rückgang von lediglich neun Prozent. Zum Vergleich: Die globale Risikofinanzierung ging im gleichen Zeitraum um 23 Prozent zurück.

Ein entscheidender Faktor bei der anstehenden Transition sind die regulativen und politischen Rahmenbedingungen. Der hohe Stellenwert, den Nachhaltigkeit und Gesundheit genießen, wird einer der Hauptreiber sein. Ein weiterer immer wichtiger werdender Aspekt ist die Versorgungssicherheit.

## INNOVATION BRAUCHT RAHMENBEDINGUNGEN: SINGAPUR ALS VORREITER

Spätestens seit dem Krieg in der Ukraine ist das Bewusstsein für die Wichtigkeit einer lückenlosen Lebensmittelversorgung in Europa rasant angestiegen. In anderen Regionen der Welt hat man sich deutlich früher auf dieses Thema konzentriert. So startete die Regierung Singapurs schon in 2019 das „30 by 30"-Programm. Es zielt darauf ab, Singapur in die Lage zu versetzen, bis zum Jahr 2030 30 Prozent des inländischen Nahrungsbedarfs vor Ort zu produzieren. Heute sind es: zwei Prozent.

Die Latte liegt hoch. Will Singapur sein Ziel erreichen, wird es mehr innovative Lebensmittellösungen wie vertikale Landwirtschaft oder zellbasierte Produkte brauchen. Der Stadtstaat hat dazu eine Reihe von Gesetzen und Förderprogrammen auf den Weg gebracht und sich damit zu einem der fortschrittlichsten Standorte für FoodTech entwickelt. Auch Israel, China und die USA starteten Regierungsprogramme, die die Transition des Ernährungssektors fördern. In Europa wurde mit dem „Green Deal" ebenfalls ein ambitioniertes Programm auf den Weg gebracht.

Die Erkenntnis, dass solche Programme viele Vorteile haben, scheint vielerorts zu wachsen. Tatsächlich können FoodTech-Innovationen dazu beitragen, einige der Ursachen des Klimawandels anzugehen. Sie haben das Potenzial, den Zugang zu gesünderen Lebensmitteln zu ermöglichen und so den Druck auf die Gesundheitssysteme zu verringern. Und sie können eine große Rolle bei der Wahrung der Versorgungssicherheit spielen.

Sie bieten aber auch eine großartige Gelegenheit, die makroökonomische Entwicklung jedes Landes, das sich beteiligt, positiv zu beeinflussen. Der Gesetzgebung kommt dabei natürlich eine entscheidende Rolle zu. Durch gezieltes Setzen von Rahmenbedingungen und Anreizen wird die Transformation beschleunigt. Eventuell ein entscheidender Faktor bei der Entwicklung des Wirtschaftsstandorts Deutschlands im internationalen Wettbewerb bis 2030 und darüber hinaus?

Europa hat als größter Lebensmittel-Exporteur und mit seiner großen Vielfalt an Ernährungs- und Gastronomiekulturen und seinen führenden Wissenschaftseinrichtungen ideale Voraussetzungen, seine führende Rolle zu behaupten oder gar auszubauen. Produkte aus Europa genießen einen exzellenten Ruf, und um diese Position zu erhalten, muss die Transition aktiv gefördert werden. Erfolg und

Wirkung werden maßgeblich von der Zusammenarbeit möglichst vieler Stakeholder abhängen. Wer sich also frühzeitig engagiert, hat am ehesten Erfolg – das haben frühere Innovationswellen insbesondere im Tech-Sektor gezeigt.

Die Transformation des Ernährungssystems ist eine der dringendsten Herausforderungen unserer Zeit. Sie ist zugleich eine Chance historischen Ausmaßes. Es lohnt sich, diesen Prozess aktiv zu fördern: zum Wohle der Verbraucher:innen, des Planeten, der Gesellschaft und der Wirtschaft.

*Olaf Koch ist Mitgründer der Venturecapital-Gesellschaft Zintinus und Aufsichtsratsmitglied bei der Mercedes-Benz Group AG. Von 2012 bis 2020 war er Vorstandsvorsitzender der Metro AG.*

# DIE ZUKUNFT DER PANDEMIEN

## Regierungen sind in der Pflicht

PROF. DR. HELGA RÜBSAMEN-SCHAEFF,
Firmengründerin und Aufsichtsrätin, warnt vor verheerenden Folgen, falls ein völlig neuer Erregertyp auftauchen sollte. Sie erklärt, wie wir uns bis 2030 dagegen rüsten können: etwa mit mehr Grundlagenforschung, Medikamentenentwicklung, staatlicher Hilfe und einem neuen digitalen Weg

Die schlechte Nachricht gleich zu Beginn: Das Coronavirus gehört jetzt zu unserer Gesellschaft wie eine normale Erkältung oder die Grippe. Expert:innen würden es so ausdrücken: Es etabliert sich langfristig als endemisches Virus. Was das für unsere Zukunft heißt? Covid-Infektionen zirkulieren auch im Jahr 2030, nach dem Abklingen der aktuellen Pandemie – da sollten wir uns nichts vormachen. Wir werden also auch in sieben Jahren von schweren Verläufen hören und Todesfälle beklagen.

Aber: Es werden weniger sein als heute. Mit zunehmender Zeit nach dem Ausbruch einer Pandemie und mithilfe von Impfungen erreicht die Bevölkerung eine gewisse Immunität. „Gewisse Immunität" bedeutet: weniger schwere Infektionen, seltenere Todesfälle. Das prinzipielle Risiko gefährlicher Verläufe bleibt jedoch bestehen, und hier muss die Wissenschaft bezüglich der Erkrankung Covid-19, speziell für die Risikogruppen und zur Vermeidung von Long Covid, noch deutlich mehr Lösungen finden.

Viele Menschen beschäftigt Corona im Hier und Jetzt, und das ist nachvollziehbar. Wie gehen wir aber im Jahr 2030 damit um? Im Idealfall so: Patient:innen mit ersten Symptomen und positivem Selbsttest loggen sich auf eine Behandler-Plattform ein, ein mobiles Einsatzteam kommt vorbei, um einen Abstrich zu machen, der sofort an ein Labor geht.

Klingt bekannt? Ja. 2030 schlagen wir aber anschließend den beschleunigten digitalen Weg ein: Sobald das Ergebnis per E-Mail vorliegt, loggen sich Patient:innen erneut ein, ein Spezialist schaut auf die elektronisch hinterlegte Gesundheitskarte und prüft, ob es sich um eine:n Risiko-Patient:in handelt. Lautet die Antwort Ja, wird schnellstmöglich per Rezept und Lieferdienst ein antivirales Medikament, das als Tablette wenige Tage lang eingenommen oder inhaliert werden kann, nach Hause zugestellt.

## VORBILD ISRAEL: GESUNDHEITSDATEN RETTEN LEBEN

Zeit ist immer ein extrem wichtiger Faktor in pandemischen Zeiten. Hohe Geschwindigkeit bedeutet: geringeres Risiko einer Verbreitung, weil Erkrankte deutlich weniger Kontakt zu anderen Menschen haben, und für den Infizierten deutlich minimierte Gefahr, schwer zu erkranken oder zu sterben: Wenn man frühzeitig behandelt, kann sich das Virus im Körper nicht ausbreiten und damit weniger Schaden anrichten.

Der digitale Weg hat in der idealen Welt im Jahr 2030 auch einen Einfluss auf die Verbreitung anderer über die Luft übertragbarer viraler Erkrankungen

– beispielsweise der Grippe. Medikamente, die das Grippe-Virus im Körper bekämpfen, gibt es heute bereits. Allerdings erfolgt ihr Einsatz spärlich, schleppend und oft zu spät, sodass sie nicht ihre volle Wirkung entfalten können. Das muss sich ändern.
Dass konsequenter Einsatz antiviraler Medikamente keine Zukunftsmusik ist, sehen wir heute schon in Israel. Der Clalit Health Service wertete elektronisch gesammelte Gesundheitsdaten zur Behandlung von Corona-Patient:innen aus. Das Ergebnis ist, dass die frühe Behandlung mit dem antiviralen Medikament Paxlovid das Erkrankungs- oder Todesrisiko der über 65-Jährigen während der Omikron-Welle in Israel sehr signifikant senkte. Was wir daraus lernen: Wir müssen neu mit Pandemien umgehen. Denn: Wir werden zweifellos neue erleben.

Blicken wir ein paar Jahrzehnte zurück: Es gab immer wieder Ausbrüche von Erregern mit Pandemiepotenzial; beispielsweise in den 80er-Jahren den Ausbruch von HIV, 2002/03 das erste SARS-Coronavirus, 2012 das „MERS"-Coronavirus. Wir sollten also auch in der Zukunft mit Ausbrüchen rechnen. Warum?

Lapidar gesagt, haben wir uns das selbst eingebrockt. Die Überbevölkerung, das Zusammenleben von Mensch und Tier auf oft engstem Raum verbunden mit schlechter Hygiene, Globalisierung, Migration, Massentourismus, Massentransport von Waren und von Tieren geben allen Erregern bisher ungekannte Chancen zur Ausbreitung und sind die Zutaten des tödlichen Cocktails, der zu neuen Pandemien führt. Wir brauchen nicht zu erwarten, dass sich daran bis 2030 etwas ändert. Auch nicht danach. Ein Großteil der neu auftretenden Infektionskrankheiten mit Pandemiepotenzial werden auch künftig Zoonosen sein, also Erreger, die vom Tier auf den Menschen überspringen, und gegen die der Mensch keinen Immunschutz hat.

Werden wir 2030 mit dem Ausbruch solcher Pandemien besser umgehen können? Ja, wenn wir bis dahin konsequent vorgegangen sind. Idealerweise können wir in sieben Jahren auf bis dahin etablierte, internationale Datenbanken und ein internationales Überwachungssystem zurückgreifen, um neue Erreger schneller zu erkennen und vor allem ihre Wege durch die Menschheit durch systematisch gesammelte Proben in Echtzeit zu verfolgen.

Glück sollte beim Ausbruch einer Pandemie jedenfalls keine große Rolle spielen. Beim Ausbruch von SARS-CoV-2 war das allerdings so, was wir nicht vergessen dürfen. Die beiden Corona-Ausbrüche 2002/03 und 2012 hatten die Wissenschaft vorgewarnt, der 2019 auftretende, verwandte Corona-Erreger konnte sie nicht auf dem falschen Fuß erwischen. Als er auftrat, wussten wir bereits, gegen welche Virusstruktur ein Impfstoff ankämpfen muss, und gegen welches Virusenzym Medikamente entwickelt werden können.

Dazu kam ein weiterer historischer Glücksfall: Die mRNA-Technik, aber auch Vektor-Impfstoffe waren zur Reife gelangt, wir brauchten quasi „nur noch" die genetische Information von SARS-CoV-2, um einen Impfstoff zu entwickeln – und die stand in kürzester Zeit zur Verfügung und wurde weltweit geteilt. Diese Konstellation ermöglichte eine Reaktion in Rekordzeit und führte zu höchster Anerkennung für diejenigen, die fähig waren, diese Erkenntnisse so schnell und so erfolgreich in Impfstoffe umzusetzen. Machen wir uns nichts vor: Ein völlig neuer Erreger-Typ hätte dagegen verheerende Folgen haben können – und die Entwicklung eines Impfstoffes oder von Medikamenten hätte sehr wahrscheinlich deutlich länger gedauert, als es dieses Mal der Fall war.

Wie gehen wir also 2030 mit Faktoren wie Glück und Pech um?

Hier kommen die Regierungen ins Spiel. Sie sollten bis 2030 idealerweise dafür gesorgt haben, dass Grundlagenforschung und klinische Weiterentwicklung konsequent unterstützt werden, dass also Corona und andere Pandemie-Erreger im Laufe der Jahre auf der Agenda nicht nach unten rutschen, weil sie immer weniger bedrohlich erscheinen. Denn das könnte ein tödlicher Fehler sein. Die Politik darf nicht lockerlassen. Sie muss außerdem dafür sorgen, dass wir Vorräte möglichst breit wirksamer, antiviraler Medikamente anlegen, um schnell auf zukünftige Pandemien reagieren zu können. Wichtig ist auch die systematische, repräsentative Erhebung von Daten, unter anderem zur Dauer der Impfwirksamkeit und der Wirksamkeit von Medikamenten, die schnelle Etablierung elektronischer Register und deren Auswertung.

Insbesondere die Medikamentenentwicklung dürfen wir nicht aus den Augen verlieren. Sie wird 2030 ein genauso wichtiger Faktor sein wie die Impfstoffentwicklung und die Entwicklung schneller diagnostischer Verfahren, denn: Niemand kann voraussagen, ob die Erreger der Zukunft eher mit der Spritze oder mit der Tablette bekämpft werden können. Die Vergangenheit hat zum Beispiel gezeigt, dass es gegen manche Bedrohungen trotz jahrzehntelanger intensiver und milliardenschwerer Forschung gar keine Impfung gibt. Das ist etwa beim Aids-Erreger HIV der Fall oder beim Hepatitis-C-Virus, das schwere Leberentzündungen, Leberzirrhose und Leberkrebs auslösen kann.

Wir werden bis 2030 hoffentlich wissen, ob für HIV und Hepatitis C die mRNA-Technologie einen Unterschied ausmacht und ob wir dann auch Impfstoffe gegen diese Erreger haben. Bislang können wir diese Viren nur über Medikamente in Schach halten, wobei beides hervorragend funktioniert und die ansonsten lebenslange Hepatitis-C-Infektion heute sogar heilbar ist. Hätten wir gegen HIV und Hepatitis C bei der Forschung nur auf Impfstoffe gesetzt, stünden wir gegen diese Erreger bis heute mit leeren Händen da.

## FÖRDERUNG, PERSONAL, UNTERNEHMEN: ALLE RÄDER GREIFEN INEINANDER

In meiner perfekten Welt 2030 ist all das Geschriebene bereits geschehen. Und mehr. Der Staat sichert mit seinen Fördermitteln Zugang zu Hochsicherheitslaboren, Zellsystemen oder Tiermodellen. Geld für entsprechend geschultes Personal steht zur Verfügung. Ein Gremium aus Expert:innen und Entscheidungsträger:innen ist verantwortlich, Empfehlungen für die Ziele der Medikamenten-, Impfstoff- und Diagnostik-Entwicklung zu geben, und eine weitere Institution organisiert und koordiniert die Umsetzung dieser Empfehlungen. 2030 greift ein Rädchen ins andere. In der EU (HERA, seit 2021) und in den USA (BARDA, seit 2006) gibt es übrigens bereits staatlichen Strukturen, die die Aufgabe haben,

Gesundheitskrisen zu vermeiden, zu erkennen und schnell auf sie zu reagieren. HERA soll die Entwicklung, Produktion und Verteilung von Medikamenten, Impfstoffen und anderen Gegenmaßnahmen (wie Handschuhe, Masken) sicherstellen. Der Name ist die Abkürzung von „Health Emergency Preparedness and Response", das ist ein neues „Directorate General" innerhalb der Europäischen Kommission.

Aber nicht nur der Staat ist in meiner idealen Welt 2030 besser auf neue Pandemien vorbereitet. In Unternehmen gehört es zum Tagesgeschäft, Krisen „einzuplanen" und ein Wissen über die Bedrohung auch durch Pandemien bereitzuhalten, sie seismografisch, also so früh wie möglich zu registrieren.

In meiner idealen Welt 2030 steht der Technologietransfer plus Ausgründung neben den klassischen zwei Säulen „Forschung" und „Lehre" an deutschen Universitäten als dritte wichtige Säule universitärer Aufgaben gleichberechtigt im Fokus – mit der Folge, dass wir auf eine blühende Landschaft aus innovativen Firmen mit biotechnologischen Lösungsansätzen blicken. Diese deutlich neue Zielsetzung an Universitäten, die gekoppelt sein muss mit viel stärkerer staatlicher Förderung von Investitionen in diese Firmen (etwa über steuerliche Anreize), wird den Standort Deutschland kompetitiv und innovativ machen, aber auch bereits etablierte Firmen werden in die Zukunftsstrategie eingebunden sein.

Was ich damit sagen will: Wir sind einigermaßen gut durch diese Pandemie gekommen, aber wir können uns nicht darauf ausruhen. Ein langer und schwieriger Weg liegt bis 2030 vor uns. Wir brauchen eine international eingebettete Strategie zur Unterstützung der nationalen Forschung, auch auf dem Gebiet der Medikamente. Umfassende Grundlagenforschung und Einbindung der gesamten forschenden Industrie mit jungen und etablierten Firmen und ohne Berührungsängste muss längst Tagesgeschäft sein, wenn die nächste Pandemie auf uns zurollt.

Und das wird sie.

*Prof. Dr. Helga Rübsamen-Schaeff ist Chemikerin, Virologin, Managerin und Firmengründerin. Die Professorin für Biochemie und Virologie an der Universität Frankfurt ist heute Aufsichtsratsmitglied der Unternehmen AiCuris AG, Merck KGaA und 4SC AG. 1995 erhielt sie das Bundesverdienstkreuz 1. Klasse. 2018 wurden sie und ihr Team mit dem Zukunftspreis des Bundespräsidenten ausgezeichnet. Die Auszeichnung ehrte die Erfindung, klinische Entwicklung und Vermarktung eines lebensrettenden Medikaments gegen das Cytomeglie-Virus, das bei Transplantierten und anderen Immungeschwächten äußerst gefährlich werden kann, sowie die dazu notwendige und erfolgreiche Firmengründung.*

# MEDIZIN

## „Heute geborene Menschen können 150 Jahre alt werden“

**PROF. DR. JOCHEN A. WERNER,**
**Vorstandsvorsitzender der Uniklinik Essen, über Forever Young, Datenschutz-Hürden und Datenschutz-Ärger, zu viele Krankenhausbetten und revolutionäre Entwicklungen**

**PROFESSOR WERNER, SIE HABEN IHR MEDIZINSTUDIUM 1980 AUFGENOMMEN. WAS WAREN DAMALS IHRE ERWARTUNGEN IN DIE ENTWICKLUNG UND WO SEHEN SIE JETZT, 40 JAHRE SPÄTER, DIE MEDIZIN?** Ich habe immer davon geträumt, Arzt zu werden. Als es dann tatsächlich begann, in den ersten vier Semestern, wo man ja noch nicht so viel mit Patient:innen zu tun hat, fragte ich mich aber schnell: Das kann es doch nicht gewesen sein. Ich erinnere mich, wie wir mit Schere bewaffnet Chromosomen ausgeschnitten und die nebeneinandergelegt haben, die vermeintlich zueinander gehörten. Ich habe damals die Professorin für Genetik gefragt: „Ausschneiden und Chromosomen nebeneinanderlegen? Ist das wirklich der Stand der Forschung?" – „Ja", sagte sie, „genau." Spätestens da war mir klar, dass die Medizin vor einem ungeheuren Schub steht; und tatsächlich wäre das heute unvorstellbar. Was ich damit sagen will: Mich beeindruckt, welchen Wandel ich begleiten durfte. Ein anderes Beispiel: Querschnittslähmung. Ich habe mich damals gefragt: Wie kann man verletztes Rückenmark wohl so reparieren, dass Menschen wieder gehen können? Und heute gibt es das Exoskelett oder Verfahren, die es ermöglichen, über Nervenpotenziale, über Gehirnleistung, Bewegungen auszulösen. Drittes Beispiel: Wenn früher ein Herzinfarktpatient ins Krankenhaus kam, dann lag er dort teilweise wochenlang, die ganze Zeit den Tod vor Augen. Heute sind Patient:innen manchmal nach wenigen Tagen wieder am Arbeitsplatz.

**WAS HAT SICH IN DEN JAHREN DANACH NOCH GEÄNDERT?** Natürlich kam die Computertechnologie dazu. Nehmen wir das Thema Mikrobiom. Wir alle haben unfassbar viele Mikroorganismen in und auf uns und wissen gar nicht, was diese Bewohner im Schleimhauttrakt und auf der Haut für unsere Krankheiten oder für die Wirksamkeit von Medikamenten bedeuten. Wir wissen aber, dass sich diese Thematik durch Künstliche Intelligenz (KI) und durch Quantencomputer aufklären lässt. Wir werden das Mikrobiom nutzen und beeinflussen können, um bestimmte Krankheiten zu behandeln. Das wird der nächste große Schritt. Oder der Schlaf: Wir werden künftig am Schlafverhalten erkennen können, ob zum Beispiel ein Mensch mit einer chronischen Darmerkrankung einen Entzündungsschub vor sich hat – und das, bevor die ersten spürbaren Symptome erkannt werden. Das alles gelingt aber nur mit digitaler Technologie, mit der Digitalisierung, mit Daten, mit KI. Meiner Ansicht nach werden in den nächsten 40 Jahren nahezu alle Krankheiten viel früher erkennbar sein. Sie werden entweder heilbar oder chronifizierbar sein, was dazu führt, dass die Menschen viel, viel seltener daran sterben.

**SIE KLINGEN EUPHORISCH. GLEICHWOHL KÖNNEN WIR DAS INTERVIEW JETZT NICHT BEENDEN …** Ja, weil ich sehe, wo die Reise aktuell immer noch hingeht. Ich würde mich natürlich freuen, wenn Deutschland an dieser Entwicklung in angemessenem Maße teilnehmen könnte und nicht nur staunend ins Ausland schauen müsste. Aber das ist leider viel wahrscheinlicher, weil wir durch den Datenschutz maximal gehemmt werden. Sobald wir einmal visionär denken und sagen: Da geht die Zukunftsmedizin hin, melden sich die Bremser, die Verharrer und Verweigerer zu Wort. Dabei geht es dann meist gar nicht um futuristische Ziele, es geht um einen europäischen Standard, um das elektronische Rezept, um Vermeidung von Wartezeiten. Denn genau in diesen Momenten fängt der Datenschutz an, die Innovation zu hemmen. Gerade im Gesundheitswesen. Und dazu kommt noch der Lobbyismus. Jemand hat mal gesagt, dass in Deutschland der Lobbyismus im Gesundheitswesen am stärksten ausgeprägt ist – fast so stark wie in der amerikanischen Waffenindustrie. Das zeigt: Die Veränderungsbereitschaft fehlt in unserem Land in erschreckender Form, wir hemmen uns selbst, darin ist Deutschland wahrscheinlich Weltmarktführer.

**WENN SIE ÜBER DAS GESUNDHEITSWESEN ZU ENTSCHEIDEN HÄTTEN, WAS WÜRDEN SIE TUN? WAS WÄREN IHRE KONKRETEN NÄCHSTEN SCHRITTE?** Ich würde sagen, und ich sage: Wir brauchen zwingend eine bundeweite Digitalstrategie, eine maximale Offensive. Die fehlt seit Jahrzehnten. Bundesweit bedeutet das dann auch Vorgabe und damit die Abkehr vom hemmenden Föderalismus bei gesundheitsrelevanten Aufgaben, woran bisher jeder Gesundheitsminister mit guten Ideen scheiterte. Gesundheitswesen muss Bundessache sein. Doch statt eines unverzichtbaren Digitalministeriums haben wir jetzt unter der neuen Regierung die Digitalbranche ans Verkehrsministerium gehängt. Es ist immer wieder das Gleiche. Wir müssen also, wie es andere Länder vorgelebt haben, Beispiel Dänemark, eine langfristige Strategie aufsetzen und umsetzen, unabhängig davon, wer gerade regiert. Im Gesundheitswesen der Zukunft muss die Universitätsmedizin Koordinationscharakter haben, weil sie für Lehre, Forschung, Krankenversorgung und in weiten Bereichen auch für Weiterbildung zuständig ist. Sie steht in der Verantwortung, die ganzen Patientendaten zu analysieren. Wir haben in Deutschland eine Versorgungsforschung, die viel, viel mehr Potenzial hat, aber wir nutzen sie nicht. Wir wissen zum Beispiel gar nicht wissenschaftsbasiert, was in Praxen passiert. Wir wissen gar nicht, was mit Menschen in der Rehabilitation passiert. Prävention erschließt sich uns überhaupt nicht. Wir hätten aber die Chance zu sagen: Alle Gesundheitsdaten in Deutschland werden künftig wissenschaftlich analysiert. Vorher allerdings müssen sie erhoben werden, und das darf nicht am Datenschutz scheitern. Dazu ist eine funktionierende elektronische Patientenakte mit allen Gesundheitsdaten, und zwar verpflichtend für alle Bürger:innen, zwingend erforderlich. Aber natürlich erleben wir auch hier: Bedenken. Aus der Politik höre ich nur Lippenbekenntnisse auf Wahlveranstaltungen. Allerdings machen sich damit die dafür Verantwortlichen auch schuldig: Leider sterben immer wieder Menschen, weil kein Zugriff auf ihre Gesundheitsdaten möglich ist. Ein Trauerspiel. #toddurchdatenschutz ist leider viel zu oft zur Realität geworden.

**SIE FORDERN DIE REDUZIERUNG DER ZAHL VON KRANKENHAUSBETTEN UND SCHLIESSUNG VON KRANKENHÄUSERN.** Wir haben einen Pflegenotstand, ja. Ich wage aber die These: Nicht die Anzahl der Pflegekräfte, sondern die der Krankenhausbetten und die Form unserer Organisationsstruktur ist das Problem. Was die Anzahl der Pflegekräfte in Krankenhäusern angeht, stehen wir in Europa im guten Mittelmaß – in der Anzahl der Krankenhausbetten sind wir jedoch Weltmarktführer. Also müssen wir die Betten dramatisch reduzieren. Nur scheitert das an der Politik. 2004 wurde das Fallpauschalensystem aufgebaut mit dem Ziel, den Krankenhausmarkt zu bereinigen. Was dazu führte, dass sich geschäftstüchtige Krankenhausmanager auf Krankheitsbilder fokussierten, mit denen mehr Geld verdient werden konnte. Auf der anderen Seite mussten Unikliniken etwa Lebertransplantationspatienten bewältigen, was in diesem Vergütungssystem überhaupt nicht finanziell abbildbar war. So ging die Schere auch zwischen ökonomisch gesunden Krankenhäusern und angeschlagenen Universitätskliniken auseinander. Das ist über die Jahre etwas angepasst worden, ehe 2022 von Gesundheitsminister Lauterbach die „größte Revolution seit 20 Jahren" angekündigt wurde. Und was steckt dahinter? Wieder ein verändertes Vergütungssystem. Selbst wenn es funktionieren würde, dauerte es Jahre, ehe Veränderung eintritt, denn die Last wird für Fachkräfte immer schwerer, weshalb ein Teil davon den Beruf aufgibt. Wir müssen einfach anerkennen: Krankenhausbetten müssen deutlich reduziert, Krankenhäuser müssen teilweise geschlossen, teilweise müssen sie umgebildet werden – zum Beispiel in Alten- und Pflegeheime. Sonst fehlen in wenigen Jahren 500.000 Pflegekräfte. Was das bedeutet, ist klar: Wir müssen andere Menschen befähigen, Pflegeleistungen zu übernehmen – durch bestimmte Tutorials, die bestimmte Handgriffe und Zuwendungen lehren. Und dazu muss die größte deutsche Digitaloffensive kommen.

**LASSEN SIE UNS AUF ETWAS POSITIVES ZURÜCKKOMMEN: WAS ZEICHNET SICH IHRER MEINUNG NACH IN DER BEHANDLUNG VON KRANKHEITEN HEUTE AB, WAS UNS VIELLEICHT 2030 SCHON HILFT? WELCHE GROSSEN ENTWICKLUNGEN SEHEN SIE?** Sie haben vor allem mit Analytik, Datenwissenschaften, KI zu tun. Nehmen wir die sogenannten seltenen Erkrankungen. Bei Patienten, die davon betroffen sind, dauert es im Schnitt sieben Jahre, bis sie erkannt sind. Das bedeutet: ganz viel Leid, Enttäuschung, unzählige Arzt- und Krankenhausbesuche. Heute ist klar: Wenn man die Symptome dieser Patienten zusammenfasst, deren Befunde dazu gibt und den Computer einbindet, hat man teilweise die richtigen Diagnosen in wenigen Minuten. An solchen Entscheidungsunterstützungs-Systemen kommen Ärzt:innen künftig nicht mehr vorbei. Aber dazu gehört natürlich auch ein verändertes Mindset: Ich muss zulassen wollen, dass mir die Maschine hilft. Die Patient:innen tun es sogar selbst schon: Sie befragen Dr. Google – übrigens ohne Rücksicht auf Datenschutz. Wir haben seit

Jahren in der Onkologie beobachten können, dass personalisierte Medizin mehr und mehr hilft. Man hat die Tumorcharakteristika, analysiert diese Daten zu den Patienten und kommt zu einer Vorschlagsliste von zwei, drei Therapieverfahren, ganz eng angebunden an Studienwissen, das über Jahre weltweit zusammengetragen wurde. So entsteht eine viel höhere Wahrscheinlichkeit zur Heilung. Oder der Bereich Gentechnologie, in dem versucht wird, Gendefekte zu reparieren. Hier stehen wir am Anfang, aber in 10, 15 Jahren werden riesige Fortschritte gemacht sein. Und so sehen Sie nur an diesen wenigen Beispielen: Wir erleben gerade eine Revolution in der personalisierten Medizin.

**SO GUT DAS KLINGT: WER BEZAHLT DAS ALLES?** Das ist ein Riesenproblem. Wir stellen schon heute fest, dass das Gesundheitswesen volkswirtschaftlich entgleitet. Die Krankenkassen haben erhebliche Schwierigkeiten, all die Leistungen zu vergüten. Das heißt: Wir müssen die Menschen mehr in die Selbstverantwortung nehmen, viel mehr auf Prävention setzen. Menschen müssen, wann immer es geht, außerhalb von Krankenhäusern behandelt werden. Damit entlasten wir obendrein das Personal. Warum machen wir es zum Beispiel nicht so, dass alle Menschen mit einer Smartwatch ausgestattet werden oder mit anderen Trackingsystemen, worüber wir Gesundheitsdaten analysieren können, worüber wir Anzeichen für Herzinfarkte, für schwere Rhythmusstörungen rechtzeitig erkennen, bevor sie dann manifest werden und das Gesundheitssystem wirklich belasten? Das könnten wir! Überlegen Sie doch mal, in welche Vorhaben zig Milliarden Euro fließen. Wie wichtig ist uns die Volksgesundheit? Ohne solche oder andere Strategien wird sich die Zweiklassenmedizin noch viel stärker herauskristallisieren, als es heute schon der Fall ist.

**SIE DÜRFEN ZUM SCHLUSS EIN BISSCHEN TRÄUMEN: DIE MENSCHEN ACHTEN ALLE AUF IHRE GESUNDHEIT, DIE BETTENPROBLEMATIK IST GELÖST, WIR HEILEN KRANKHEITEN BESSER, HABEN AUCH DAS GELD DAZU – WOHIN FÜHRT DAS? WIE SIEHT DIE GESELLSCHAFT DER ZUKUNFT AUS?** Wenn der Datenschutz auf ein angemessenes Maß rückgeführt ist, wenn wir ideal alle Daten analysieren können, Menschen sich selbst vermessen, dann bin ich davon absolut überzeugt, dass diejenigen, die heute geboren werden, nicht selten 120 bis 150 Jahre alt werden können. Viele der Menschen, die heute geboren werden, wissen dann auch, dass sie sich nicht so ernähren sollen, wie sich meine Generation ernährt hat. Sie wissen, dass Prävention unverzichtbar ist, zum Beispiel durch Trackingsysteme. Das ist schon mal eine viel bessere Ausgangssituation. Und dann wird ja die Medizin während ihrer Lebenszeit, also in den nächsten 50, 60, 70 Jahren, aus den obengenannten Gründen unfassbare Fortschritte machen. Die älteste Person der Welt war ja schon über 120, das zeigt ja, dass es geht. Aber es wird noch viel häufiger vorkommen. Doch wir müssen auch an meine Generation denken: Wenn deren Hirnleistung im Alter abnimmt, weil ihr Verhalten, ihre Lebensumstände nicht so gut waren, bedeutet das: Es wird in der Zukunft auch immer mehr ältere Menschen geben, von denen wir gar nicht wissen, wie wir mit ihnen umgehen sollen. Die von der Familie vielleicht nicht gepflegt werden, die dement sind, die gar nicht in einer Räumlichkeit untergebracht sind, die für Demente gut ist. Dafür wird man Lösungen finden müssen. Und es kommt ein neues Thema auf uns zu: Hitze. Sie wird uns immer mehr zu schaffen machen. Viele Krankenhäuser haben keine Klimaanlagen. Heute sterben schon jedes Jahr in Deutschland Tausende an den Folgen der Hitze. Das wird um ein Vielfaches zunehmen. Und es trifft natürlich vor allem die Schwachen.

**WENN MAN IHNEN ZUHÖRT, HÖRT MAN SEHR VIEL BEGEISTERUNG UND SEHR VIEL FRUST. WAS ÜBERWIEGT? UND WÜRDEN SIE ALLES WIEDER SO MACHEN, ALSO NOCH MAL MEDIZIN STUDIEREN UND SICH IN DIESES POSITIVE CHAOS STÜRZEN?** Ja, sofort und ohne zu zögern. Dass Begeisterung und Frust zusammenkommen, das würde ich sofort unterschreiben. Aber die Begeisterung überwiegt natürlich. Meine Tochter studiert auch Medizin. Ich habe mich darüber sehr gefreut und ihr gesagt: Du wirst in diesem Studium einen Wandel erleben und mitgestalten können, wie es ihn noch nie in der Medizingeschichte der Menschheit gegeben hat.

*Prof. Dr. Jochen A. Werner, Vorstandsvorsitzender Universitätsmedizin Essen, treibt die digitale Transformation zum Smart und Green Hospital. Zuvor war er Direktor der Marburger Univ.-HNO-Klinik, anschließend Geschäftsführer der UKGM GmbH. Werner ist Mitglied der Leopoldina, er sieht Digitalisierung als den Hebel, um die Gesundheitsversorgung gleichermaßen leistungsfähig, finanzierbar und menschlicher zu machen.*

# KEIN STEIN BLEIBT AUF DEM ANDEREN

## Science-Fiction wird zu Science-Faction: über eine Zukunft, in der wir alles (ver)messen

**JENS DE BUHR,**
**Verleger und Herausgeber von DUP UNTERNEHMER, skizziert, wie wir im Jahr 2030 leben: dank unzähliger Devices fast komplett digital, aber sinnlicher, menschlicher - und gesünder. Die Welt ist dann eine andere**

Freitag, 19. April 2030. Am Vorabend meines Geburtstages hat mich meine Familie mit einem kleinen Umtrunk überrascht. „Ein Glas Wein muss schlecht gewesen sein", das war früher unter Kumpels ein Running Gag, wenn wir zu tief ins Glas geschaut hatten. Auch gestern muss das so gewesen sein, denke ich. Verkatert gehe ich ins Bad. Dort begrüßt mich Amazons Sprachsystem Alexa mit dem alten Happy-Birthday-Song von Stevie Wonder.

Der Hightech-Spiegel signalisiert mir auf einem kleinen Monitor, dass ich gesumpft habe, und beauftragt Olive Diagnostics, der Sache auf den Grund zu gehen. Der Health-Spezialist bietet Analysetools für die Toilette an. Die schnelle Urinanalyse liefert Alexa via Vernetzung weitere Daten über meinen gesundheitlichen Zustand. Nach dem Zähneputzen und der Morgentoilette bekomme ich also meinen täglichen Health-Report:

*Herzlichen Glückwunsch zum Geburtstag und zum Kater. Der übermäßige Alkoholkonsum beeinträchtigt deine körperliche und geistige Leistungsfähigkeit. Deine Urinwerte könnten besser sein, sind aber in Ordnung. Lass trotzdem das Auto noch drei Stunden in der Garage. Bekämpfen kannst du deine Kopfschmerzen mit dem Mittel Katerfly, das gerade in der Amazon-Apotheke zum Sonderpreis von 3 Amazon-Coins angeboten wird. Sag: Ja – kaufe ich.*

Amazon-Prime-Day wird es gegen Mittag mit einem Expresszuschlag von 25 Prozent per Drohne zustellen.

Science-Fiction wird immer mehr zu Science-Faction. Unsere Welt ist Ende der 2020er-Jahre eine andere. Wir steuern auf eine Zukunft zu, in der wir alles, was gemessen werden kann, messen. „Es wird eine Welt aus exzeptioneller, radikaler Transparenz", prognostizieren Peter H. Diamandis und Steven Kotler in ihrem „New York Times"-Bestseller „The Future is faster than you think" von 2020. Willkommen in der „Privacy is dead"-Welt.

Forscher der US-Universität Stanford rechnen damit, dass bis zum Ende des Jahrzehnts weltweit 500 Milliarden Devices Daten sammeln. Amazon kooperiert deshalb schon heute mit dem Bau- und Wohnunternehmen Lennart – der Nummer eins in den USA –, um für ausreichend Sensorik in Haushalten zu sorgen. So wird zum Beispiel sichergestellt, dass in neuen Wohnhäusern Smart-Home-Technologie aus Seattle vorinstalliert ist. Die Erde bekommt eine Art seismografische Info-Elektrohülle. Aus Badezimmern werden Med-Check-Studios mit einer Vielzahl an Sensoren. So analysieren etwa Zahnbürsten kleinste Blutpartikelchen und erstellen daraus tagesaktuelle Blutbilder. Urinproben analysieren Spezialisten wie Medipee aus Moers oder Olive Diagnostics aus Israel mit Plug'n'Play-System direkt an der Toilette. Um die Analyse des Stuhlgangs kümmert sich das US-Unternehmen Dieta Health. Alle Infos werden dann von Amazon Care, der Gesundheitstochter des Online-Versandhändlers, direkt ausgewertet. Die Ergebnisse liest Alexa vor, ergänzt sie mit medizinischen Tipps, lobt oder tadelt uns mit einem motivierenden Cheer-up-System.

## AMAZON ATTACKIERT DEN MEDIZIN-MARKT

Amazon, Google und Co. ante portas: Der renommierte New Yorker Marketing-Professor Scott Galloway geht davon aus, dass große Digitalkonzerne mit ihrer IT-Power wie Künstlicher Intelligenz (KI) den Gesundheitsmarkt disruptieren und revolutionieren werden. Der Multi-Milliarden-Dollar-Markt gilt als der Wachstumsmarkt für die Silicon-Valley-Hyper-Scaler. Galloway vergleicht die Lage der US-Gesundheitsbranche mit einem verwundeten Wal, der ziellos im Meer treibt und ausblutet. „Raubtiere ziehen ihre Kreise. Das Blut im Wasser ist die unverdiente Gewinnspanne." Amazon sei der lauernde Megalodon, ein rund 20 Meter langer Urzeithai mit gigantischem Kiefer und riesigen Zähnen.

Amazon attackiert den Medizin-Markt. So wurde für fast vier Milliarden US-Dollar One Medical aus San Francisco übernommen. Die Poliklinik-Kette offeriert ihren Kunden Abo-Services zur virtuellen oder persönlichen medizinischen Betreuung. Für Amazon bedeutet das den drittgrößten Zukauf nach der Supermarktkette Whole Foods und den Filmstudios Metro-Goldwyn-Mayer (MGM). „Wir glauben, dass die Gesundheitsversorgung ganz oben auf der Liste der Dienstleistungen steht, die neu erfunden werden müssen", sagt Neil Lindsay, Leiter des Gesundheitsgeschäfts bei Amazon. Keine andere Branche arbeite unwirtschaftlicher, kritisiert auch Galloway. „Wenn wir die gleiche Rendite auf unsere Gesundheitsausgaben hätten wie andere Länder, würden wir alle 100 Jahre alt werden, ohne krank zu sein."

Galloway rechnet vor, dass sich die Pro-Kopf-Ausgaben für das Gesundheitswesen in den USA vervierfacht haben, von 2.968 Dollar im Jahr 1980 auf 12.531 Dollar im Jahr 2020. So wuchs ein riesiger Wirtschaftszweig heran, in dem 13 Prozent der US-Amerikaner arbeiten und dessen Gesamtausgaben ein Fünftel des Bruttoinlandsprodukts der USA ausmachen.

Die digitalen Haie wollen Sickcare in Healthcare transformieren, also unser bisheriges Krankheits- und ärztliches Reparatursystem in eine vitale Vorsorgewelt umwandeln. Das Ziel: Krankheiten rechtzeitig erkennen und durch individuelle Medizin optimal kurieren. Aktuell wird in der Medizin oft mit der Gießkanne gearbeitet: Wer über Kopfschmerzen klagt, bekommt etwa eine Aspirin-Tablette verschrieben, egal wie groß, wie schwer und wie alt er oder sie ist. One-size-fits-all-Medizin ist ein Anachronismus.

Mit Amazon & Co. werden die Zeiten für jährliche Gesundheitschecks bald vorbei sein. Aus Patientenakten werden Datenströme, 24/7 aktualisiert. Doch worin besteht der Vorteil, sich in die Hände eines digitalen Kraken wie Amazon zu begeben? Was heute für uns nach einer düsteren Zukunftsvision à la „1984“ von George Orwell klingt, wird bald mit klaren Leistungsversprechen und finanziellen Vorteilen verknüpft werden. Denkbar ist etwa, dass Amazon-Care seine Kunden mit einer Discount-Krankenversicherung und dem Versprechen, 20 Jahre länger gesund zu leben, ködert. Wer die Police unterschreibt, willigt zugleich ein, sich permanent kontrollieren zu lassen. Für die Gesundheit werden zudem Fitness-, Verhaltens- und Ernährungstipps zur Pflicht.

Amy Webb, CEO des Future Today Institute, beschreibt es auf dem digitalen Zukunftsfestival SXSW 2022 in Austin/Texas, so: „Wer sich nach einem Arbeitstag zu wenig bewegt hat, kann erst den Motor seinen Autos anlassen, nachdem er 50-mal um das Auto gelaufen ist oder 20 Liegestütze gemacht hat.“ Danach gibt es vom Tracker grünes Licht, der Tesla öffnet sich für die Heimfahrt.

Kunden, die einen über den Durst trinken, bekommen entweder eine Ermahnung, eine Strafe oder werden als Wiederholungstäter aus dem Spartarif gefeuert. Wer sich dagegen vorbildlich verhält, etwa seine Diät durchhält und Gewicht verliert, bekommt immer wieder Lob vom Sprachsystem Alexa. Ein digitales Zuckerbrot-und-Peitsche-System.

Fraglich ist, wer 2030 überhaupt noch mit dem Auto ins Büro fährt. Meta-CEO Mark Zuckerberg glaubt fest an das Metaverse, einen wichtigen Teil des Web 3.0. Metaverse ist die nächste Stufe des Internets. Deshalb hat er seinen Konzern PR-wirksam von Facebook in Meta umgetauft.

## IN DER ZUKUNFT KÖNNEN WIR DANK INTERNET RIECHEN UND BERÜHREN

Für die Futuristin Webb ist Metaverse „ein Oberbegriff für Technologien, die die Kluft zwischen der physischen und der digitalen Welt überbrücken“. Für sie steht er für virtuelle Realität, gemischte Realität, erweiterte Realität. Es enthält auch Wearables-Technologie wie Uhren, Fitness-Tracker und intelligente Brillengläser. Web 1.0 diente Info-Zwecken, Web 2.0 steht für Social Media, und im Web 3.0 gibt es eine Parallelwelt mit Assets, also Besitztümern, die wir entwickeln, aufbauen oder kaufen.

Das Internet der nächsten Version wird sinnlicher und körperlicher. Handbewegungen werden wichtiger, um Aktionen auszulösen. Neu sind dann Gerüche und Berührungen. Davon ist Eric Yuan überzeugt. Der Zoom-Gründer geht davon aus, dass wir uns künftig virtuell berühren und den Kaffee des Gesprächspartners riechen werden, wenn wir online sind. Obendrein wird der Mensch gläsern. Bald liest Zoom mit, analysiert die Gesichter der Gesprächspartner und gibt Infos, ob jemand im Video-Call gerade mit seinen Gedanken ganz woanders ist oder ein Nickerchen hält. „Wer weiß schon, was der Gesprächspartner aus Peking wirklich denkt“, sagt der gebürtige Chinese. Zoom gibt irgendwann wichtige Tipps zur Mimik und übersetzt das gesamte Gespräch simultan. Keine Frage, das Internet ist künftig immersiver und menschlicher. Vorbei die Zeiten, in denen wir stumpf vor einem Screen sitzen und auf die Tastatur hämmern. Spätestens 2030 treffen wir uns in virtuellen Räumen und genießen ein neues Online-Lebensgefühl, in dem Realität und Virtualität immer mehr verschmelzen.

Mit unseren Avataren mäandern wir dann in High-Fidelity-Qualität durchs Netz. Und warum sich nicht für jeden Zweck unterschiedliche Egos zulegen? Im seriösen Job sehen wir anders aus als beim Freizeittreff mit Freunden, beim Shopping oder beim Flirt an der Bar. So wie wir jetzt schon unterschiedliche Social-Media-Auftritte auf Tinder, Facebook und LinkedIn haben. Wer wird 2030 der Versuchung widerstehen, sich mittels 3-D-Avatar auszutoben – mit Kulleraugen, Sommersprossen, faltenloser Haut, sportlich-athletisch oder mit pinken Haaren?

## BEZAHLT WIRD IN KRYPTO-WÄHRUNGEN

Metaverse als Schwindlerverse – eine digitale Parallelwelt der Täuschung. Fakes als Regel sind für die Online-Marketing-Wirtschaft eine gigantische Herausforderung. Wie will die Finanzindustrie etwa Produkte für die Altersvorsorge bewerben, wenn im Netz niemand altert und alle gesund, schlank und forever young sind?

Reale Umsätze wird es etwa in virtuellen Metaverse-Shops von Adidas und Nike geben. Wer neue Sneaker braucht, hat online die Qual der Wahl. Bezahlt wird mit Krypto-Währungen. Die modischen Treter gibt es dann doppelt, einmal virtuell als schickes Accessoire und einmal via Lieferdienst nach Hause.

Den ersten Boom in der Parallelwelt dürfte die digitale Mode erleben. Schließlich möchte gut gekleidet sein, wer im virtuellen Raum Städte besucht oder einfach nur in einer Bar flirtet. Alles geht, nix ist unmöglich.

Spannende Pilotversuche gibt es auch in Altenheimen. Senioren bekommen VR-Brillen und besuchen virtuell ihrer Lieblingsplätze, Bekannte oder Verwandte. Adieu, Pflegeheim-Tristesse mit Trashfernsehen als Dauer-Zerstreuungskanal für Oma und Opa.

Noch steckt Metaverse aber in den Kinderschuhen. Es gibt ja hierzulande noch nicht einmal flächendeckend 5G, um ruckelfrei am Geschehen teilzunehmen. Faszination und Goldgräberstimmung wachsen, seit sich Facebook in Meta umgetauft hat. Auf dem Digitalfestival SXSW in Austin war Metaverse 2022 das bestimmende Thema. Deutschland ist da traditionell skeptischer ob der Chancen der Parallelwelt. Auf dem Hamburger Digitalfestival OMR spielte Metaverse im Mai 2022 eigentlich keine Rolle.

Was macht das Metaverse so spannend? Unser Leben war immer durch die Gesetze der Physik begrenzt. VR stellt diese Regeln auf den Kopf. Sie ermöglicht es uns, Erfahrungen zu digitalisieren und unsere Sinne in eine computergenerierte Welt zu teleportieren, in der die Grenzen der Vorstellungskraft die einzige Bremse für die virtuelle Realität sind. Warum nicht aus Jux und Dollerei wie bei Harry Potter auf Besen durch die Gegend fliegen?

Klar, das Spiel mit Avataren gibt es schon lange. Skeptiker verweisen auf das Videospiel Second Life, das am 23. Juni 2003 startete. Mittels Avataren wird interagiert, gespielt oder Handel betrieben. 2030 wird man sagen, dass das die Steinzeit der Parallelwelt war. Turbo für unsere neue Welt ist eine sich beschleunigende Computerpower. Rechner werden immer leistungsfähiger, und der nächste Ultraturbo steht schon bereit: Er steckt im rasend schnellen Quantencomputer mit seinen Qubits.

Experten sprechen vom Mooreschen Gesetz, das schon 1965 vom Intel-Mitbegründer Gordon Moore formuliert wurde. Es besagt, dass sich die Anzahl der Schaltkreiskomponenten auf einem Computerchip in regelmäßigen Zeiträumen von bis zu zwei Jahren verdoppeln lässt. Die Entwicklung ist atemberaubend, Rechner bekommen immer mehr Power. Graham Kendall, Informatik-Professor an der University of Nottingham, hat errechnet, dass bereits ein iPhone 6 die Navigationsberechnungen von 120 Millionen Apollo-Missionen gleichzeitig durchführen könnte.

Mittlerweile stößt die Entwicklung jedoch an physikalische Grenzen – es wird eng auf den Chips. Die Hoffnungen für weitere Entwicklungssprünge ruhen auf dem Quantencomputer. Dahinter steckt eine Welt, in der völlig neue Gesetze herrschen. „Elektronen verhalten sich plötzlich wie Wellen, können an mehreren Orten gleichzeitig sein, und Barrieren durchtunneln, die sie klassisch eigentlich nicht überspringen dürften", sagt Alexander Glätzle, Gründer von Planqc, einem hoffnungsvollen europäischen Quantum-Start-up. Die Grundlagen der Quantenmechanik, die Materie auf diesen Längenskalen beschreibt, wurden bereits vor einem Jahrhundert von Physikern wie Planck, Bohr, Heisenberg oder Schrödinger gelegt. „Wer also noch kleinere und noch schnellere Computer bauen will, muss anfangen, den Computer mit den Gesetzen der Quantenmechanik zu designen", sagt Glätzle, der unter anderem an der University of Oxford und am Centre for Quantum Technologies in Singapur geforscht hat.

## WIR AHNEN NUR, WAS QUANTENRECHNER ALLES VERÄNDERN WERDEN

Qubits sind Power pur. Eindrucksvoll haben das die US-Bestsellerautoren Peter H. Diamandis und Steven Kotler vorgerechnet. „Ein Quantencomputer mit 50 Qubits hat 16 Petabyte Speicherplatz. Wäre es ein iPod, würde er 50 Millionen Lieder speichern." Ein 60 Prozent größerer Rechner könne bereits mehr Informationsspeicherkapazität als alle Atome des Universums haben. Quantencomputer sind Rechengenies – angesichts ihrer Schnelligkeit werden sie aber auch jedes Passwort in Sekunden knacken. Weil die Wirkung so gewaltig ist, spricht die Fachwelt bereits vom „Mooreschen Gesetz auf Steroide".

Das alles übersteigt menschliches Vorstellungsvermögen. Wir ahnen, was die Quantentechnologie in Sachen Innovationskraft und Veränderung bedeutet. Euphorie und Hoffnung sind groß, dass wir bald neue Medikamente, Chemikalien und Materialien bekommen. Der Quantensprung könnte einen Goldrush in Wirtschaft und Gesellschaft auslösen – analog zur Internet New Economy. Eine der größten Hoffnungen ruht zum Beispiel auf der Medikamentenentwicklung. Schon jetzt macht die IT-Forschung sie ökonomischer – etwa mit lernfähiger Software, die den Trial-and-Error-Labor-Spürsinn berechenbar macht. „Das Potenzial ist gigantisch, mithilfe von KI und Algorithmen neue Medikamente und gezielte Therapien entwickeln zu können", gab Andreas Braun von der globalen Technologie-Beratung Accenture dem „Handelsblatt" zu Protokoll. So setzt die Eidgenössische Technische Hochschule Zürich (ETH) Algorithmen ein, um neue Antibiotika zu entwickeln. Früher hätten die Forscher mühsam im Labor nach Wirkstoffen gesucht, heute werden per Computer digitale Bibliotheken nach bakteriellen Genomen durchstöbert. Der Weg zu neuen Medikamenten wird mit Quantentechnologie bald sehr viel kürzer werden.

Der Qubits-Push bei KI wird auch Auswirkungen auf den Arbeitsmarkt haben. Schon jetzt übernehmen Rechner immer mehr Tätigkeiten – selbst qualifizierte Jobs. So bietet das Softwareunternehmen Dialpad aus San Francisco KI-gestützte Kommunikation an, die etwa in Callcentern von Netflix und Salesforce bereits eingesetzt wird. Das Softwaresystem hört bei Kundenanrufen mit, analysiert und gibt optimale Antworten vor. Wenn Kund:innen verärgert sind, empfiehlt Dialpad dem Callcenter-Agent eine Antwort, die versöhnlich und tröstend wirkt. Der Kundenberater bekommt fortwährend Vorschläge, wie er das Telefonat führt und am Ende auch noch ein Produkt verkauft. Der Vorteil für Unternehmen: Kunden- und Systemberatung kann künftig quasi jeder sofort machen. Aufwendige Produktschulungen gehören der Vergangenheit an.

Dass Computer perfekt telefonieren können, hat Google im Mai 2018 mit seinem Service Duplex gezeigt. Damals eine Weltsensation, die Sundar Pichai persönlich ankündigte. Der Google-CEO präsentierte auf der Bühne, wie der Butler-Dienst eine KI-gesteuerte Stimme verwendet, um Telefontermine beim Friseur oder im Restaurant zu vereinbaren. Das Besondere: Der Google-Roboter machte im Telefonat Pausen, verwendete Ähms und imitierte so perfekt eine menschliche Stimme. Nach dem Gespräch bestätigte der Roboter die Reservierung per E-Mail und im Kalender.

Derzeit übernimmt Duplex etwa Check-ins bei Fluggesellschaften, Reservierungen von Restaurants, Friseurterminen und Kinokarten oder den Online-Kauf von Lebensmitteln. „In Zukunft könnte der Dienst noch viel mehr können, denn Google ist nur durch die Leistungsfähigkeit seiner KI wirklich begrenzt", prognostiziert der Online-News-Dienst Android-Authority. Das Problem wird die Quantentechnologie mit Sicherheit lösen.

## FORSCHER WERDEN ORGANISMEN DESIGNEN

Wachsende Computerwucht kombiniert mit menschlichem Erfindergeist führt auch dazu, dass das Undenkbare denkbar ist: „Computer und Biologie werden eins", sagt die Zukunftsforscherin Webb. Ihre Vorhersage: Forscher werden Organismen designen oder redesignen, um ihnen einen neuen oder einen besseren Zweck zu geben. „Spätestens in zehn Jahren werden wir über synthetische Biologie genauso sprechen wie heute über Künstliche Intelligenz." Man könne dann „biologische Systeme analog zu Computern programmieren", sagt Webb. Dafür werde eine DNA zuerst in einem elektronischen Gerät wie einem Sequenzer geladen, danach mit einem Software-Tool aufbereitet und schließlich mit einem Code verbunden. Am Ende werden neue DNA-Moleküle ausgedruckt.

Führend in dieser Disziplin ist unter anderem Twist Bioscience. Der Silicon-Valley-Senkrechtstarter hat eine innovative DNA-Syntheseplattform entwickelt, um Biologie zu industrialisieren. Ziel ist es, synthetische DNA auf einen Siliziumchip zu schreiben. Twist will etwa Antikörperbibliotheken für die Arzneimittelentwicklung aufbauen.

Twist-CEO Emily Leproust träumt langfristig von einer digitalen Datenspeicherung in der DNA. Was unglaublich klingt, ist im Silicon Valley Forschungsalltag. „Hardware (Computer) und Wetware (Biologie) verschmelzen miteinander", ist die Futuristin Webb überzeugt.

Stark ist die synthetische DNA im Speichern von Daten. Der Bedarf, Informationen zu konservieren, wächst, je größer etwa die Parallelwelt Metaverse wird. Microsoft und die University of Washington arbeiten bereits daran, Videos und Dokumente in einer künstlichen DNA zu speichern und abzurufen.

## DIE GEFAHR: WENN COMPUTER PLÖTZLICH SCHLAUER SIND ALS MENSCHEN

Synthetische Biologie lässt die Wissenschaft träumen und Unternehmen wie Roswell Biotechnologies aus San Diego aufblühen. CEO Paul Mola digitalisiert die Biologie mit molekularer Elektronik, um Krankheiten vorherzusagen, zu verhindern und zu behandeln. Sein Unternehmen hat den weltweit ersten Chip für molekulare Elektronik entwickelt. Roswell setzt auf innovative Molekül-Technologie, die viel weniger Platz braucht als Transistoren. Wirtschaftsexperten träumen bereits davon, dass Biotech-Unternehmen wie Roswell den Hightech-Riesen wie Intel den Rang ablaufen könnten. So weit ist es aber noch nicht. Sicher ist dagegen, dass es in den 20er-Jahren tektonische Veränderungen in Wissenschaft und Wirtschaft gibt. Grenzen werden aufgebrochen, Branchen verschwinden, kein Stein bleibt auf dem anderen.

Darin liegen sowohl Chancen als auch Risiken. Positiv: Technologie könnte der Schlüssel sein, um etwa die größten Probleme der Menschheit wie den Klimawandel zu stoppen. Innovationen und massive Investitionen werden uns helfen, saubere Technologien zu entwickeln, ist sich Microsoft-Gründer Bill Gates sicher. Der negative Aspekt: Technologien bergen apokalyptische Gefahren, wenn etwa sich selbst programmierende Rechner ein Eigenleben entwickeln und schlauer werden als Menschen. Fachleute sprechen von starker Künstlicher Intelligenz oder Artificial General Intelligence (AGI).

Was wie eine düstere Prophezeiung im Hollywood-Blockbuster klingt, treibt Visionäre wie Elon Musk um. Der Tesla-Chef glaubt, dass wir die Gefahren unterschätzen, dass die Menschheit von Rechnern in puncto kognitive Fähigkeiten überholt wird. Kluge Menschen seien zu arrogant, um sich vorstellen zu können, dass Computer sie intellektuell überholen könnten, „sie sind in Wahrheit viel dümmer, als sie glauben“, ätzt der Visionär gegen die KI-Elite. Eine wichtige Frage lautet, ob KI auch menschliche Intuition kann, die bisweilen völlig unlogisch und trotzdem segensreich ist. Daran zweifelt Max Tegmark. Als Beispiel für Gespür nennt der Physik-Professor am Bostoner MIT den Russen Wassili Archipow. Der war Kommandant eines sowjetischen U-Boots mit Atom-Torpedos, das im Oktober 1962 von amerikanischen Zerstörern eingekesselt wurde. Die US-Marine setzte Übungswasserbomben ein, damit das U-Boot auftaucht. Sich ergeben oder angreifen lautete die entscheidende Frage unter Wasser. Drei Offiziere mussten einstimmig entscheiden, ob es zum Atomangriff kommt. Archipow stimmte dagegen, obwohl alles für Angriff sprach.

Wie hätten Computer damals reagiert, wenn es doch nur eine mögliche logische Lösung gab? Das fragen sich KI-Experten wie Tegmark.

Für Musk bedeutet KI eine viel größere Bedrohung für die Menschheit als Atomwaffen. Seine Forderung: rechtzeitige Überwachung von KI. Ist das gewährleistet, spricht einiges dafür, dass wir moderne Technologie stärker in unser Leben integrieren und beispielsweise unsere Gesundheit kontrollieren lassen. Dann freut sich unser Körper, wenn die KI uns angesichts des Geburtstags-Hangovers maßregelt.

*Jens de Buhr ist Verleger der DUP Unternehmer-Medien. Flaggschiffe sind der Newsletter „DUP Weekly“ und das „DUP Unternehmer-Magazin“. Er ist Gründer des Gesundheitsfestivals „Big Bang Health“ in Essen, und er sitzt im Advisory Council des Krach Institute for Tech Diplomacy der US-Universität Purdue. De Buhr absolvierte 1987 nach seinem BWL-Studium ein Volontariat bei der Verlagsgruppe Handelsblatt und ein Trainee-Programm bei der Commerzbank. 1990 stieg er als Vorstandsassistent bei Gruner + Jahr ein und schrieb für den „Stern“ und „Capital“. 1994 wurde de Buhr Marketingleiter bei Sat.1. 1997 gründete er die Corporate Communication Agentur JDB Media GmbH.*

# BLICK VON AUSSEN I

## SCHUTZ DER MENSCHENWÜRDE

### Deutschland hält den Schlüssel in der Hand

**KEITH KRACH,**
**der ehemals oberste US-Wirtschaftsdiplomat, warnt uns vor China und fordert eine Wirtschafts-NATO. Die Silicon-Valley-Legende betont die wichtige Rolle des Verbündeten**

Die Welt steckt in einem epischen Kampf zwischen den Kräften der Demokratie unter westlicher Führung und dem Totalitarismus von China. Wie immer steht dabei Europa im Zentrum des Showdowns – und Deutschland ist der Schlüssel: Der Umgang mit China ist ein Thema, das Deutschland sehr beschäftigten wird. Das Ergebnis wird darüber entscheiden, ob die Welt in Freiheit lebt oder in Unterdrückung. Auf dem Spiel steht unsere Menschenwürde. Der Einsatz könnte also nicht höher sein.

Im Oktober 2022 wurde Xi Jinping in China Herrscher auf Lebenszeit mit unbegrenzten Befugnissen. Es gab keinen Gegenkandidaten, und die bis dahin geltende zweijährige Amtszeitbeschränkung für Präsidenten entfiel. Seit 1945 gab es damit weltweit keinen Diktator mehr mit so viel Macht. Seine Ambitionen sind grenzenlos und ungebremst. Xi ist besessen von der globalen Weltherrschaft und bezeichnet sie als „Chinas Traum der nationalen Verjüngung". Sein Versuch, in China die Massen zu inspirieren, gründet auf der Beseitigung dessen, was er das „Jahrhundert der Demütigung" nennt (vom Opiumkrieg Mitte des 18. Jahrhunderts bis 1949). Seine Vision: China soll seinen rechtmäßigen Platz als „Reich der Mitte" im Zentrum des Universums einnehmen und der einzige Hegemon der Welt sein.

Xi hat ein ausgeprägtes Bewusstsein für seine eigene Sterblichkeit und große Ziele. Er hat die territorialen Ansprüche Chinas an den Grenzen zu Indien, im Südchinesischen Meer, in Tibet, in Hongkong und auf Taiwan verdoppelt. Er ist der Ansicht, dass sich die Welt an einem kritischen Punkt befindet – zwei grundlegende Systeme stehen sich gegenüber. Xi erklärt ständig, der Westen befinde sich auf dem absteigenden Ast, während er sich bemüht, das „chinesische Modell" in die Welt zu exportieren. Aber eines ist sicher: Eine Welt mit einem von der KPCh beherrschten China an der Spitze kann gar nicht anders, als immer repressiver zu werden.

## KLUGE WORTE VON VATER KRACH

Meine Sicht auf Chinas technisch-wirtschaftliche Kriegsführung hängt stark mit meiner Erziehung im Mittleren Westen der USA zusammen. Mein Vater, ein Deutschamerikaner, vermittelte mir früh Werte wie „Ehrlichkeit" und „harte Arbeit". Als ich in meiner Kindheit in seiner Fünf-Mann-Maschinenwerkstatt das Schweißen lernte, entwickelte sich auch meine Liebe für Produktion und Handwerk. Er erklärte mir damals stets, dass kleine Unternehmen wie seines das Herz und die Seele des amerikanischen Wirtschaftsmotors bilden – genau wie der Mittelstand in Deutschland. Er lehrte mich, dass der Schlüssel zum Erfolg unserer beiden Länder ein fairer Wettbewerb sei, der die Produktivität steigert und den Lebensstandard erhöht. Mein Vater pflegte zu sagen: „Der amerikanische Traum ist, wenn der Student den Professor übertrifft." Er wollte also, dass es mir einmal besser gehen sollte als ihm. Und meinen Kindern besser als mir.

Im Laufe der Zeit musste ich schmerzlich miterleben, wie China mit seiner Massenproduktion den amerikanischen Mittelstand aushöhlte. Ich habe die verheerenden Auswirkungen auf Tausende von kleinen und mittleren Unternehmen, zum Beispiel auch auf die Maschinenwerkstatt meines Vaters, selbst gesehen. Zuerst habe ich es nicht verstanden, aber heute weiß ich, dass das Ganze eine Folge der wirtschaftlichen Kriegsstrategie Chinas war. Zu Pekings Waffenarsenal gehören etwa staatliche Subventionen, Währungsmanipulation und Zwangsarbeit. Mit solchen schmutzigen Tricks ergaunert man sich im Reich der Mitte Wettbewerbsvorteile.

Während meiner zehnjährigen Tätigkeit als Vizepräsident von General Motors habe ich das chinesische Prinzip für erzwungenen Technologietransfer erlebt und gelernt, dass der Bau von Fabriken in China nicht nur die Übergabe von Bauplänen, sondern auch von technischem Know-how bedeutet. Nach 30 Jahren im Silicon Valley habe ich gesehen, wie die chinesische Regierung ununterbrochen Cyber-Hacking betreibt und ihre Mitarbeiter einschüchtert. Ich wurde von Beamten der Kommunistischen Partei und staatlich geförderten chinesischen Unternehmen umworben, um „freundliche" Joint Ventures einzugehen. Ich habe miterlebt, wie chinesische Staatsgelder in Not geratene Top-Technologie-Unternehmen aufkauften und heimlich in hochmoderne Start-ups investierten. Ich habe eine schmerzliche Erfahrung gemacht, als Alibaba das geistige Eigentum von Ariba stahl. Damals hörte ich die Stimme meines Vaters: „Keith, ich glaube an den freien Markt. Aber wenn jemand auf den Markt kommt und sich nicht an die Regeln hält, ist der Markt nicht mehr frei."

## ZUGUNGLÜCK IN ZEITLUPE

Als CEO habe ich die deutsche Art, Geschäfte zu machen, immer respektiert, weil sie für die weltweit höchsten Standards in Bezug auf Sicherheit, Privatsphäre, Datenschutz, Zuverlässigkeit, Präzision und Qualität steht. Ich habe als Student gelernt, wie Deutschland rasch aus der Asche des Zweiten Weltkriegs zu einer wirtschaftlichen Supermacht aufgestiegen ist. Ein Treiber war die unermüdliche Entschlossenheit des deutschen Volkes. Als Amerikaner mit deutschen Wurzeln bin ich stolz darauf, dass Deutschland für Freiheit einsteht. Als Diplomat betrachte ich Deutschland als einen unschätzbaren Verbündeten der USA und der freien Welt. Und als Staatsdiener bewundere ich die Weisheit von Artikel 1 des deutschen Grundgesetzes: „Die Würde des Menschen ist unantastbar. Sie zu achten und zu schützen ist Verpflichtung aller staatlichen Gewalt."

Als Weltbürger befürchte ich, dass eine der wichtigsten Nationen der Erde vom chinesischen Tiger verführt werden könnte. Zur Disposition stehen Menschenwürde und demokratische Werte. Es ist fast so, als würde man sich ein Zugunglück zum zweiten Mal anschauen, diesmal in Zeitlupe; denn wir haben ja schon gesehen, wie Amerika der wirtschaftlichen Kriegsdoktrin Chinas zum Opfer gefallen ist. Diese Doktrin hat ihre Wurzeln in einer militärischen Strategie, die vor über 3000 Jahren in Sun Tsus „Die Kunst des Krieges" entwickelt wurde und heute in Chinas moderne wirtschaftliche Kriegsdoktrin übertragen wird: Sie beruht auf Täuschung, wirtschaftlicher Vergeltung, parasitären Beziehungen, dem Diebstahl geistigen Eigentums und einem endlosen Streben nach fortschrittlicher Fertigungstechnologie.

## „MADE IN CHINA 2025" BEDEUTET „NICHT IN DEUTSCHLAND 2030"

Der Auftakt war für mich, als 2016 das chinesische Unternehmen Midea den deutschen Roboterhersteller Kuka kaufte. Kurz darauf sanken bereits die Gewinne von Kuka. Viele Kunden verlegten ihr Geschäft woandershin. Der deutsche Kuka-CEO verließ das Unternehmen 2018 wegen grundlegender Differenzen mit dem chinesischen Management.

Ich hatte großen Respekt vor der Technologie von Kuka, seit ich in den frühen 80er-Jahren GM/Fanuc Robotics leitete. Ich sah die Überlegenheit der Kuka-Technologie, als wir Lackier- und Punktschweißroboter im Mercedes-Benz-Werk Sindelfingen installierten, wo man auf eine 100-jährige Tradition in der Produktion der besten Luxusfahrzeuge der Welt zurückblickt, und wo sich auch Forschungs-, Entwicklungs- und Designzentren befinden. Auch bei der Installation von Robotern in den BMW-Werken München und Dingolfing sowie im Opel-Werk Rüsselsheim beeindruckte mich die ausgefeilte Präzisionstechnik von Kuka.

Als ich von dem Kauf erfuhr, war ich verblüfft. Warum sollte Deutschland zulassen, dass sich China die fortschrittlichste Fertigungstechnologie überhaupt schnappt? Ich hatte immer gedacht, Deutschland verfolge mit seiner Industriepolitik eine Strategie, aber hier hatte jetzt China einen Plan: Nur ein Jahr vor der Kuka-Übernahme hatte nämlich Xi Jinping das Projekt „Made in China 2025" (MIC 25) verkündet. Dabei wurden zehn Schlüsselindustrien festgelegt, die China bis 2025 beherrschen müsse, um dominierende globale Supermacht werden zu können. Heute will Peking weitgehend unabhängig von ausländischen Technologien sein und hat begonnen, sich von globalen Wertschöpfungsketten abzukoppeln.

Robotik war eine der erwähnten zehn Schlüsselindustrien, die Übernahme von Kuka folgte einem Masterplan. Ins Konzept passt auch die Übernahme des Bahntechnikgeschäfts von Vossloh durch den chinesischen Staatskonzern CRRC im Jahr 2020. Oder die Vereinnahmung der Quantenforschung an der Universität Heidelberg durch die University of Science and Technology of China (USTC). Tatsächlich gehörten 64 Prozent der nach China verkauften deutschen Unternehmen zu den laut MIC-25-Strategie priorisierten Sektoren, und 17 von China gekauften Firmen gehören zu den Aushängeschildern der deutschen Wirtschaft.

Der deutsche Transfer von Technologie, Design, Produktion und Gewinnen an China ist langfristig ein Eigentor. Er liefert dort angesiedelten Firmen genau den Input und die Kapazitäten, die sie brauchen, um weltweit mit deutschen Unternehmen zu konkurrieren. Mit dieser Taktik haben Chinas Solarmodul-Hersteller übrigens im letzten Jahrzehnt schon die deutsche Solarindustrie zerstört. Und als Nächstes werden chinesische Unternehmen versuchen, Deutschlands Führungsrolle in Märkten wie Elektroantrieb, Werkzeugmaschinen und Chemie zu zerstören.

Mein Eindruck ist, dass die meisten deutschen CEOs mit Blick auf China nicht immer wissen, was sie tun. Chinas Nationales Nachrichtendienstegesetz schreibt jedem chinesischen Unternehmen und allen Staatsbürger:innen vor, dass sie der Kommunistischen Partei Chinas auf Verlangen alle Informationen – etwa zu geschützten Technologien, Daten und geistigem Eigentum – aushändigen müssen. Wer sich weigert, muss ins Gefängnis.

## DER CEO UND DIE CHINESISCHE FINGERFALLE

Geködert werden CEOs mit dem „Zugang zum großen Markt". Diese Karotte sieht lecker und nahrhaft aus. Aber vor dem Verzehr steht die Verpflichtung, eine Fabrik in China zu bauen. Das wiederum bedeutet für den CEO: Baupläne aushändigen, Fertigungs-Know-how offenlegen, chinesische Arbeiter ausbilden. Er wird mit Essen und Trinken verwöhnt und beginnt zu glauben, dass chinesische Regierungsbeamte Freunde sind. Dann wird das Werk gebaut, und eine Zeit lang läuft alles gut. Bis plötzlich, wie von Zauberhand erstellt, chinesische Wettbewerber neben der eigenen Fabrik auftauchen.

Diese nationalen Anbieter beginnen dann, mit den internationalen Unternehmen zu konkurrieren; aber auch mit sich selbst. Die Regierung beschließt eines Tages, belastende Vorschriften für ausländische Unternehmen zu erlassen. Ausgebildete Mitarbeiter wandern auf einmal zu chinesischen Konkurrenten ab. Und irgendwann beginnt schließlich der Marktanteil in China zu sinken, natürlich zugunsten der neuen chinesischen Konkurrenz. Das ist aber noch nicht alles. Während Umsatzrückgang und Personalprobleme den CEO ablenken, macht China den nächsten Schritt: Zwei der Wettbewerber fusionieren zu einem nationalen Champion.

Der beginnt als Nächstes damit, in die kleinen sekundären Auslandsmärkte einzudringen, um weiterzuwachsen. Während der CEO versucht, diese Märkte zu schützen, erhebt die Regierung Klage gegen sein Unternehmen – wegen Rechtsverstößen. Der Marktanteil in China schrumpft weiter, und der chinesische Champion beginnt damit, in weitere Auslandsmärkte einzudringen. Ziel ist ein sinkender Aktienkurs, befeuert von schlechten Zahlen und schlechter Presse. Wenn das angegriffene Unternehmen zu Hause zum Gegenangriff übergeht, werden globale Lieferketten unterbrochen. Die Logistik funktioniert dann in der Regel nur noch in China. Die Regierung der Volksrepublik hat chinesischen Lieferanten angewiesen, dem nationalen Champion höchste Priorität einzuräumen. Das ist der Moment, in dem er oder ein befreundetes anderes staatlich subventioniertes Unternehmen beginnen, in das deutsche Unternehmen zu investieren.

Diese verdeckten Operationen des chinesischen Angriffskrieges bekommen sogar noch Applaus: Das Management begrüßt die vermeintlichen Retter. Die Yuan-Finanzspritzen stützen den Aktienkurs und retten Optionen, die sonst verfallen. Am Ende erfährt der CEO, dass seine Zeit abgelaufen ist. Danach zieht er sich zurück: aus „familiären Gründen". Der Golfplatz ruft. Aus dieser chinesischen Falle gibt es keinen Ausweg.

## AMERIKANISCHE CEOS NEHMEN DIE ROSAROTE BRILLE AB

Viele amerikanische CEOs haben inzwischen ihre rosarote Brille abgenommen. Sie behandeln das kommunistische Land nicht so, wie man es sich in Peking wünscht. Chinas Versuch, sich als missverstandener, wohlmeinender globaler Partner darzustellen, ist gescheitert: Unternehmen, die mit China Geschäfte machen, haben parasitäre Joint Ventures, eklatanten Diebstahl geistigen Eigentums, weltweite Schikanen und das erzwungene Einsammeln geschützter Informationen erdulden müssen.

Nach Putins Einmarsch in die Ukraine haben mehr als 300 der bekanntesten amerikanischen Unternehmen ihre Geschäfte in Russland zurückgefahren. Man braucht keinen Doktortitel in internationalen Angelegenheiten, um die Gemeinsamkeiten der chinesisch-russischen Partnerschaft zu erkennen. Beide Regierungen sind bekannt für gesetzloses Verhalten, Doppelzüngigkeit, Schikanen, innenpolitische Unterdrückung, wirtschaftliche Zwangspraktiken und schwere Menschenrechtsverletzungen. Es ist auch keine Überraschung, dass Tech-Giganten, die das Rückgrat des chinesischen Überwachungsstaates bilden – etwa Huawei, Alibaba, Tencent und Xiaomi –, immer noch gern Geschäfte in Russland machen.

Angesichts des jüngsten harten Durchgreifens von Xi gegen die Privatwirtschaft und der realen Möglichkeit eines Angriffs auf Taiwan (den China nicht ausschließen will) verstehen amerikanische Unternehmensvorstände zunehmend, dass Geschäfte mit, in oder für China ein enormes Risiko darstellen. Vorstände haben gegenüber Aktionären die treuhänderische Pflicht, solche Risiken zu minimieren. Aus diesem Grund verlangen viele der angesehensten Vorstandsmitglieder der Vereinigten Staaten von ihren CEOs einen China-Notfallplan. Sie wissen, dass ein Plan zur Risikominderung in China kein reines Manöver ist.

In den Chefetagen hat es sich herumgesprochen, dass man es sich nicht mehr leisten kann, unvorbereitet zu sein. Die Auswirkungen einer großen Krise werden zehn- bis 20-mal größer sein als die Störungen mit Russland. Meine Forderung: CEOs müsse China-Pläne entwickeln und sie jetzt umsetzen. Testen Sie dazu nun einmal Ihren gesunden Menschenverstand – was bedeutetet eigentlich Fair Play?

- Mit jemandem zu konkurrieren und dabei sein geistiges Eigentum zu stehlen?
- Auf Sklavenarbeit zu setzen?
- Bestechungsgelder zu kassieren?
- Eigene Unternehmen zu subventionieren?
- Auf Transparenz zu verzichten?
- Unregulierte, billige Kohlekraftwerke einzusetzen?
- Gegenseitige Verpflichtungen zu vernachlässigen?
- Den anderen zu zwingen, seine Technologie zu transferieren?
- Seine Unternehmen aufzukaufen, ohne dass er meine kaufen darf?
- Banker/Anwälte seines Landes anzuheuern, aber ihn meine nicht anheuern zu lassen?
- Zugang zu Daten zu erhalten, die ich von der anderen Seite nicht bekomme?
- Propaganda zu verbreiten, die Wahrheit etwa durch freie Presse auszusperren?
- Einseitig Bücher zu prüfen?
- Sich von chinesischer Seite nicht ans Gesetz zu halten?

Wer gewinnt dann wohl am Ende? Das alles macht China seit 40 Jahren mit der freien Welt, um sich einen strategischen Vorteil zu verschaffen. Und es gibt nicht den geringsten Hinweis darauf, dass Xi in nächster Zeit damit aufhören wird. Globalisierung setzt voraus, dass fair gespielt wird. Wenn wie beim Sport alle die gleichen Regeln beherzigen, werden Schutzmaßnahmen wie etwa Zölle und Sanktionen überflüssig. Solange jedoch die KPCh permanent foul spielt, sind internationale Ordnung und Globalisierung gestört.

Wir erleben einen internationalen Markt der Narren. Eine Herausforderung dieser Größenordnung kann niemand allein bewältigen. Sie erfordert Teamgeist und synergetische Anstrengungen unserer Regierungen und unseres mächtigen Privatsektors. Viele europäische Nationen haben einen langen Weg zurückgelegt: Sie brachten große menschliche und wirtschaftliche Opfer, um sich von autoritären Regimen zu demokratischen Staaten entwickeln zu können. Sie wissen also genau, wie autoritäre Regime ihren Einfluss mit Einschüchterung und Vergeltung ausüben.

Chinas Tyrannei ist der Elefant im Raum. Die Automobilbranche als Deutschlands Schlüsselindustrie kann davon ein Lied singen. Mit ihren Exporten sind VW, BMW & Co. abhängig vom chinesischen Markt. Aber Tyrannen weichen zurück, wenn man Freunde an seiner Seite hat.

Solidarität ist der Schlüssel zur Sicherheit, wie NATO-Generalsekretär Jens Stoltenberg betont: „Wir müssen dafür sorgen, dass Europa und Nordamerika zusammenstehen." Ich unterstreiche diese Forderung mehr denn je. Gemeinsam sind wir stark – und wir sind viele. Um Xis Ambitionen entgegenzutreten, müssen wir die Solidarität auf eine ganz neue Ebene heben und sie in gemeinsamen Grundsätzen festschreiben.

„Vertrauen" ist das wichtigste Wort in jeder Sprache. Vertrauen ist die Grundlage jeder Beziehung – privat, geschäftlich oder anderweitig. Man macht Geschäfte mit Menschen, denen man vertraut; man arbeitet mit Menschen zusammen, denen man vertraut; man kauft von Menschen, denen man vertraut; und man liebt Menschen, denen man vertraut. Als Chairman und CEO von DocuSign habe ich unseren Mitarbeitern immer wieder gesagt: „Softwaregeschäft ist auch Vertrauensbusiness! Wer wichtige Dokumente via Computer online unterschreibt, muss sich auf die Rechtswirkung verlassen können."

Vertrauen ist auch eine Bedingung für Demokratie und dauerhaften Frieden. Als oberster US-Wirtschaftsdiplomat habe ich mit meinem Team eine sogenannte Vertrauensdoktrin entwickelt. Ziel war es, einem Wirtschaftskrieg mit China vorzubeugen. Diese Doktrin hat Partner gebunden. Mir ging es um gemeinsame Vertrauensprinzipien wie Integrität, Rechenschaftspflicht, Transparenz, Gegenseitigkeit und Achtung von Rechtsstaatlichkeit, Menschenrechten, Eigentum, Arbeit, Umwelt, Pressefreiheit und Souveränität der Nationen. Demokratien halten diese Grundsätze ein, Autokratien nicht. Stattdessen betrachten Tyrannen diese Werte als Schwächen und missbrauchen sie zu ihrem strategischen Vorteil.

Mit dieser Vertrauensdoktrin haben wir 2020 den Masterplan der KPCh vereitelt, mit Spionage-Unternehmen wie Huawei die Kontrolle über die globale 5G-Kommunikation zu übernehmen. Wir haben die „Clean Network Alliance of Democracies" aufgebaut, damit sich Nationen gegen alle Bereiche der technoökonomischen Aggression Chinas verteidigen können. Mein Ziel war es, eine Art Wirtschafts-NATO aufzubauen. Das Netzwerk vereint gleich gesinnte Länder, Unternehmen und Zivilgesellschaften, die nach den demokratischen Grundsätzen der Vertrauensdoktrin handeln.

In weniger als einem Jahr traten dem Clean Network 60 Länder, die zwei Drittel des weltweiten BIP repräsentieren, mehr als 200 Telekommunikationsunternehmen und Dutzende von branchenführenden Unternehmen bei. Der ehemalige Nationale Sicherheitsberater der USA, General H. R. McMaster, sagte: „Der Erfolg von Clean Network gegen den Masterplan der Kommunistischen Partei Chinas, die 5G-Kommunikation zu kontrollieren, hat zum ersten Mal gezeigt, dass eine von der US-Regierung geführte Initiative Chinas wirtschaftliche Kriegsführung überwinden kann. Denn sie deckte Chinas größte Schwäche auf: Niemand vertraut ihnen."

Mit einem einzigen Jiu-Jitsu-Griff drehte die Vertrauensdoktrin den Spieß um. Sie machte Chinas Missbrauch der Prinzipien zu einer Waffe, um die Freiheit zu schützen. Bloomberg zufolge bedeutet das Clean Network für eine einheitliche Wirtschaftsfront das, was George Kennans berühmte „Long Telegram"-Strategie für die Sowjetunion war. Am 22. Februar 1946 hatte der US-Diplomat dem US-Finanzministerium in rund 5300 Worten dargelegt, dass die UdSSR nach Kriegsende kein Bündnispartner mehr sei.

Am wichtigsten ist vielleicht, dass es sich bei unserer China-Strategie um ein überparteiliches Modell handelt, das in den USA sowohl von Republikanern als auch von Demokraten unterstützt wird. Nichts macht Generalsekretär Xi mehr Angst als ein geeintes Bündnis freiheitsliebender Nationen.

Das Clean Network dient als Modell für alle Bereiche der wirtschaftlichen Zusammenarbeit. In der Vertrauensdoktrin heißt es ausdrücklich: Ziel ist, alle Staaten und Organisationen als Teilnehmer einzubeziehen. Staaten, die sich nicht an die Vertrauensgrundsätze halten, werden von der Mitgliedschaft im Clean Network ausgeschlossen, bis sie problematische Praktiken und Gesetze reformieren – China müsste etwa das Nationale Nachrichtendienstgesetz einstampfen.

Niemand ist für immer ausgeschlossen. Unsere Regeln sind positive Anreize für Länder und Unternehmen, sie zu erfüllen. Clean Network wurde entwickelt, um sich gegen Chinas System zu behaupten. Wir wehren uns gegen den Export eines autoritären Modells mit wirtschaftlichen Zwängen.

## DAS CLEAN-NETWORK-MODELL FÜR EINE GLOBALE WIRTSCHAFTS-NATO

Clean Network repräsentiert einen so großen Markt, dass einzelne Länder diese Initiative nicht mehr ignorieren können. Damit steht China vor der Wahl: entweder 70 bis 80 Prozent des Marktes opfern oder das eigene Verhalten ändern. Natürlich ist es unwahrscheinlich, dass China darauf eingeht. Immerhin haben wir so ein vertrauensbasiertes Modell mit wirtschaftlicher Sicherheitsgarantie geschaffen – ähnlich funktioniert die NATO mit militärischem Beistand.

Wenn nun Peking beispielsweise versuchen sollte, wirtschaftliche Macht als politisches Zwangsmittel einzusetzen, hat die Koalition die Möglichkeit, ihre Mitglieder durch kollektive Maßnahmen zu verteidigen. Zu den möglichen Reaktionen gehören: Verhängen von Zöllen auf chinesische Waren durch alle Mitgliedsländer, Schaffen eines Kapitalpools, um einem Zielland dabei zu helfen, dem Druck Pekings standzuhalten, Freigabe strategischer Reserven an wichtigen Materialien, wie zum Beispiel Seltenen Erden, die China produziert und zurückhalten könnte – und vieles mehr. Diskutiert werden muss auch ein Artikel 5.

Stärke, Solidarität und Glaubwürdigkeit der NATO ist in Artikel 5 ihres Gründungsvertrags verankert. Es besteht die Verpflichtung, dass „ein bewaffneter Angriff gegen einen oder mehrere Mitglieder in Europa oder Nordamerika als Angriff gegen alle angesehen wird". Seit der Gründung der NATO 1949 hat die durch diesen Artikel gezogene rote Linie militärische Angriffe auf NATO-Mitglieder abgeschreckt.

Der Wert eines Wirtschaftsartikels 5 bestünde darin, dass er einem potenziellen Angreifer unmissverständlich signalisiert, dass die großen Wirtschaftsmächte des Blocks ihn bestrafen können. Eine solche Vorwarnung würde Unterdrückern eine klare Vorstellung von den Kosten einer Verletzung des Völkerrechts oder von Menschenrechtsnormen vermitteln, bevor sie sich darauf einlassen. Diese gemeinsame Front wäre ein wirksames Mittel für freiheitsliebende Länder. Einer solchen wirtschaftlichen NATO muss Deutschland als eine der führenden Wirtschaftsnationen unbedingt angehören. Ohne Deutschland kann Europa nicht frei bleiben, und damit auch nicht der Rest der Welt.

Wie ich in meiner Einleitung schrieb, erlebt die Welt einen Kampf zwischen den Kräften der Freiheit und denen des Autoritarismus. Europa steht im Mittelpunkt dieses Kampfes – und Deutschland hat als große Wirtschaftsmacht eine Schlüsselfunktion. Es ist der Dreh- und Angelpunkt für die Bildung einer Wirtschafts-NATO. Deutschland bekommt damit die Hauptrolle, wenn es um den Sieg über Chinas 5G-Masterplan geht. Jeder weiß das.

Die Realität, mit der wir konfrontiert sind, ist eine ständig wachsende Cyber-Kriegsführung und sind scheinbar unaufhörliche Variationen eines intensiven, waffengestützten wirtschaftlichen Wettbewerbs. China spielt auf lange Sicht ein vierdimensionales Spiel aus wirtschaftlichem, militärischem, diplomatischem und kulturellem Schach, bei dem die Menschenwürde kaum beachtet wird. Das Schlimmste daran ist, dass sie glauben, sie stünden über den Regeln. In diesem Wettbewerb, bei dem viel auf dem Spiel steht, ist Freiheit nichts Statisches – sie kann in einem Augenblick verschwinden. Es gibt keinen Ersatz für Solidarität. Nationen wie Deutschland müssen Verantwortung übernehmen und Entscheidungen treffen. Sie müssen sicherstellen, dass neue Technologien die Freiheit und nicht den Autoritarismus fördern, und sie müssen dies mit so vielen Verbündeten und Freunden tun, wie sie können.

Einmal mehr liegt diese Entscheidung in den Händen des deutschen Volkes. Der Einsatz für die Menschenwürde könnte nicht höher sein. Die Uhr tickt, der Status quo ist nicht im Sinne der Freiheit.

*Multimilliardär Keith J. Krach ist eine Silicon-Valley-Unternehmerlegende. Der ehemalige Chairman und CEO von DocuSign sowie Mitbegründer von Ariba wechselte 2019 in die Politik. In der Trump-Administration arbeitete er im State Department als Under Secretary of State. Formal war Krach damit oberster US-Wirtschaftsdiplomat. Aktuell setzt er seine Arbeit zur Förderung der Freiheit und zum Schutz vor Autoritarismus durch das Krach Institute for Tech Diplomacy fort, das der Elite-Universität Purdue angegliedert ist.*

# 02
# MADE IN GERMANY

# DEUTSCHLAND, 2030:
## Eine Erfolgsgeschichte

TIM HÖTTGES,
CEO der Deutschen Telekom AG, über ein lebenswertes, solidarisches Land mit starken Unternehmen und starkem Mittelstand: ein optimistischer Blick in die Zukunft

Im Jahr 2022 hat ein Zitat von mir für Aufsehen gesorgt. „Made in Germany bröckelt", sagte ich. Meine Sorge ist, dass Deutschlands Industrie weiter hinter andere Länder zurückfällt. Nicht, weil wir nicht herausragende Forscher hätten. Oder innovative Unternehmen. Sondern weil wir an vielen Stellen in der Digitalisierung leider noch zurückhängen. (Digitalisierung ist eben mehr als der Ausbau der Infrastruktur.) Zum einen hat die Pandemie gezeigt, was möglich ist wenn man gezwungen ist sich zu digitalisieren, um trotz der Einschränkungen den Arbeitsalltag so normal wie möglich zu gestalten. Zum anderen ist Digitalisierung aber auch eine Sache der Mentalität. Die Gesellschaft geht unterschiedlich mit Veränderungen, Herausforderungen und Chancen um. In Deutschland habe ich teilweise das Gefühl, wird das alt bewährte dem Neuen bevorzugt. Die Bereitschaft für Veränderungen ist bei vielen eher gering. Das ist menschlich. Aber das ist auch der Grund, warum wir vielleicht zu viel in den Bestand investieren und zu wenig in „das Neue".

Ich habe festgestellt, dass mein oben genanntes Zitat vom „bröckelnden Made in Germany" vielfach aufgenommen worden ist. Und ja, auch das Ausland schaut kritisch auf uns. In einer italienischen Zeitung habe ich zum Beispiel die Schlagzeile „In Germania non funziona nulla" gelesen. Unser Image leidet. Und wir befinden uns außerdem mitten in einem „Sturm" – die Inflation im Euroraum ist mit 10,4 Prozent erstmals zweistellig. Durch die Energiekrise steigen die Strompreise für die Industrie von 21,4 Cent/kwh (2021) auf nun 40,1 Cent/kwh an. Dazu kommt, dass bis 2023 erwartet wird, dass uns fünf Millionen Fachkräfte in Deutschland fehlen werden. Hier kommt alles auf einmal zusammen.

## ES HILFT WENIG, MIT DEM FINGER AUF ANDERE ZU ZEIGEN

Ich habe aber nicht nur gesagt, dass „Made in Germany" bröckelt. Sondern auch, dass es wenig hilft, immer mit dem Finger auf andere zu zeigen. Jeder Einzelne ist aufgerufen, seinen Beitrag zu leisten. Als Privatperson, als Politiker oder Politikerin, aber gerade auch in Unternehmen. Dieser Appell, den ich mit meinem Zitat verbunden hatte, kam in der öffentlichen Debatte etwas zu kurz.

Wie schaffen wir es, dass 2030 die Wirtschaft brummt, wir digitaler Champion sind und die klügsten Köpfe nach Deutschland locken?

Erstens: investieren. Und zwar: in Innovationen.

Der Investor Klaus Hommels zum Beispiel rechnet vor, dass Deutschland in der Vergangenheit über vier Prozent seines Bruttoinlandsprodukts investiert habe. So seien Bosch, VW, Siemens und andere groß und erfolgreich geworden. Heute hingegen investiere Deutschland nicht einmal drei Prozent – und falle so weiter zurück. 80 bis 100 Milliarden Euro jährlich müssten stattdessen in eine „New Economy" investiert werden.

Woher das Geld kommen soll? Zum Beispiel, indem die Rentenkasse in innovative Unternehmen investiert. Ungefähr so, wie der norwegische Staatsfonds agiert. Ich halte den Vorschlag für bedenkenswert.

## GENEHMIGUNGSVERFAHREN SIND LEIDER IMMER NOCH ZU LANGSAM

Zweitens: Digitalisierung der öffentlichen Verwaltung.

Wir wussten schon vorher, aber sehen es in der aktuellen Situation noch stärker: Wir müssen schneller werden. Genehmigungsverfahren sind leider immer noch zu langsam, und selten sind sie digital. Es fehlt zudem an Schnittstellen der verschiedenen Behörden. Wie sonst ist es erklärbar, dass viele Immobilienbesitzer eine Grundsteuerklärung auf Basis von Daten abgeben müssen, die den Behörden an verschiedenen Stellen längst vorliegen? Und kann es vielleicht sein, dass wir beim Umgang mit Daten nicht nur vorsichtig sind, sondern vielleicht sogar sträflich unambitioniert? Und dass gerade darin inzwischen das eigentliche Risiko beim Umgang mit Daten liegt? Deutschland liegt im Digitalisierungsindex der EU inzwischen auf Platz 13. In der Kategorie „digitale Infrastruktur" schneidet Deutschland dabei noch am besten ab. Platz 4! Auch dank der hohen Investitionen der Telekom in den vergangenen Jahren. Schlechter sieht es bei der digitalen Verwaltung aus: Platz 19.

Es ist darum gut, dass hier einiges in Bewegung kommt. 2030 sieht die Lage dann hoffentlich tatsächlich anders aus. Bürgerdienste per App. Die einheitliche Bürger-ID. Umzug auf Knopfdruck – inklusive des „Umzugs" der Steuererklärungen. Dafür sind – ich wiederhole mich – Schnittstellen zwischen den Verwaltungsebenen wichtig. Dafür ist wichtig, dass wir Software auf Open Source aufsetzen, damit keine Abhängigkeiten von einzelnen Anbietern entstehen und Software von verschiedenen Anbietern jeweils weiterentwickelt werden kann. Vielleicht wäre auch eine Art „staatlicher App-Store" hilfreich, auf den alle zugreifen können, damit nicht jeder alles neu entwickeln muss. Ich verstehe auch, dass Kommunen ihre jeweiligen lokalen Anbieter mit Aufträgen unterstützen wollen. Aber das darf eben nicht auf Kosten eines funktionierenden Gesamtsystems gehen.

Für all das braucht es – drittens – sicherlich so etwas wie die richtige Haltung. Dazu zählt, wie erwähnt, das Zurückstecken für das große Ganze. Dazu zählt nicht nur zu fragen „Was bringt es mir?", sondern auch „Was bringt es der Gemeinschaft?". Dazu zählt also die Überwindung der berühmten „Not in my backyard"-Mentalität, die von Mobilfunkmasten über Windräder, Überlandleitungen und Schienentrassen bis zu Fabrikansiedlungen alles zu verhindern imstande ist.

Dazu zählt aber vielleicht auch ein Sich-Besinnen auf Tugenden, die gerne als „preußisch" belächelt werden, aber für unseren Erfolg wichtig sind. Die Formel dazu lautet:

Erfolg = (Disziplin + Talent) x Einstellung

Disziplin kann in dieser Formel durchaus auch mit „Fleiß" übersetzt werden. Es ist sicherlich richtig, dass wir in Krisensituationen durch den Staat unterstützend eingreifen. Gleichzeitig stellt sich die ewige Subventionsfrage: Wie zielführend sind die Maßnahmen? Und bleibt eigentlich genug Geld, damit wir auch in Zukunft eine erfolgreiche Wirtschaft haben? Damit wir auch in kommenden Krisen wieder stark genug sind, stark zu helfen?

Soziale Marktwirtschaft braucht beides: Solidarität UND Leistung. Wir sollten uns schnell an die Frage erinnern, wie wir unsere Gesellschaft nachhaltig erfolgreich gestalten und nicht „nur" durchfinanzieren.

## ICH SEHE VIELE STELLSCHRAUBEN, AN DENEN WIR DREHEN KÖNNEN

Ich sehe viele gute Ansätze in Deutschland. Ich sehe gleichzeitig viele Stellschrauben, an denen wir drehen können. Eine davon ist das weite Feld der digitalen Bildung. Hier haben wir noch einiges aufzuholen, das hat uns die Coronapandemie einmal mehr eindrucksvoll gezeigt. Denn Homeschooling war ohne digitale Ausstattung und Online-Lern-Tools nicht möglich. Die kurzfristige Umsetzung lief nur schleppend, was vor allem an den schlecht ausgerichteten Lehrplänen und -materialien hing. Auch wenn in der Zwischenzeit viel in dieser Ecke passiert ist, dürfen wir uns nicht darauf ausruhen. Wir müssen die Digitalisierung der Bildung weiter fördern. Aber auch dort muss die Frage erlaubt sein, ob der Wettbewerb der Länder eigentlich Exzellenz produziert oder Reibungsverluste. Und falls Letzteres, wie wir diese überwinden können. Ebenso, ob Bürokratie eigentlich Rechtssicherheit, Planungssicherheit und Qualität hervorbringt oder Unternehmertum im Keim erstickt. Die meisten Regeln sind ja nicht nur gut gemeint, sondern auch gut gedacht. Aber gelegentlich funktionieren sie einfach nicht im Zusammenspiel mit anderen Regeln, die ebenfalls existieren.

Trotzdem bin ich Optimist. Deutschland ist – trotz vieler Unkenrufe – eine starke Demokratie. Wir sind ein solidarisches Land. Wir haben starke Unternehmen, darunter zahlreiche Hidden Champions – 1573 von 3400 Hidden Champions weltweit sind „Made in Germany". Wir haben einen starken Mittelstand. Rund 56 Prozent des deutschen BIP werden von klein- und mittelständischen Unternehmen erwirtschaftet. Und unterm Strich ein gutes Bildungssystem mit ausgezeichneten Hochschulen und Universitäten. Wir sind attraktiv für Talente (wenn wir sie denn zu uns lassen). Wir sind ein lebenswertes Land. Wir haben viel zu tun, aber wir haben in der Vergangenheit bewiesen, dass wir die Ärmel hochkrempeln können.

Deutschland 2030 kann also stehen für mehr „Reibungslosigkeit". In den Verwaltungsprozessen. In den Abläufen in Unternehmen. Und vielleicht auch gesellschaftlich. Nicht, dass Reibung in einer Demokratie negativ wäre. Aber aufreibend darf es eben auch nicht sein. Auch hier habe ich den Eindruck, dass dies erkannt ist.

Deutschland 2030 kann zu einer Erfolgsgeschichte werden: Wenn jeder Einzelne in seinem Bereich anpackt. Wenn wir alle nicht mit den Fingern auf andere zeigen, sondern auch in der jeweiligen Einflusssphäre tun, was zu tun ist, dann ist Erfolg nicht zu verhindern.

Im Januar 2030 schlage ich eine italienische Zeitung auf, und da steht ganz groß: „In Germania tutto funziona."

Und ja, dazu können wir Unternehmen beitragen. Die Deutsche Telekom wird weiter intensiv in den Standort Deutschland investieren. In beste Netze „Made in Germany", die Glasfaser sind und nicht bröckeln. Aber auch in die Digitalisierung des Mittelstandes. Gerade haben wir unser B2B-Geschäft neu sortiert. Wir digitalisieren nicht nur uns. Sondern wir digitalisieren auch andere. Das tun wir schon heute. Aber in Zukunft wollen wir es noch besser machen.

*Tim Höttges ist seit 2014 Vorstandsvorsitzender der Deutschen Telekom AG. Nach seinem BWL-Studium an der Universität Köln arbeitete er drei Jahre in einer Unternehmensberatung. Ende 1992 wechselte er zum VIAG Konzern und war dort an der Fusion von VIAG AG und VEBA AG zur E.on AG beteiligt. 2000 kam er zur Deutschen Telekom. In seine Zeit als Vorstandsvorsitzender fällt die Fusion der T-Mobile US mit dem Anbieter Sprint in den USA.*

# WELTWIRTSCHAFT 2030

## Die Ära der Business Network Economy

CHRISTIAN KLEIN,
der Vorstandsvorsitzende von SAP, über Herausforderungen der Zukunft und Silo-Denken: Die Art und Weise, wie wir heute wirtschaften, ist nicht mehr rational

Pioniere erklommen über Jahrzehnte einen monumentalen Berg. Sie ebneten mit ihrem Mut und ihren Fähigkeiten die Pfade für andere Bergsteiger:innen. Doch mit der Zeit veränderte sich der Berg. Das Wetter wurde immer unberechenbarer, die Pfade der Pioniere wurden unbegehbar. Ein Aufstieg allein war selbst für die besten ihres Handwerks kaum noch möglich und barg ein hohes Absturzrisiko. Doch das Bedürfnis, den Gipfel zu erlangen, blieb ungebrochen.

So zogen erste Seilschaften los, Gemeinschaften von Bergsteiger:innen. Mit vereinter Kraft und geteiltem Wissen bahnten sie sich neue Wege. Selbst unerwartete Abstürze konnten sie in der Gruppe auffangen und ihren Pfad fortsetzen. Gemeinsam bis an die Spitze.

## UNTERNEHMEN STEHEN VOR HERAUSFORDERUNGEN, DIE SIE NICHT MEHR ALLEIN LÖSEN KÖNNEN

Die Weltwirtschaft ist mit der Globalisierung immer komplexer geworden. Längst haben Unternehmen den Überblick über die unzähligen Abhängigkeiten und Zusammenhänge verloren. Gleichzeitig attestiert die Wissenschaft, dass Phänomene wie Klimakatastrophen und Pandemien in Häufigkeit und Ausmaß zunehmen werden. Das stellt Unternehmen verstärkt vor Herausforderungen, die sie nicht mehr allein lösen können. Wenn ich mit Unternehmer:innen in diesem Kontext über ihre dringendsten Herausforderungen spreche, sind es im Kern die folgenden drei:

1. **Das volatile Marktumfeld zwingt Unternehmen, agiler und widerstandsfähiger zu werden.** Wer zu lange stillsteht, gefährdet sein Geschäft. Digitalisierung und Vernetzung sind nicht nur ein Wettbewerbsvorteil, sondern überlebenswichtig.
2. **Lineare Lieferketten sind am Limit.** Die Zukunft gehört Unternehmen, die ihre Lieferketten mit Hilfe von intelligenten Technologien in Netzwerken organisieren, Engpässe antizipieren und umgehen können – sogar bevor sie auftreten.
3. **Nachhaltigkeit wird zu einem integralen Bestandteil der Unternehmensstrategie.** Wer sein Geschäftsmodell nicht frühzeitig nachhaltig (um-)gestaltet, riskiert mittel- bis langfristig den Unternehmenserfolg.

Bei diesen zentralen Herausforderungen handelt es sich nicht nur um Problemstellungen, sondern auch um riesige Chancen, um Treiber des Wandels, die uns eine neue Art des Wirtschaftens ermöglichen. Mit viel Mut und der Kraft der Technologie können wir nicht nur die Zukunft der Weltwirtschaft neu gestalten, sondern auch die Zukunft künftiger Generationen schützen.

## TREIBER DES WANDELS: VOM DENKEN IN SILOS ZUM HANDELN IN NETZWERKEN

Technologie ist ein zentraler Treiber für Innovation und Wandel. Doch der eigentliche Aufbruch zu etwas Neuem beginnt bei uns Menschen. Unser Wesen ist von Natur aus darauf programmiert, Komplexität zu reduzieren. Über Jahrhunderte haben wir Strategien entwickelt, um aus Chaos Ordnung zu schaffen. So organisieren wir unsere Weltwirtschaft in klar abgrenzbaren Industrien, Unternehmen, Abteilungen und Teams.

Anders ausgedrückt: Wir schaffen beherrschbare Silos. Und genau die stehen bei der Bewältigung der größten Herausforderungen unserer Zeit im Weg. Wir müssen uns fragen: Ist die Art und Weise, wie wir heute wirtschaften, noch rational vor dem Hintergrund, wie sich die Welt verändert?

Die Antwort auf diese Frage ist ein klares Nein. Denn globale Herausforderungen wie volatile Märkte, der Klimawandel, die Energiekrise oder unterbrochene Lieferketten brauchen globale Antworten. Kein Land, keine Regierung, keine Gesellschaft und keine Organisation wird die größten Herausforderungen unserer Zeit allein bewältigen können. Doch dazu müssen wir aufhören, in Silos zu denken und vernetzter handeln.

Der Unternehmenserfolg wird in Zukunft davon abhängen, wie gut es Unternehmen gelingt, sich gemeinsam einem Ziel zu verschreiben und sich als ein Teil eines industrieübergreifenden Ökosystems zu verstehen. Denn niemand macht Geschäfte allein. Das bedeutet vor allem, verstärkt mit anderen Unternehmen gemeinsam an Innovationen zu arbeiten. Das bedeutet auch, enger mit Wissenschaft und Politik zusammenzuarbeiten, zum Beispiel, um Standards und verbindliche Regeln zu entwickeln.

Doch auch wenn die Lösung unserer globalen Herausforderungen in der Zusammenarbeit der Weltgemeinschaft liegt, beginnt der erste Schritt mit einer digitalen und ganzheitlichen Transformation unserer eigenen vier Wände. Denn wir müssen raus aus unseren Abteilungssilos und gleichzeitig den Grundstein legen, um auch über Unternehmensgrenzen hinweg vernetzter arbeiten zu können.

## GESCHÄFTSMODELLE: VOM ANALOGEN UNTERNEHMEN ZUM INTELLIGENT ENTERPRISE

Unternehmen müssen in einem Umfeld navigieren, das sich durch starke Angebots- und Nachfrageschwankungen, dynamisches Kaufverhalten und wachsenden Innovationsdruck auszeichnet. Um hier bestehen zu können, brauchen sie ein erhöhtes Maß an Widerstandsfähigkeit. In diesem Kontext war das Thema digitale Transformation bereits lange auf der To-do-Liste von Manager:innen, doch oftmals nicht an erster Stelle.

Als die Pandemie 2019 über die Welt hereinbrach, änderte sich dieser Umstand schlagartig. Es zeigte sich unmittelbar, dass Unternehmen mit digitalen Geschäftsmodellen, wie zum Beispiel Online-Händler, besser zurechtkommen als analoge Unternehmen. Denn sie konnten ihr Geschäft dynamisch an Nachfragen anpassen, schnell neue Geschäftsmodelle einführen und Prozesse stärker automatisieren.

Unternehmen werden durch das gezielte Sammeln, Auswerten und Nutzen von Daten widerstandsfähiger, indem sie den Überblick darüber behalten, was in ihrem Unternehmen passiert und warum. Ein Großteil ihrer Prozesse ist standardisiert und automatisiert. Das macht sie nicht nur effizienter, sondern auch flexibler und schneller gerade in Krisenzeiten. Sie können zum Beispiel Lagerbestände in Echtzeit beobachten und bei Nachfrageschwankungen automatisch anpassen. Durch verlässliche Daten und mithilfe Künstlicher Intelligenz sind sie in der Lage, Stimmungen von Kund:innen, Partner:innen und Mitarbeiter:innen besser zu verstehen und darauf zu reagieren.

Ein intelligentes Unternehmen zeichnet sich einerseits dadurch aus, dass es Nachhaltigkeitskennzahlen im Geschäftsbetrieb sichtbar machen, auf finanzielle, soziale und ökologische Daten zugreifen und entsprechend handeln kann. Andererseits werden durch die Automatisierung von Prozessen Kapazitäten für Menschen freigesetzt, sich vermehrt sinnstiftenden Aufgaben zuzuwenden.

Das Grundprinzip eines intelligenten Unternehmens lautet: Du kannst nicht managen, was du nicht messen kannst. Transparenz durch Daten und deren gezielte Nutzung für strategische Entscheidungen zeichnet die Unternehmen der Zukunft aus. Sie ermöglicht ihnen zudem, kontextbezogen Daten mit anderen Unternehmen in ihrem Ökosystem, entlang ihrer Wertschöpfungskette, auszutauschen. So entstehen Business Networks, Geschäftsnetzwerke, deren Kraft sich am Beispiel globaler Lieferketten verdeutlichen lässt.

## GLOBALE LIEFERKETTEN: VOM FLICKENTEPPICH ZU TRANSPARENTEN NETZWERKEN

Die Abhängigkeiten in Geschäftsprozessen sowie von Lieferant:innen und Partner:innen im Ökosystem eines Unternehmens werden größer und unübersichtlicher. Der weltweit ausgelöste Schiffsstau durch den Unfall der „Ever Given" im Suezkanal oder der durch den Krieg in der Ukraine verursachte Getreidemangel zeigen, wie durch lokale Ereignisse weltweite Lieferketten zum Erliegen kommen können. Lieferketten sind die Lebensadern der Weltwirtschaft.

Zu Hochzeiten der Pandemie kämpften rund 94 Prozent der Fortune-1000-Unternehmen mit Lieferkettenproblemen. Infolgedessen musste die Mehrheit an Unternehmen weltweit ihre Wachstumsprognosen herunterfahren. Die unsichere Versorgung mit kritischen Materialien, die schwankende Nachfrage nach Waren und Dienstleistungen sowie die eingeschränkten Kapazitäten in Produktion und Logistik treiben Unternehmen an ihre Grenzen.

Eines muss uns klar sein: Dies sind keine isolierten Einzelfälle. Neben unvorhersehbaren Unfällen oder geopolitischen Spannungen werden Phänomene wie Klimakatastrophen und Pandemien in Zukunft vermehrt für Lieferkettenausfälle sorgen. Wir müssen unsere Lieferketten daher dringend mithilfe intelligenter Technologien vernetzter, reaktions- und widerstandsfähiger machen, um unseren wirtschaftlichen Erfolg zu sichern und weiterhin für unsere Kund:innen, Mitarbeiter:innen und unser Ökosystem sorgen zu können. Kurz: Wir müssen die Art und Weise, wie unsere Lieferketten funktionieren, komplett umdenken.

Viele Unternehmen bedienen ihre Kund:innen noch mit einer linearen, isolierten Wertschöpfungskette. Dabei verwalten sie ihre Beziehungen zu Produktionspartner:innen, Anlagendienstleister:innen und externen Logistikanbieter:innen sequenziell und eins zu eins. Um sich schnell auf Störungen und dynamische Marktanforderungen einzustellen sowie Abhängigkeiten in Echtzeit zu managen, müssen Unternehmen ihre Geschäftsabläufe mithilfe von miteinander verbundenen Wertschöpfungsketten und flexiblen Netzwerken neu erfinden.

## WIR MÜSSEN UNSERE LIEFERKETTEN NEU DENKEN

Die Funktionsweise von sozialen Netzwerken wie Facebook und LinkedIn oder Plattformen wie Amazon und Airbnb können als Vorbilder für Geschäftsnetzwerke dienen. Wir nutzen sie in unserem Alltag, um uns weltweit mit anderen Menschen zu vernetzen, zu kommunizieren oder um Angebot und Nachfrage einfach und schnell zusammenzubringen. Genau nach dieser Logik müssen wir die Lieferketten der Zukunft gestalten – als ein soziales Netzwerk, einen gemeinschaftlichen Markplatz für Unternehmen.

Das setzt voraus, dass Unternehmen ihr vielschichtiges Liefernetzwerk verstehen und Transparenz darüber haben, wer in ihrem Ökosystem direkt und indirekt beteiligt ist. Unternehmen müssen künftig in der Lage sein, Daten über Lieferketten zu sammeln und zu analysieren. Sie brauchen zudem den Mut, unternehmenseigene, kontextbezogene Daten mit anderen Mitgliedern im Netzwerk unter Einhaltung strenger Richtlinien zu teilen.

Dadurch erhalten Unternehmen eine 360-Grad-Transparenz über Lieferketten in Echtzeit, um Risiken zu antizipieren und Beschaffung, Handel und Vertrieb bis hin zum Verbraucher zu steuern. Sie können Bestände optimieren, Angebot und Nachfrage abgleichen und Engpässe erkennen, bevor sie überhaupt entstehen. Jedes Mitglied im Netzwerk kann mit anderen über Unternehmensgrenzen hinweg zusammenarbeiten. Sollten Störungen in der Lieferkette auftreten, können Unternehmen schnell alternative oder nachhaltigere Lieferant:innen auswählen. Auch beim Thema Nachhaltigkeit lässt sich das enorme Potenzial von Geschäftsnetzwerken verdeutlichen.

## NACHHALTIGKEIT: VOM IMAGE-TREIBER ZUM WIRTSCHAFTLICHEN GEBOT

Lange Zeit wurde Nachhaltigkeit in Unternehmen als Image-Treiber verstanden und als eben solcher behandelt. Mit wachsendem gesellschaftspolitischem Druck, zunehmender sozialer Ungleichheit und immer stärker spürbaren Folgen des Klimawandels verändert sich die Bedeutung des Themas massiv. Nachhaltigkeit ist zu einem wirtschaftlichen Gebot geworden.

In erster Linie, weil wir alle – ob Einzelpersonen oder Unternehmen – verpflichtet sind, uns gegenseitig und unseren Planeten zu schützen. Diese Erkenntnis der Weltwirtschaft kommt zu spät. Kurzfristige Gewinne und schnelles Wachstum waren jahrzehntelang wichtiger. Das hat sich mittlerweile geändert. Studien zeigen: Bis zu 70 Prozent des Gewinns können im Zusammenhang mit Nachhaltigkeitsthemen gefährdet sein. Die Gründe dafür liegen auf der Hand:

Verbraucher:innen treffen Entscheidungen zunehmend nicht mehr nur auf der Grundlage von Produkten oder Preisen. Sie wollen von Unternehmen kaufen, die sich für Themen einsetzen, die ihnen am Herzen liegen. Arbeitskräfte wollen für Unternehmen arbeiten, die ihre sozialen und ökologischen Werte teilen. Auch die Aufmerksamkeit von Investor:innen für ökologische und soziale Fragen ist gestiegen.

Hinzu kommt, dass Unternehmen immer mehr Vorschriften einhalten müssen: Die globalen ESG-(Environmental Social Governance-)Kriterien, die Richtlinie zur unternehmerischen Nachhaltigkeit der Europäischen Union oder das deutsche Lieferkettensorgfaltspflichtengesetz sind Beispiele unter vielen. Von Unternehmen wird verlangt, dass sie ihre Lieferketten nachhaltig gestalten, indem sie Risiken und negative Auswirkungen auf die Menschenrechte oder die Umwelt erkennen und verhindern.

Diese Entwicklungen geben Unternehmen die Chance, ihr Geschäft nicht nur erfolgreich für die Zukunft aufzustellen, sondern sich auch für Umweltschutz und soziale Gerechtigkeit einzusetzen, indem sie Nachhaltigkeit als integralen Bestandteil ihrer Strategie verstehen. Sie können in einer Welt, in der es gilt, Menschen, unseren Planeten und Profitabilität in Einklang zu bringen, einen Mehrwert für alle Beteiligen und eine bessere Welt schaffen. Dank moderner Technologie schließen sich Nachhaltigkeit und Profitabilität nicht länger gegenseitig aus.

Allerdings können wir uns noch so viele ehrgeizige Ziele setzen – sie sind nutzlos, wenn wir es nicht schaffen, aus unseren Unternehmenssilos herauszukommen. Geschäftsnetzwerke liefern einen entscheidenden Mehrwert: Sie bieten eine durchgängige Transparenz über die gesamte Wertschöpfungskette von Unternehmen. Nur so können wir den Übergang zu einer integrativen, kohlenstoffarmen und kreislauforientierten Weltwirtschaft erreichen. Ein Beispiel: Bis heute können die meisten Unternehmen ihren eigenen $CO_2$-Fußabdruck nicht zuverlässig messen. Das liegt unter anderem daran, dass bis zu 90 Prozent ihrer Emissionen außerhalb ihrer Organisation, aber innerhalb ihrer Wertschöpfungskette ausgestoßen werden. Selbst die fortschrittlichsten Unternehmen können bislang ihre Emissionen etwa nur innerhalb ihrer Fabriken messen. Wie viel $CO_2$ zum Beispiel ihre Lieferanten und Materialhersteller emittieren, bleibt ihnen bisweilen verborgen.

Das zeigt: Unternehmen sind am Ende nur so nachhaltig wie ihr Ökosystem. Geschäftsnetzwerke schließen diese Lücke, da sie Unternehmen den Zugang zu und den Austausch von Daten auch jenseits ihrer vier Wände ermöglichen. Damit beginnt eine neue Ära des Wirtschaftens.

## DIE ÄRA DER BUSINESS NETWORK ECONOMY

Wie wird in Anbetracht der drei zentralen Treiber des Wandels die Weltwirtschaft 2030 aussehen? Sie wird geprägt von Intelligent Enterprises – also von Unternehmen, die ihre Kernprozesse digitalisiert und automatisiert haben. Statt in Silos organisieren sie sich in Netzwerken, die sich gemeinsamen Zielen verschreiben. Unternehmen werden damit von Einzelkämpfern zu Teamplayern in Wirtschaftsgemeinschaften, und die Grenzen ihrer Geschäftsmodelle verschwimmen zunehmend. Jedes Unternehmen in diesen Netzwerken teilt und nutzt kontextbezogene Daten. Die Kooperation in Echtzeit ist die Regel, nicht die Ausnahme. Das schafft Transparenz über die gesamte Wertschöpfungskette sowie den Lebenszyklus von Produkten und Dienstleistungen.

Neben Lieferkettendaten betten Unternehmen auch nachhaltigkeitsbezogene Daten in ihre Strategie ein. Dadurch sind sie in der Lage, alle wichtigen ESG-Dimensionen in ihren Geschäftsprozessen zu berücksichtigen. Sie können ihren $CO_2$-Fußabdruck und ihre Abfallproduktion bewerten und optimieren und ethische Arbeitsbedingungen fördern. Und das nicht nur innerhalb ihrer Unternehmensgrenzen, sondern auch darüber hinaus, entlang der gesamten Wertschöpfungskette.

So kann etwa ein Automobilhersteller auf einen Blick sehen, welche Lieferanten die dringend benötigten Bauteile verfügbar haben, wie lange die Lieferung dauern würde, zu welchem $CO_2$-Ausstoß die Bauteile produziert wurden und ob alle am Bauteil beteiligten Unternehmen ethische Arbeitsbedingungen erfüllen. Sollten unerwartet doch Engpässe während einer Lieferung auftreten, bekommt der Automobilhersteller direkt Vorschläge aus dem Netzwerk, wo am schnellsten und nachhaltigsten Ersatz zu bekommen ist.

Im Grunde ist dies längst keine Zukunftsmusik mehr. Ausgerechnet die Pandemie und der Krieg in der Ukraine, die maßgeblich unsere Weltwirtschaft an ihr Limit geführt haben, bringen den großen Nutzen von Geschäftsnetzwerken bereits heute ans Tageslicht. 17 der 20 größten Impfstoffhersteller stellen mithilfe von Software die Produktion und die Logistik für die Auslieferung von Impfstoffen in einem nie dagewesenen Tempo sicher. Dies ist nur möglich durch eine intelligente Planung und Steuerung des gesamten Prozesses.

Seit Beginn des Krieges in der Ukraine können humanitäre Hilfsorganisationen auf das SAP-Geschäftsnetzwerk zugreifen, dort ihren unmittelbaren Bedarf melden, mit Millionen von Unternehmen aus über 190 Ländern in Kontakt treten und Lieferanten finden, die schnellstmöglich humanitäre Hilfe leisten können. Das System bietet nicht nur den Nachfragenden, sondern auch den Lieferant:innen und möglichen Spender:innen die nötige Transparenz, die medizinischen Hilfsgüter in einer Lösung nach den gesetzlichen Vorgaben bereitzustellen. Bis 2030 wird es noch viele weitere solcher Beispiele geben.

Um auf meine eingangs erwähnte Analogie zurückzukommen: Die Spitze des monumentalen Bergs, unserer Weltwirtschaft, können Unternehmen künftig nur gemeinsam erfolgreich erklimmen. Der Erfolg und die Zukunft der Weltwirtschaft liegt in den Händen von Seilschaften und ihrem technologischen Rüstzeug. Es wird sie nach wie vor geben, die Pioniere, die neue Wege ebnen. Aber sie werden sich in Zukunft vielmehr in Gruppen organisieren und den Ruhm teilen.

Dafür erwartet sie ein umso atemberaubenderer Blick in nie dagewesenen Höhen.

*Christian Klein ist seit 2019 Vorstandssprecher und Mitglied des Vorstands der SAP SE. Bis Juli 2021 war er auch Chief Operating Officer des Unternehmens und leitete die Transformation der SAP zu einem „Intelligenten Unternehmen". Er begann seine Karriere 1999 als Student bei SAP. Klein hat ein Diplom in Internationaler Betriebswirtschaftslehre der Dualen Hochschule Baden-Württemberg in Mannheim.*

# DIE ARBEITSWELT 2030

## „Das informelle Gespräch in der Kaffeeküche ist durch nichts zu ersetzen“

MARGRET SUCKALE,
Mitglied in den Aufsichtsräten von Deutsche Telekom, DWS Group, HeidelbergCement und Infineon Technologies, spricht im *Next.2030*-Interview über Arbeitszeitmodelle, die Wichtigkeit von Image und Nachhaltigkeit der Unternehmen sowie neue Ruhestandssysteme

**FRAU SUCKALE, WIR LEBEN IN EINER ZEIT DES WANDELS AM ARBEITSMARKT. DER GENERATION „HIERARCHIE, GELD UND AUFSTIEG" FOLGTEN DIE GENERATIONEN Y UND Z, DIE EHER AUF IHR EIGENES WOHL, PURPOSE UND WORK-LIFE-BALANCE ACHTEN. WIRD DAS SO BLEIBEN? WAS ERWARTEN DIE MENSCHEN IN DEUTSCHLAND IM JAHR 2030 VON DEN UNTERNEHMEN, FÜR DIE SIE ARBEITEN?** Vieles, was Menschen heute von ihren Unternehmen erwarten, wird auch 2030 einen großen Stellenwert haben: zum Beispiel, dass Mitarbeiter:innen ernst genommen und wertgeschätzt werden möchten. Eine Kultur, die nicht nur die Ergebnisse der Arbeit anerkennt, sondern den Menschen hinter der Funktion. Ein gutes Miteinander am Arbeitsplatz wird auch in Zukunft ausschlaggebend sein. Wer es sich aussuchen kann, wird nur in einem Team arbeiten wollen, in dem die Chemie stimmt, das divers ist und vor allem auch inklusiv. Arbeitnehmer:innen sind im Laufe der Zeit deutlich anspruchsvoller und selbstbewusster geworden. Außerdem hat sich der Arbeitsmarkt in vielen Bereichen zu einem Arbeitnehmermarkt gewandelt. Gut ausgebildete Menschen können zwischen mehreren Angeboten wählen. Und sie werden ihre potenziellen Arbeitgeber:innen noch kritischer auf den Prüfstand stellen, bevor sie einen Arbeitsvertrag unterschreiben. Immer wichtiger wird für viele die Frage: Welchen Sinn und Zweck erfüllt meine Arbeit? Das ist keine abgehobene philosophische Thematik, sondern bedeutet ganz konkret: Kann ich abends, wenn ich mich mit Freunden treffe, mit Stolz über meine Arbeit und meinen Arbeitgeber sprechen? Weiß ich, wofür ich morgens aufstehe? Was kann ich mit meiner Arbeit konkret beitragen und verändern? Das beschäftigt immer mehr Menschen, das Thema Purpose gewinnt weiter an Bedeutung.

**WAS WIRD SICH NOCH VERÄNDERN?** Wir erleben eine Flexibilisierung der Arbeit. Viele Arbeitgeber stellen sich zunehmend auf alternative und hybride Arbeitszeitmodelle ein. Das zeitliche Spektrum kann dabei von einem Tag bis zu fünf Tagen in der Woche reichen, um Kinderbetreuung, die Pflege von Angehörigen oder persönliche Auszeiten besser mit dem Beruflichen vereinbaren zu können. Die Modelle sind hier so vielfältig wie die Lebenslagen der Menschen. Statik und Standardisierung waren gestern, Dynamik und das Eingehen auf die konkreten Bedürfnisse der Menschen sind heute das Maß der Dinge. Daran müssen sich Top-Arbeitgeber messen lassen. Ein möglichst flexibler Einstieg in den Ruhestand wird auch immer relevanter. Die bestehenden Systeme sind viel zu starr und werden den unterschiedlichen Bedürfnissen der Menschen nicht gerecht. Es gab Zeiten des kollektiven Vorruhestands, und jetzt wird wieder über die Rente mit 70 diskutiert, statt darüber nachzudenken, wie man interessierte Mitarbeitende auch über Altersgrenzen hinaus im Berufsleben halten kann. Auch hier können hybrides Arbeiten und Arbeitszeitflexibilisierung ein zusätzlicher Anreiz sein, unter dem Motto: eine Woche mit den Enkeln und dann wieder eine Woche fürs Büro. Oder auch tagsüber für die Familie und abends für die Firma.

**FRÜHER WAR ES OFT SO: WENN JEMAND HOMEOFFICE MACHTE, WAR DAS EINE SELTENHEIT, UND ES HIESS: ACH, DER HAT URLAUB!** Das kenne ich auch noch gut aus den Anfangsjahren meiner beruflichen Tätigkeit. Die Präsenzkultur stand über allem. Wenn jemand ausnahmsweise mal früher ging, um den Rest seiner Arbeit zu Hause zu erledigen, hieß es gleich: Ach, Sie nehmen sich den Tag frei? Das mag es vereinzelt auch heute noch geben. Glücklicherweise haben insbesondere die jüngeren Generationen mit dem mobilen Arbeiten kein Problem. Und sie sind es, die die Regeln zukünftig festlegen. Aber ich sage auch sehr deutlich, dass das Büro als Teil des gesellschaftlichen Lebens bleiben wird: weniger als der Ort, an dem jede:r für sich arbeitet, sondern vielmehr als ein Ort der Begegnung, eine Stätte des Gemeinsamen, ein Netzwerk-Knoten. Gerade für Berufsanfänger und Seiteneinsteiger ist es wichtig, Kontakte am Arbeitsplatz aufzubauen. Aber nicht nur in den ersten Berufsjahren sind die Mittagspause in der Kantine und das informelle Gespräch in der Kaffeeküche durch nichts zu ersetzen. Darum wird auch ein zeitgemäßes Büroumfeld immer wichtiger. Und damit meine ich nicht nur einladende Kantinen, Cafés und Fitnessräume, sondern eine Architektur, die ein ideales Umfeld für Teambuilding und spontane Diskussionsrunden bietet und gleichzeitig Rückzug erlaubt.

**NACH CORONA REDEN ALLE VON FLEXIBLEN ARBEITSMODELLEN - SIND WIR SCHON AUF DEM HÖHEPUNKT DER ENTWICKLUNG?** Die Pandemie war so einschneidend, dass es kein einfaches Zurück zur Zeit vor Corona gibt. Die Lockdowns waren ohne Zweifel der große kollektive Gamechanger in Sachen Homeoffice, und immer wenn heute von „New Work“ die Rede ist, dann geht es ja vor allem anderem darum, wie man mobiles Arbeiten bestmöglich voranbringen kann. Zufriedenheit am Arbeitsplatz und Verbundenheit mit dem Unternehmen heißt für mich aber auch, regelmäßig vor Ort zu sein, um Kontakte zu pflegen, um Stimmungen und Veränderungen unmittelbar mitzubekommen. Die fünf Minuten vor einem Meeting, in denen man sich gegenseitig fragt: Na, wie geht´s? Das kurze Gespräch beim Kaffee, in dem manchmal wichtigere Dinge als im großen Termin besprochen werden. Der kurze Gedankenaustausch im Vorbeigehen auf dem Flur, bei der gemeinsamen Fahrt im Aufzug oder auf dem Weg zur Haltestelle. All das ist nicht zu ersetzen. Darum kann ich mir nicht vorstellen, dass wir 2030 nur noch oder zu einem überwiegenden Teil von zu Hause arbeiten. Der Mensch ist auf soziale Kontakte angewiesen, und gute Mitarbeiterführung funktioniert nicht auf Distanz. Kreativität und Innovation kann auf die Dauer nur im Team gedeihen. Denken Sie an Design-Thinking Prozesse, in denen Menschen verschiedener Disziplinen zusammen an kreativen Problemlösungen arbeiten. Das ist nicht vom Computer aus, sondern nur in einem physischen Umfeld möglich, das Kreativität fördert.

**ES GIBT MENSCHEN, DIE DAS KÖNNEN, UND DENEN NICHTS FEHLT.** Wenn Mitarbeiter:innen nur von zu Hause arbeiten, dann kann es ihnen doch eigentlich egal sein, ob sie für die Firma A, B oder C arbeiten. Wenn so ein reiner „Homeofficer" kündigt und einen neuen Job bei einer anderen Firma annimmt, wählt sie oder er sich lediglich mit einem neuen Passwort ein, geht auf eine andere Website und arbeitet ansonsten weiter wie bisher. Eine echte Mitarbeiterbindung kann ein Arbeitgeber so nur schwer herzustellen. Das Office-Home-Verhältnis sollte daher immer einen stärkeren Ausschlag zur Anwesenheit im Büro haben. Hinzu kommt, dass sich das Homeoffice während der Pandemie auch im gewissen Sinne entzaubert hat. Denn nach ersten positiven Erfahrungen haben nicht wenige spätestens im zweiten Lockdown über Zoom Fatigue, Vereinsamung und Bewegungsmangel geklagt. Umso erfreulicher, dass die Generation Z laut einer Studie von LinkedIn gerne ins Büro kommen will. Danach ist noch nicht mal jede:r Fünfte der Millennials am reinen Homeoffice interessiert. Als Hauptargument wird der Wunsch nach einer klaren Trennung von Arbeit und Privatem genannt.

**WELCHE ROLLE SPIELEN 2030 IMAGE UND NACHHALTIGKEIT DES UNTERNEHMENS, IN DEM ICH ARBEITE?** Eine immer wichtigere! Mitarbeiter merken, ob es sich beim Unternehmensimage lediglich um eine geschickt formulierte Außendarstellung handelt oder um etwas, das die Führungsmannschaft im Kern antreibt. Werden die Versprechen nicht eingehalten, schauen sich die Mitarbeiter:innen am Markt um und wechseln den Arbeitgeber. Ich könnte mir gut vorstellen, dass wir generell 2030 mehr Jobwechsel sehen. Schließlich wurde die Generation Z nicht so erzogen, dass dies etwas Negatives ist oder gar die Karriere gefährdet. Das war früher anders. Da hieß es: „Du musst spätestens mit 40 den Arbeitgeber gefunden haben, bei dem du in Rente gehen willst." Wichtig ist, die Mitarbeiter:innen beim Thema Nachhaltigkeit ganz stark einzubinden. Sie haben die besten Ideen und wollen die Transformation aktiv mitgestalten. Sie wollen nicht nur verstehen, welchen ökologischen Fußabdruck ihr Unternehmen heute hat und in Zukunft anstrebt, sondern auch den Weg dorthin nachvollziehen können. Nur ein Ziel wie die Klimaneutralität bis 2030 oder 2040 in den Raum zu stellen reicht bei Weitem nicht aus. Die Performance eines Unternehmens lässt sich nur auf nachhaltigem Wege steigern. Alles andere, insbesondere wenn Wachstum auf Kosten von Menschenrechten erzielt würde, wäre für die Reputation des Unternehmens und die Identifikation der Mitarbeiter fatal.

**GIBT ES 2030 BESSERE MÖGLICHKEITEN FÜR ARBEITNEHMER, DIE VERSPRECHEN DER UNTERNEHMEN AUF NACHHALTIGKEIT ZU ÜBERPRÜFEN?** Ein Stück weit gibt es das ja schon: Arbeitgeber-Rankings und externe Plattformen, auf denen Mitarbeiter:innen sich äußern können. Übrigens wird auch auf firmeninternen Social-Media-Kanälen dazu sehr offen kommuniziert. Und wir haben die klassischen Medien, die regelmäßig über Unternehmen berichten. Hinzu kommen Analysten, die börsennotierte Unternehmen in puncto Nachhaltigkeit unter die Lupe nehmen. Und Politiker:innen und NGOs, die ihre Erwartungen an die Wirtschaft äußern. So transparent wie heute war es also noch nie, man kann und sollte sich auf vielen Wegen informieren. Einige Arbeitgeber bieten Bewerber:innen übrigens inzwischen Gespräche mit Mitarbeiter:innen im Unternehmen an, die die angestrebte Position bereits ausüben, damit sie sich ein Bild machen können. Oder man sucht sich direkte Ansprechpartner:innen über LinkedIn, Facebook, etc. Die Möglichkeiten, viele authentische Quellen zu nutzen, werden sich in den nächsten Jahren noch weiter verbessern. Arbeitgeber bewerben sich heute bei potenziellen Mitarbeiter:innen, nicht mehr umgekehrt. Diese Bewerbungen funktionieren heute und zukünftig zunehmend auf anderen Kanälen. Jobbörsen und Veranstaltungen an Universitäten werden zwar noch recht gut besucht, aber die sozialen Medien werden immer relevanter. Wer hier nicht die richtigen Formulierungen, die interessierenden Attribute und die passende Ansprache findet, dessen Stellenangebote werden die jungen Jobsuchenden kaum in Betracht ziehen.

**WIE LERNEN DENN DIE ÄLTEREN FÜHRUNGSKRÄFTE, DIE EHER AUF GEWINNMAXIMIERUNG GETRIMMT SIND, PURPOSE UND ZEITGEMÄSSES FÜHREN?** Gewinnmaximierung um jeden Preis ist ein Modell, das längst ausgelaufen ist. Die fokussierte Shareholder-Orientierung hat sich zum breiten Stakeholder-Ansatz gewandelt. Und ein wichtiger Stakeholder sind Mitarbeiter:innen. Neben operativen und finanziellen Zielen wird daher heute in guten Unternehmen die Mitarbeiterzufriedenheit gemessen. Und eine hohe Mitarbeiterzufriedenheit ist in einigen Unternehmen eines der Ziele, nach denen sich der Bonus für Vorstand und Führungskräfte berechnet. Und das ist gut so! Mitarbeiterführung ist und bleibt die große Herausforderung. Denn auch ein wesentlich informelleres Miteinander, Duz-Kultur und lockere Kleiderordnungen ändern nichts daran, dass Mitarbeiter:innen eine Führungskraft haben möchten, die ihnen Raum, Anerkennung und Wertschätzung, aber auch klares Feedback gibt. Eine Führungspersönlichkeit, die sie darin unterstützt, sich bestmöglich entwickeln und eine optimale Leistung zeigen zu können. Nicht jede:r kann führen, viele denken aber, es tun zu müssen, weil es mit einem Aufstieg in der Hierarchie verbunden ist. Einige wären aber in einer Expertenkarriere viel glücklicher. Ich finde es immer wieder erstaunlich, wie viele Mitarbeiter:innen auch heute noch mit ihren Führungskräften unzufrieden sind, obwohl Mitarbeiterführung in den Unternehmen seit Jahrzehnten ein Top-Thema ist und ich gleichzeitig unterstelle, dass die überwältigende Mehrheit der Führungskräfte gute Intentionen hat.

**WIE KÖNNTE DIE LÖSUNG AUSSEHEN?** Aufstieg muss nicht notwendigerweise Führungsverantwortung einschließen. Daher ist es wichtig, dass Unternehmen Expertenkarrieren anbieten. Manche Menschen sind ausgezeichnet auf ihrem Fachgebiet, haben aber nicht den Wunsch oder die Fähigkeit, andere Menschen anzuleiten oder sie zu unterstützen, ihr Potenzial zu entfalten. Warum soll man sie verlieren? Das haben viele Unternehmen erkannt. Trotzdem ist es oft noch so: Wenn eine schlechte Führungskraft gute Ergebnisse bringt, bleibt sie auf dem Job. Schlechte Führung ist immer noch zu selten ein Grund für eine Ablösung. Darum sollten Unternehmen ihren Führungskräften regelmäßiges 360-Grad-Feedback ermöglichen. Auch systemisches Coaching ist eine gute Möglichkeit, Situationen durchzuspielen und das eigene Verhalten aus verschiedenen Perspektiven zu beleuchten. Viele hochrangige Manager:innen nutzen heute offensiv die Unterstützung durch einen Business-Coach und stehen dazu.

**NICHT NUR IN FÜHRUNGSPOSITIONEN, SONDERN GANZ ALLGEMEIN IM BERUFSLEBEN SPIELEN FRAUEN KEINE GLEICHBERECHTIGTE ROLLE. NUR ETWA JEDE ZWEITE FRAU IN DEUTSCHLAND ARBEITET IN VOLLZEIT – WAS MUSS SICH HIER ÄNDERN?** Ich bin überzeugt davon, dass Frauen bereits viel verändert haben, weil sie ein Rollenmodell leben, das mittlerweile von immer mehr Männern übernommen wird. Eigentlich haben sie die Arbeitswelt revolutioniert, indem sie konsequent die Vereinbarkeit von Beruf und Familie eingefordert haben. Sie sind sich und ihren Werten treu geblieben und haben die etablierten Modelle nicht akzeptiert. Mittlerweile haben auch viele Männer die Vorteile einer höheren Flexibilität erkannt und möchten diese nicht mehr missen. Und Arbeitgeber haben gemerkt, dass sie es dennoch mit leistungsorientierten und ambitionierten Mitarbeiter:innen zu tun haben. Was, alles zusammengenommen, auch zu einem ganz neuen Führungsstil geführt hat. Ich stelle immer mehr fest, dass der Führungsstil, den man eher den Frauen zuschreibt – also etwa: kooperativ, moderierend, nicht so hierarchisch, Teams formend, zuhörend, unterschiedliche Meinungen zulassend –, immer mehr auch von Männern bevorzugt wird.

**VON MÄNNERN, DIE FRÜHER UND MANCHMAL AUCH HEUTE GANZ ANDERS TICK(T)EN.** Auch Männer haben früher ja ausschließlich männliche Rollenmodelle gehabt. Wer also in einer Unternehmenskultur aufsteigen wollte, in der der auf sich bezogene und laut auftretende Chef erfolgreich war, hat dies möglicherweise kopiert und darüber sein Team vernachlässigt. Heute weiß jede:r: Angst vorm Chef ist leistungstötend. Neue Managementstile, die häufig von Frauen bevorzugt werden, tragen erheblich dazu bei, dass das Umfeld heute freundlicher und wertschätzender ist. Aber ich will hier nicht zu schwarz-weiß malen. Ich hatte in meinem Leben viele männliche Vorgesetzte, die ausgezeichnete Führungspersönlichkeiten waren. Ohne deren Unterstützung wäre ich nicht so weit gekommen. Wenn ich aber gleichzeitig höre, dass es immer noch Manager gibt, die ihre Mitarbeiter:innen respektlos und von oben herab behandeln, dann frage ich mich, was in diesen Leuten vorgeht.

**VON WELCHEM ARBEITSMARKT MÜSSEN WIR AUSGEHEN? WIR HABEN IN UNSEREM GESPRÄCH BISHER DEN IDEALFALL ANGENOMMEN.** Der Arbeitsmarkt ist immer Schwankungen unterlegen. Mal hören wir von Entlassungen und Kurzarbeit, dann wieder von Tausenden unbesetzten Stellen. Das Problem unserer Zeit ist nicht nur der Fachkräftemangel, sondern generell ein Mangel an geeigneten Arbeitskräften. Ob hoch qualifiziert oder ohne Schulabschluss, überall werden leistungsbereite Menschen gesucht. Wir leben wie gesagt in einem Arbeitnehmermarkt. Arbeitgeber müssen sich daher gut überlegen, was sie Bewerbern anbieten können, und sollten sich viel einfallen lassen, um sie zu halten. Personalmangel führt immer mehr dazu, dass Unternehmen Aufträge ablehnen und ihre Prognosen nach unten korrigieren müssen. Vor allem für die Digitalisierung gibt es nicht genug Personal. Laut einer BitKom-Studie fehlen in Deutschland 100.000 IT-Fachkräfte.

**WIE LÖSEN WIR DAS?** Der Fachkräftemangel ist seit Jahren offenkundig. Die Ideen sind da, werden aber nicht konsequent umgesetzt. Eine Stellschraube ist die Höherqualifizierung. Die Telekom hat zum Beispiel frühzeitig im Rahmen ihrer digitalen Transformation mit Re- und Upskilling-Initiativen begonnen – mit gutem Erfolg. Initiativen wie die Wissensfabrik Deutschland mit rund 130 Unternehmen und Stiftungen aller Branchen und Größen vermitteln nicht nur Wissen, sondern wollen MINT-Nachwuchskräfte begeistern. Gerade bei den Zukunftsthemen spielt naturwissenschaftliche Kompetenz eine Schlüsselrolle. Auch die klassische Ausbildung muss attraktiver werden. So hat zum Beispiel Infineon früh auf eine zeitgemäße Ausbildung geachtet – dazu gehören heute auch Auslandseinsätze. Neben der Weiterbildung sollten wir auch konsequenter die qualifizierte Einwanderung nutzen. Die Bundesagentur für Arbeit nennt die Zahl von 400.000 qualifizierten Einwanderern, die wir jedes Jahr bräuchten, um unsere wirtschaftliche Position als viertgrößte Volkswirtschaft der Welt zu halten. Und diese Zahlen werden in den nächsten Jahren weiter steigen. Wenn wir nicht im internationalen Wettbewerb zurückfallen wollen, sollten wir nicht warten, bis wir irgendwann genügend Fachkräfte an den Unis ausgebildet haben.

**DIE GROSSE KOALITION HAT DOCH EIN FACHKRÄFTE-ZUWANDERUNGSGESETZ VERABSCHIEDET. WARUM WIRD DIES IN DER PRAXIS NICHT UMGESETZT?** Das Zuwanderungsrecht braucht grundlegende Reformen. Qualifizierte Arbeitskräfte, die an die Tür klopfen, sollten wir schnell und unbürokratisch integrieren. Etwa zwölf Prozent der Studierenden in Deutschland kommen aus dem Ausland. Sie leben und studieren gerne hier, können aber nach Abschluss ihres Studiums in anderen Ländern häufig schneller eine Anstellung bekommen. Studierende sollten daher schon während ihres Abschlussjahres Gewissheit haben, ob sie bleiben können. Nach dem Examen müssen und wollen viele schnell eine Arbeit aufnehmen, und das Examenssemester sollte nicht mit Bleiberechtsfragen belastet sein. Außerdem sollten wir an unserer Willkommenskultur arbeiten. Da hat Deutschland bekanntlich nicht den besten Ruf. Für qualifizierte

Zuwanderer muss es mehr Anlaufstellen bei den Behörden geben, die auf die speziellen Wünsche und Bedürfnisse dieser Klienten eingehen können. Es existieren bereits einige gute Vorbilder, in Hamburg zum Beispiel, wo es solche Anlaufstellen gibt. Diesen Vorbildern müssen weitere folgen.

**UND WENN DAS NICHT FUNKTIONIERT? WIE SIEHT DAS WORST-CASE-SZENARIO 2030 AUS?** Die geburtenstarken Jahrgänge gehen spätestens 2031 in Rente. 1964 war der stärkste: In Deutschland wurden fast 1,4 Millionen Kinder geboren, 2002 waren es nur noch halb so viele. Das zeigt die Dimension, über die wir sprechen. Und es wird deutlich, warum so viele Ausbildungsplätze unbesetzt bleiben. Bestimmte bisher von Menschen ausgeführte Aufgaben können zwar zunehmend durch Automatisierung und Digitalisierung ersetzt werden, aber nach meiner Einschätzung wird dies nicht den entstehenden Arbeitskräftemangel kompensieren. Worst Case heißt daher, dass Firmen nicht mehr funktionsfähig sind, weil Mitarbeiter:innen fehlen. Das geht auf Kosten von Innovationskraft und Wettbewerbsfähigkeit. Und im schlimmsten Fall bedeutet das Insolvenz.

**LASSEN WIR DIE MENSCHEN ZU FRÜH IN DEN RUHESTAND GEHEN?** Wir sollten auf jeden Fall auch hier flexibler werden, zum Beispiel in Form von Übergangsmodellen. Viele Ruheständler:innen lassen sich vielleicht gern reaktivieren, sie fühlen sich noch fit, wollen nur nicht mehr fünf Tage die Woche arbeiten, aber zwei oder drei Tage. Laut Bundesamt für Bevölkerungsstatistik sind in der Gruppe der 60- bis 65-Jährigen nur noch rund 57 Prozent der Frauen und 66 Prozent der Männer erwerbstätig, während die Zahl in anderen Altersgruppen bei 72 und 79 Prozent liegt. Natürlich kann und möchten nicht alle in dieser Altersgruppe körperlich schwere Arbeit verrichten, aber bei attraktiver Entlohnung vielleicht gerne eine Tätigkeit am Schreibtisch. Leider sind unsere Systeme so starr, dass ein Hinzuverdienst häufig unattraktiv ist. Das gilt genauso für Hartz-IV-Empfänger, für die ein Zuverdienst sofort zu Abzügen ihrer Sozialleistungen führt. Und sicherlich würden auch noch mehr Frauen mehr und länger arbeiten, wenn sie nicht durch unser Steuersystem einen großen Teil ihres Einkommens wieder abgeben müssten, weil der Ehemann die bessere Steuerklasse hat.

**TROTZ ARBEITSKRÄFTEMANGEL: WIE GROSS IST IHRER MEINUNG NACH DIE GEFAHR, DASS IMMER BESSERE KÜNSTLICHE INTELLIGENZ IMMER MEHR JOBS ERSETZT? DEUTSCHLAND STEHT AUF DIESEM GEBIET EHER AM ANFANG EINER ENTWICKLUNG.** Die Künstliche Intelligenz wird unser Leben stark verändern, aber die Vorteile überwiegen die Nachteile um ein Vielfaches. Das werden wir in der Medizin zu schätzen wissen, aber auch im Arbeitsleben. KI wird Jobs in Zukunft einfacher, sicherer und angenehmer machen, aber keineswegs immer wegrationalisieren. In der Gastronomie könnte KI die Auslieferung von Speisen und Getränken übernehmen, denn die Gastronomie leidet ja besonders unter Arbeitskräftemangel. Ob die Gäste das akzeptieren, ist eine andere Frage. Es bleibt dann aber vielleicht mehr Zeit für das Gespräch mit dem menschlichen

Personal über die Frage, welches Gericht man wählt und welcher Wein dazu passt. Ein weiteres Beispiel sind Pflegeberufe, bei denen KI körperlich schwere Arbeiten wie das Bewegen von Patient:innen übernehmen kann. So bleibt mehr Zeit für das Gespräch, für Trost und Aufmunterung. Ideal ist Automatisierung immer dort, wo Freiraum für befriedigendere Tätigkeiten entsteht. Ich bin deshalb überzeugt, dass KI die Zufriedenheit am Arbeitsplatz steigern wird. Leider wurde das Thema Digitalisierung nicht gut eingeführt. Ich erinnere mich an Studien, die nur den Arbeitsplatzverlust adressierten, aber die demografische Entwicklung nicht berücksichtigt haben. Und sind die Prognosen bisher eingetreten? Natürlich haben sich viele Jobs durch die Digitalisierung verändert, einfache oder auch körperliche Tätigkeiten sind weggefallen. Aber deshalb ist die Arbeitslosigkeit nicht größer geworden. Im Gegenteil.

**GIBT ES ZUM SCHLUSS NOCH ETWAS, WAS SIE SICH SPEZIELL ALS AUFSICHTSRÄTIN WÜNSCHEN?** Eine Analyse der Hochschule für Wirtschaft und Gesellschaft Ludwigshafen hat vor einiger Zeit den Mangel an HR-Expertise in deutschen Aufsichtsräten aufgezeigt. Wie wichtig eine vorausschauende strategische Personalplanung für den Unternehmenserfolg ist, zeigt sich aber heutzutage mehr denn je. Daher hoffe ich, dass diese Qualifikation einen ebenso großen Stellenwert in den Kompetenzprofilen der Aufsichtsräte erhält wie Erfahrung in Rechnungslegung und Abschlussprüfung.

*Margret Suckale ist Mitglied in den Aufsichtsräten von Deutsche Telekom, DWS Group, HeidelbergCement und Infineon Technologies. Zuvor war sie Präsidentin des Bundesarbeitgeberverbandes Chemie, Vorstandsmitglied und Arbeitsdirektorin bei BASF, davor Vorstand zunächst bei der Deutschen Bahn, dann bei der DB Mobility Logistics.*

# DIGITIZE OR DIE!

## Zehn Thesen, wie der Mittelstand auf Erfolgskurs bleibt

**HAGEN RICKMANN,**
Geschäftsführer Telekom Deutschland GmbH, möchte, dass wir den Fortschritt gemeinsam angehen - dazu müssen wir Bestehendes hinterfragen, auf das Mögliche blicken und in den Dialog gehen

Woran denken Sie, wenn Sie das Wort Digitalisierung hören? Der Begriff scheint den deutschen Mittelstand in zwei Gruppen zu teilen: Die einen verbinden ihn mit Chancen für die Zukunft, neuen Umsatzmöglichkeiten und effizienter Produktion. Die anderen mit Gefahren für das eigene Geschäftsmodell, verwirrender Komplexität und Datenschutzrisiken.

Deutschland und die Digitalisierung: Es ist kompliziert. Einig scheinen sich alle zu sein, dass eine rasche Digitalisierung entscheidend ist – doch bei der Frage, wie sie durchzuführen sei, scheiden sich die Geister.

Der Zeitdruck und der Handlungsbedarf sind jedoch groß. Laut Europäischer Kommission sind wir 2022 im europäischen Digital-Vergleich noch weiter abgerutscht – von Platz 12 auf 13. Wie schaffen wir es, endlich in die Top Ten zu kommen?

Hier meine zehn Thesen zur Digitalisierung, die der deutsche Mittelstand beherzigen sollte, um weiter auf Erfolgskurs zu bleiben.

## 1. DIGITALISIEREN SIE, UM RESILIENTER ZU WERDEN!

Mit welchen Gefühlen sehen Sie die wirtschaftliche Entwicklung der nächsten Jahre? Corona, Lieferkettenprobleme und Inflation – der Mittelstand muss einen Ausnahmezustand nach dem anderen durchmachen. Trotzdem hat das Statistische Bundesamt Ende 2022 eine robuste deutsche Wirtschaft festgestellt. Doch reicht das?

Wenn wir uns mit anderen Ländern vergleichen, stellen wir fest, dass dort viel mehr in Digitalisierung investiert wird. Laut einer KfW-Studie aus dem Jahr 2021 stecken wir rund 1,4 Prozent unseres Bruttoinlandsprodukts (BIP) in IT. Länder wie Schweden, die Niederlande oder USA investieren hingegen 3,3 Prozent im Schnitt. Zum Aufholen bräuchten wir demnach ein Minimum von 5,0 Prozent. Wir sind also unterinvestiert.

Für die Vorreiter zahlen sich diese Investitionen aus: Länder, die in Sachen Digitalisierung führend sind, haben auch eine resilientere Wirtschaft und sind besser durch die Pandemie gekommen. Während wir beispielsweise mit deutlichen Wirtschaftseinbußen in die Pandemie gestartet (-4,6 Prozent) und 2021 mit leicht positivem Trend (+2,8 Prozent) gegenüber dem Vorjahr herausgekommen sind, hat der digitale Spitzenreiter Dänemark nicht nur weniger eingebüßt (-2,1 Prozent), sondern ist gleichzeitig besser aus der Krise hervorgegangen (+4,0 Prozent).

Trotzdem will nach einer Umfrage des Digitalverbands Bitkom jedes dritte deutsche Unternehmen wegen der wirtschaftlichen Situation im kommenden Jahr die Investitionen in Digitalisierung zurückfahren. Das wäre ein Fehler, denn gerade jetzt ist es wichtig, im internationalen Wettbewerb nicht zurückzufallen. Wir müssen daher die Chancen einer Krise erkennen und anpacken – Sie, ich und alle anderen. Für mich ist klar:

DEUTSCHLAND 2030 WÄCHST NUR MIT DIGITAL-INVESTITIONEN.

## 2. LERNEN SIE VON DEN VORBILDERN!

Wie sehr hat die Coronapandemie Ihren Arbeitsalltag verändert? Tools für digitale Zusammenarbeit sind in Unternehmen Normalität geworden und die Möglichkeit zum Homeoffice selbstverständlich.

Es bewegt sich also etwas im deutschen Mittelstand – aber nicht so viel, wie notwendig wäre, um seine Wettbewerbsfähigkeit zu erhalten. Und die ist entscheidend für unser Land: Schließlich generieren mittelständische Unternehmen rund 60 Prozent des deutschen BIP. Auch wenn seit der Pandemie ein massives Umdenken stattgefunden hat, sind wir bei der Digitalisierung noch nicht so weit, wie wir es uns wünschen würden.

Um das messbar zu machen, erheben wir jährlich einen Digitalisierungsindex. Über alle Branchen hinweg sehen wir in der diesjährigen Studie einen Digitalisierungsgrad von 59 Punkten (von 100). Verglichen mit der Situation von 2019 (Index von 55) ist das ein solider Fortschritt. Doch das reicht nicht, um 2030 vorne mitzuspielen. Daher müssen wir uns die Vorreiter als Vorbild nehmen. Wer diese sucht, wird auf jeden Fall bei den rund 1500 Hidden Champions in Deutschland fündig.

Einer davon ist zum Beispiel das effiziente Familienunternehmen ebm-papst, das weltweit erfolgreich tätig ist. Es war einst ein klassischer Hersteller von Ventilatoren. Nun hat es seine Produktion fast vollständig digitalisiert und sein Portfolio auf die intelligente Steuerung und Vernetzung von Ventilatoren, Antrieben und Systemen ausgerichtet.

Unternehmen wie ebm-papst haben Best Practices für die Digitalisierung entwickelt, die sich andere zum Vorbild nehmen können. Seien Sie offen und sprechen Sie mit anderen mittelständischen Unternehmen, die digitaler sind als Sie. Wenn wir voneinander lernen, profitieren wir alle.

DER MITTELSTAND IST UND BLEIBT DAS RÜCKGRAT DER DEUTSCHEN WIRTSCHAFT.

## 3. ENTWICKELN SIE EIN DIGITALES MINDSET!

Welche Eigenschaften sehen Sie als „typisch deutsch“ an? Wahrscheinlich kommen Ihnen eher Begriffe wie Pünktlichkeit oder Perfektion in den Sinn als

Offenheit, Agilität oder ungezwungener Umgang mit Scheitern. Hier liegen nicht unsere Stärken.

Doch um zukünftig erfolgreich zu sein, müssen wir gewohnte Verhaltensweisen und Standpunkte verändern und ein digitales Mindset entwickeln. Vier Eigenschaften sind dabei für mich entscheidend.

**Mut.** In den aktuellen, herausfordernden Zeiten müssen wir Bestehendes hinterfragen, auf die Chancen der Zukunft blicken und auch mal Risiken in Kauf nehmen.

**Offene Fehlerkultur.** Wer den Anspruch zur Perfektion hat, kann Innovationen nicht mit Geschwindigkeit entwickeln. Manchmal ist eine 80-prozentige Lösung, ein sogenanntes MVP (engl., minimal viable product), hilfreicher, als auf Vollkommenheit zu pochen. Denn wer das Pareto-Prinzip kennt, weiß, dass es für die letzten 20 Prozent zur Perfektion 80 Prozent des Aufwands braucht.

**Offenheit gegenüber Neuem.** Wir müssen unsere Skepsis gegenüber neuen Technologien wie zum Beispiel der Künstlichen Intelligenz aufgeben. Wir müssen neugierig bleiben.

**Radikaler Kundenfokus.** Sehen Sie den Kunden als neuen CEO. Er gibt Ihrem Unternehmen die Richtung vor und entscheidet, wie Sie erfolgreich sein können.

Doch wie kann das im Unternehmen aussehen? Rauschenberger Catering & Restaurants hat beispielsweise den Lockdown und den damit verbundenen Geschäftsausfall genutzt, um sich digital zu transformieren. Sie waren mutig und offen gegenüber Neuem. Vorher waren die Prozesse manuell, langwierig und fehleranfällig. Mittels einer Microsoft-Plattform haben sie diese nahezu vollständig digitalisiert und das Kundenerlebnis verbessert. Im nächsten Schritt sorgen sie mit KI in der Planung für weniger Lebensmittelverschwendung und mehr Nachhaltigkeit.

Wie führen Sie also ein digitales Mindset bei sich ein? Am wichtigsten ist, dass das Management als Vorbild vorangeht. Nur so wird die Digitalisierung fest in der Unternehmensstrategie verankert, mit Überzeugung forciert und vorgelebt. Ohne Digital Mindset gibt es keine Zukunft. Wir müssen offen sein für Innovation.

DEUTSCHLAND IST TECHNOLOGIELAND UND MUSS ES BLEIBEN.

## 4. GEHEN SIE PARTNERSCHAFTEN EIN!

Sicher kennen Sie das Sprichwort: „Teamwork makes the dream work“. Damit wir auch künftig erfolgreich sind, sollten wir nicht nur innerhalb unseres Betriebes zusammenarbeiten. Auch unternehmensübergreifend müssen wir Partner suchen.

Der Erfolg unseres Partner-Ökosystems beweist uns als Telekom seit vielen Jahren, dass wir gemeinsam schlichtweg mehr erreichen. Seit 2017 gehen wir mit der Digital X noch einen Schritt weiter: Gemeinsam mit mittlerweile über 300 Partnern treiben wir eine nachhaltige Digitalisierung und eine Verbesserung der Wettbewerbsfähigkeit unseres Landes voran. Konzerne, Mittelstand, Start-ups, Politik, Visionäre und führende Experten machen Digitalisierung und Innovation in der Praxis erlebbar. Für mich eine Herzensangelegenheit. Gerade bei der Digitalisierung sind solche Partnerschaften enorm wichtig. Denn ein Handwerksbetrieb oder ein Tiefbauunternehmen hat in der Regel keine IT-Expertise und kennt nicht die vielfältigen Möglichkeiten, geschweige denn weiß man sie passend und gezielt einzusetzen.

Die Zusammenarbeit von PERI SE, einem Gerüst- und Schalungsexperten für flüssigen Beton, mit der Telekom ist ein Beispiel für so eine erfolgreiche Partnerschaft im Tagesgeschäft. Mit IoT-basierten Low Cost Trackern wissen das Unternehmen und seine Kunden immer genau, wo sich die Schalungselemente befinden, und sparen Zeit und Kosten durch kürzere Wege und effizientere Lagerhaltung. Eine digitale Baustelle, die begeistert, oder?

Es lohnt sich als Mittelständler auch ungemein, Impulse von Start-ups einzuholen. Auf den ersten Blick passen sie mit Traditionsbetrieben nicht zwingend zusammen. Wenn wir genauer hinschauen, wird klar: Sie können enorm voneinander profitieren. Der eine von jahrelanger Erfahrung, der andere von innovativen Lösungen – auch für den kleinen Geschäftsbetrieb. Das hat sich in unserem Start-up-Programm „Techboost" bereits oft bestätigt.

Leider zeigt eine Studie von Fraunhofer aus dem Jahr 2021, dass es bei Mittelständlern noch häufig an Vertrauen fehlt, wenn es um die Zusammenarbeit mit Externen geht. Seien Sie also offen und gehen Sie mutig auf andere Unternehmen zu. Denken Sie bitte daran:

ERFOLGREICHER ALLEINGANG IST GUT – PARTNERSCHAFTEN, ZUSAMMENARBEIT UND VERTRAUEN SIND BESSER.

## 5. WERDEN SIE NICHT MÜDE, ZU OPTIMIEREN!

Was kommt Ihnen in den Sinn, wenn Sie an „Effizienz" denken? Das Wort hat ein Imageproblem in Deutschland: Gerne wird seine Bedeutung damit gleichgesetzt, mehr Arbeit auf die gleiche Anzahl von Schultern zu verteilen.

Lassen Sie uns aus einem anderen Winkel darauf schauen: Das Institut der deutschen Wirtschaft erwartet, dass bis 2030 fünf Millionen Fachkräfte fehlen. Durch Digitalisierung geschaffene Effizienz – beispielsweise durch die Automatisierung – entlastet die verbleibenden Arbeitskräfte von Routineaufgaben. So könnten nach einer McKinsey-Studie allein in der Gesundheitsbranche 42 Milliarden Euro eingespart werden. Pro Jahr. In Relation zu den jährlichen Gesundheits- und Versorgungskosten von rund 343 Milliarden Euro in Summe sind das immerhin zwölf Prozent.

Das Beispiel eines Krankenhauses zeigt hier sehr plakativ, wie Digitalisierung und Effizienz dem Fachkräftemangel im Alltag begegnen können. Durch die Automatisierung administrativer Tätigkeiten konnte es innerhalb von sechs Monaten 15 Prozent der Arbeitszeit einsparen und 90 Vollzeitäquivalente für andere Tätigkeiten freisetzen. Ähnliches Potenzial eröffnet sich in allen Branchen – ob Industrie, Energiewirtschaft oder Handwerk. Fragen Sie sich, wie Sie in Sachen Effizienz einen Unterschied machen können? Der erste Blick muss nach innen gehen. Schauen Sie kritisch auf Ihre Prozesse. Wo wird wertvolle Arbeitskraft durch händische oder manuelle Prozesse aufgehalten? Dort setzen Sie an. Wichtig hierbei: Nicht einfach 1:1 zu digitalisieren – ein schlechter analoger Prozess ist dann auch nur ein digitalisierter schlechter Prozess. Denken Sie daran:

ERFOLG IST IMMER AUCH EFFIZIENZ.

## 6. HABEN SIE DEN MUT, AUS THEORIE PRAXIS ZU MACHEN!

Wenn es um die Forschung in Deutschland geht, habe ich eine gute und eine schlechte Nachricht für Sie.

Zuerst die gute: Hierbei spielt Deutschland in vielen Bereichen vorne mit. In allgemeine Forschung und Entwicklung investieren wir mit 3,1 Prozent unseres BIP immerhin mehr als der OECD-Durchschnitt. Das Fraunhofer-Institut zum Beispiel gehört weltweit zu den führenden Einrichtungen für angewandte Forschung. Jetzt die schlechte Nachricht: Diese Anwendungsorientierung, wie wir sie bei Fraunhofer sehen, finden wir in Hochschulen hierzulande selten. Bei der Anwendung von theoretischem Wissen in der Praxis sind wir nicht stark.

Wie digitale Innovation mit exponentieller Geschwindigkeit erreicht werden kann, zeigt uns Israel. Das Land investiert nicht nur konsequent über fünf Prozent seines BIP in Forschung und Entwicklung, sondern ist auch sehr gut darin, Erkenntnisse in die Umsetzung zu bringen. Einer der Gründe dafür ist die Bereitschaft von Gründern und Investoren, Risiken einzugehen.

In Deutschland dagegen gaben im Jahr 2022 nur 20 Prozent der Mittelständler an, Künstliche Intelligenz zu nutzen. Der Familienbetrieb Ludwig Meister GmbH beweist als einer der führenden Großhändler für die Industrie, was den Unternehmen entgeht. KI unterstützt die Mitarbeitenden mittlerweile bei der Erfassung und Bearbeitung neuer Bestellungen. Das Ergebnis: 70 Prozent Zeitersparnis gegenüber dem manuellen Prozess – und damit mehr Freiraum für wertschöpfende Tätigkeiten wie Kundenberatung und andere Vertriebsaktivitäten.

Wir haben alles, was wir brauchen. Die Innovationen sind da. Wir müssen nur den Mut haben, sie zu nutzen. Mein Appell an Sie: Wir müssen weg von reiner Theorie und

DIGITALE INNOVATION EINFACH MACHEN – VON DER FORSCHUNG IN DIE UMSETZUNG.

## 7. GESTALTEN SIE DEN DIGITALEN UMSCHWUNG MIT!

Oh, wie schön ist Estland! Dort sind fast alle Bürgerdienste digitalisiert. Das

Land im Baltikum macht uns nicht nur vor, wie digitale Verwaltung geht, sondern ist auch ein Paradies für Start-ups – eine Unternehmensgründung dauert dort maximal zwei Tage.

Um einen Digitalisierungsgrad wie Estland zu erreichen, hat Deutschland noch einen weiten Weg vor sich. Immerhin hat die Ampel-Koalition nun Impulse gesetzt. Mit der veröffentlichten Digitalstrategie bewegen wir uns in die richtige Richtung – auch wenn wichtige Verbände wie der BVMW, Bitkom oder BVDW wenig Ambition, vage Formulierungen oder einen Fokus auf Bedenken statt Chancen kritisieren.

Zuletzt hat Bundesminister Volker Wissing ein Monitoringsystem angekündigt, um sicherzustellen, dass die in der Digitalstrategie festgelegten Ziele auch erreicht werden. Bravo! Denn das gilt auch für Erfolg im unternehmerischen Kontext. Von dem Pionier der modernen Managementlehre, Peter Drucker, wissen wir: „You can't manage what you can't measure". Ein wichtiger Schritt.

Alles in allem sind wir politisch also auf dem Weg, gehen aber mit Zielen und Maßnahmen noch nicht weit genug. Was wir als Unternehmen und Einzelpersonen tun können? Vielleicht ist es schon ein Schritt, regelmäßig auf Verbesserungsmöglichkeiten hinzuweisen. Jeder kennt jemanden, der einen kennt …

Lassen Sie uns also den digitalen Umschwung bei der Politik einfordern und aktiv mitgestalten. Für mehr Pragmatismus und weniger bürokratische Hürden. Damit es endlich heißt:

DEMOKRATISCH, PRAGMATISCH, GUT – DIGITALPOLITIK 4.0.

## 8. SCHAFFEN SIE MEHR NACHHALTIGKEIT DURCH DIGITALISIERUNG!

Wir alle spüren die Auswirkungen des Klimawandels hautnah. Seit 2000 hat er Schäden von mehr als 145 Milliarden Euro verursacht – nur in Deutschland und ohne den Hitzesommer 2022.

Die Lage wird immer verheerender. Um dem entgegenzuwirken, hat sich die Bundesregierung das Ziel gesetzt, bis 2030 mindestens 372 Megatonnen $CO_2$-Äquivalente einzusparen. Beschleunigte Digitalisierung kann hierzu über 40 Prozent beitragen. Auch nach Abzug der durch die Digitalisierung verursachten Emissionen liegen wir bei einem signifikanten Beitrag von rund 35 Prozent. Die größten Potenziale liegen hier in der Fertigung, der Mobilität und dem Energiesektor.

Wie das konkret aussehen kann? Der Glasveredler GlasGo macht es vor. Um den Produktionsprozess zu verbessern, hat das Unternehmen mithilfe der Telekom die Brennöfen mit Sensoren ausgestattet und mittels Internet of Things vernetzt. Da die Sensoren im Zehnsekundentakt die Temperatur messen, fallen selbst kleine Schwankungen direkt auf. Es kann unmittelbar eingegriffen werden. So verbraucht GlasGo zehn Prozent weniger Energie, hat deutlich weniger Ausschuss und sechs Stunden weniger Stillstand der Maschinen, monatlich. Das reduziert den $CO_2$-Footprint des Unternehmens drastisch – und spart nebenbei eben auch Kosten. Prüfen auch Sie daher bei jedem Digitalisierungsschritt, ob er Ihr Unternehmen gleichzeitig klima- und umweltgerechter macht. Es gilt:

WER ÜBER NACHHALTIGKEIT SPRICHT, MUSS AUCH ÜBER DIGITALISIERUNG SPRECHEN.

## 9. SETZEN SIE SICH FÜR DIGITALE BILDUNG EIN!

Haben Sie ein Kind im schulpflichtigen Alter? Dann haben Sie während der Coronapandemie aus erster Hand miterlebt, wie viel Deutschland bei der digitalen Bildung aufzuholen hat: Hybrider oder gar ganz digitaler Unterricht war oft nicht möglich. Es mangelte an technischer Ausstattung und Breitbandversorgung. Lehrkräften fehlten teils digitale Kompetenz und didaktische Konzepte für digitalen Unterricht.

Die Pandemie war jedoch ein Weckruf. Es gibt Lichtblicke: 98 Prozent der befragten Schulen werden ihre Ausgaben für Digitalisierung erhöhen oder beibehalten. Der Digitalpakt Schule wurde bis 2030 verlängert, bei gleichzeitiger Reduktion des bürokratischen Aufwands. (Dringend notwendig, wenn wir uns bewusst machen, dass bisher nur ein Drittel des Fördertopfs abgerufen wurde.)

Doch es reicht nicht, Schüler mit Tablets auszustatten. Vielmehr sollten wir darüber diskutieren, welches Wissen wir der heutigen Schülergeneration vermitteln müssen, um sie auf die Herausforderungen der digitalen Arbeitswelt und des lebenslangen Lernens vorzubereiten.

Und hier steht die Wirtschaft in der Verantwortung. Denn wer sollte besser die Anforderungen der Zukunft kennen als die Unternehmer:innen? Bei der Telekom hat das Engagement für Schulen eine lange Tradition. Nicht nur mit einem ganzheitlichen Portfolio, sondern auch mit gesellschaftspolitischen und ehrenamtlichen Initiativen. Besonders aus dem ehrenamtlichen Engagement unserer Mitarbeitenden sind klasse Angebote entstanden. Mit Workshops wie „Coding&Robotik4Kids“ werden Schülerinnen und Schüler, Lehrkräfte und auch Eltern zum Aufbau von Medienkompetenzen gecoacht.

Stellen Sie sich die Frage, wie Ihr Unternehmen seinen Teil beitragen kann. Ob es im Jahr 2030 endlich ein fortschrittliches, interaktives und digital gestütztes Bildungssystem gibt, vermag ich nicht zu beantworten. Aber eines ist sicher:

DIGITALE BILDUNG IST DAS GRUNDGERÜST FÜR UNSERE ZUKUNFT.

## 10. SCHÜTZEN SIE SICH NOCH HEUTE VOR CYBERANGRIFFEN!

Wurde Ihr Unternehmen bereits Opfer eines Cyberangriffs? Wenn ja, sind Sie nicht allein: Jedes zweite Unternehmen hat in den letzten zwölf Monaten ähnliche Angriffe erlebt.

Der Gesamtschaden solcher Cyberangriffe in Deutschland betrug 2021 rund 223 Milliarden Euro. Doch Unternehmen können vorsorgen: Wer Angriffe schnell erkennt und abwehrt, reduziert die Kosten laut Accenture um bis zu 65 Prozent im Vergleich zu den Folgen eines Angriffs ohne Schutz. Bares Geld, das sicherlich besser investiert werden könnte.

Cybersicherheit ist ein komplexes Thema, mit sich schnell ändernden Bedrohungslagen. Daher kann ein spezialisierter Partner für Cybersicherheit oft einen besseren Schutz liefern, als es die unternehmenseigene IT je vollbringen könnte. Der Automobilzulieferer ElringKlinger zum Beispiel schützt seit 2021 gemeinsam mit uns seine weltweiten Systeme und Standorte. So hat das Unternehmen rund um die Uhr einen ganzheitlichen Echtzeit-Einblick in die eigene Security-Situation. Abgeleitete Erkenntnisse werden wiederum zur Erkennung und Verhinderung anderer Cyberangriffe genutzt – das System verbessert sich also quasi kontinuierlich selbst. Übrigens bieten wir unseren Kunden die gleichen Lösungen an, mit denen wir auch die Telekom schützen.

Schieben Sie Cybersicherheit also nicht auf und suchen Sie sich noch heute einen passenden, kompetenten Partner. Ich bin mir sicher, dass ein Nachweis für IT-Sicherheit bei den Kunden den gleichen Stellenwert bekommen wird wie der TÜV für die Automobilbranche:

CYBERSICHERHEIT IST KEINE OPTION, SIE IST EIN MUSS.

Liebe Leserin, lieber Leser,

wir leben in herausfordernden Zeiten. Investitionen gehen da nicht einfach von der Hand. Jedoch gilt es gerade in Krisenzeiten – davon bin ich fest überzeugt –, gemeinsam den Fortschritt anzugehen und mutig zu sein, damit kommende Generationen eine bessere, digitalere Welt vorfinden als zuvor. Ihr Mut wird belohnt.

Hinterfragen Sie also Bestehendes, blicken Sie mehr auf das Mögliche als das Unmögliche und gehen Sie in den Dialog. Gemeinsam gestalten wir so einen Zukunftsstandort Deutschland 2030. Wer weiß: Vielleicht werden wir sogar zum Vorbild in Europa.

## DIE ZEHN THESEN IM ÜBERBLICK

1. **Digitalisieren Sie, um resilienter zu werden!**
   Deutschland 2030 wächst nur mit Digital-Investitionen.
2. **Lernen Sie von den Vorbildern!**
   Der Mittelstand ist und bleibt das Rückgrat der deutschen Wirtschaft.
3. **Entwickeln Sie ein digitales Mindset!**
   Deutschland ist Technologieland und muss es bleiben.
4. **Gehen Sie Partnerschaften ein!**
   Erfolgreicher Alleingang ist gut – Partnerschaften, Zusammenarbeit und Vertrauen sind besser.
5. **Werden Sie nicht müde, zu optimieren!**
   Erfolg ist immer auch Effizienz.
6. **Haben Sie Mut, aus Theorie Praxis zu machen!**
   Digitale Innovation einfach machen – von der Forschung in die Umsetzung.
7. **Gestalten Sie den digitalen Umschwung mit!**
   Demokratisch, pragmatisch, gut – Digitalpolitik 4.0
8. **Schaffen Sie mehr Nachhaltigkeit durch Digitalisierung!**
   Wer über Nachhaltigkeit spricht, muss auch über Digitalisierung sprechen.
9. **Setzen Sie sich für digitale Bildung ein!**
   Digitale Bildung ist das Grundgerüst für unsere Zukunft.
10. **Schützen Sie sich noch heute vor Cyberangriffen!**
    Cybersicherheit ist keine Option, sie ist ein Muss.

*Hagen Rickmann leitet seit 2015 den Geschäftskundenbereich der Telekom Deutschland und ist Schirmherr der Telekom-initiierten branchenübergreifenden Digitalisierungsinitiative Digital X. Der Betriebswirt setzt sich vor allem für die digitale Transformation des Mittelstands ein.*

# HAFEN DER ZUKUNFT

## Von Möwen und schwimmenden Drohnen

**JENS MEIER,**
**CEO der Hamburg Port Authority, schreibt über seine Vision vom leisen, sauberen und digitalen Hafen im Jahr 2030**

Viele Menschen halten Häfen für die aufregendsten Orte überhaupt. Mir geht es genauso. Ein Hafen verbindet Welten. Waren kommen in Containern an, oder sie beginnen ihre Reise. Menschen steigen in große und kleine Schiffe, verabschieden sich von ihren Freunden und Verwandten. Voller Vorfreude auf das, was sie draußen hinterm Horizont erwartet. Gleichzeitig kommen Menschen an und schauen sich neugierig um. Hafen bedeutet: Gesichter, Maschinen und tausend Sprachen, begleitet vom Geräusch des Wassers, das an die Kaimauern klatscht, und vom Geschrei der Möwen.

Das klingt etwas romantischer als die Realität, ich weiß. Der Hafen heute, vor allem ein Großhafen wie in Hamburg, der 40 Millionen Tonnen Massengut im Jahr umschlägt und dabei so nah an der Innenstadt liegt wie kein anderer auf der ganzen Welt, bietet noch das glatt gegensätzliche Erlebnis: Tausende Lastwagen, die Millionen großer, knarzender Container von A nach B und dann nach C karren. Dazu das Quietschen der riesigen Kräne und das Dröhnen der Schiffe, die ihre Motoren nicht abschalten können. Über 7000 Schiffe laufen den Hamburger Hafen während eines Jahres an, und in den meisten Fällen transportieren sie große Container.

Meine Vision ist trotzdem der leise, saubere Hafen. Wenn ich an 2030 denke, erkenne ich beim Blick aus meinem Bürofenster überall Fortschritt, und dann trete ich ins Freie und rieche wieder die Pflanzen und Kräuter. Es ist auch alles leiser geworden. Und sauberer. Das Erlebnis Hafen ist intensiver geworden.

Fortschritt und Natur und Ruhe, das ist kein Widerspruch. Ich möchte 2030 die Möwen hören können, weil sie nicht mehr von Maschinen übertönt werden, denn diese Maschinen summen jetzt. Weniger Lastwagen als heute fahren leere Container unnütz durch die Gegend, und wenn: dann elektrisch und emissionsfrei.

In meiner Hafenwelt 2030 ist alles besser.

## MEHR ALS SCIENCE-FICTION: „ECHO1", DROHNE IN DER ELBE

Vielleicht denkt der eine oder andere Leser dieser Zeilen jetzt: Was schreibt der Chef des drittgrößten Hafens in Europa da eigentlich gerade? Der interessiert sich doch vor allem für Umsatz und sonst nichts.

Falsch.Wir sind schon mittendrin, diese Vision umzusetzen. Auch wenn das ein ambitioniertes Vorhaben ist, denn der Hamburger Hafen ist riesig. Größer als ganz Leverkusen, Oberhausen oder Fürth. Der Hafen belegt 14 Prozent der gesamten Stadtfläche Hamburgs und ist außerdem das größte zusammenhängende

Industriegebiet Deutschlands. Das wissen die wenigsten. Hier bei uns entsteht auf 80 Quadratkilometern die Zukunft. Da gibt es viel zu tun.

Ein Beispiel: Drohnen. Wir kennen sie ja heute eher als Flugobjekte. Nicht immer ganz zuverlässig funktionierende übrigens, diese Erfahrung machen passionierte (Hobby-)Fotograf:innen besonders schmerzlich, wenn sie mit Flügen über die Elbe experimentieren und dabei die Kontrolle über ihre ferngesteuerten Fluggeräte verlieren, was nicht selten passiert.

Die abgestürzten Drohnen sind im Wasser nicht mehr zu gebrauchen, und das unterscheidet sie von unseren schwimmenden Drohnen. Ja, die gibt es wirklich. Autonome Überwasserfahrzeuge mit bester Software helfen, Probleme zu lösen, die bisher nur schwer und zeitaufwendig lösbar waren: das schnelle und zuverlässige Überwachen der Wassertiefen, des Zustands der Kaimauern. Das Checken von Baggerarbeiten am Elbgrund, der sich wegen des Sedimentabtriebs permanent verändert.

Das alles nur mit Menschen und Schiffen zu regeln ist sehr aufwendig, es kostet gigantische Summen und Energie. Also optimieren wir: „Echo1“ ist das erste halb automatische Drohnen-Boot im Hamburger Hafen. Die Drohne schwimmt und macht dabei (Sonar-)Bilder, die Software vergleicht dann aktuelle Fotos mit älteren, erkennt Veränderungen und schafft Handlungsfelder. Diese Technologie ist spannend, kann aber noch reifen – denn irgendwann sollen Drohnen auch unter Wasser ihr Potenzial ausschöpfen können. Dafür ist aber ein Problem noch nicht gelöst: Drohnen können unter Wassser nicht kommunizieren, sie müssen dazu immer wieder auftauchen. 2030 wird das anders sein.

Drohnen sind ein Teil unserer Zukunft. Sie sind leise, günstig, effektiv. An anderen Orten im Hafen, etwa der Köhlbrandbrücke, über die täglich 20.000 Lastwagen fahren und die deshalb ständig auf ihren Zustand überprüft werden muss, übernehmen solche Aufgaben die fliegenden Schwestern von „Echo1“. Und unten spähen Bodendrohnen. „Spot“ etwa, unser 100.000 Euro teurer Drohnenhund, wie wir ihn nennen, kann klettern und sich bewegen wie seine tierische Entsprechung. „Spot“ kommt an Orte, die ein Mensch nur mit Mühe erreicht, er ist schneller, zuverlässiger und inspiziert den Zustand der Brücke an ihrer Basis.

„Spot2“ ist übrigens schon in Planung.

## INNOVATIONSDRUCK UND ARBEITSPLÄTZE

Der Hamburger Hafen ist 2030 digitaler und automatischer als heute, das ist gut und hilft uns, die Vision vom leisen, nachhaltigen Hafen zu erreichen.

Digitalisierung soll übrigens nicht dafür sorgen, dass wir Arbeitsplätze einsparen, sondern dass Arbeitsplätze, für die wir schon heute kein Personal mehr finden, auf andere Weise besetzt werden können. Ein Beispiel: Während unsere Erwartungen an den Containertransport täglich steigen, finden wir keine Lastwagenfahrer:innen, Lokführer:innen und Busfahrer:innen mehr. Wir stehen unter Innovationsdruck, also stürzen wir uns ins Abenteuer autonomes Fahren. Das Potenzial ist riesengroß und das Konfliktrisiko gering: Wir rationalisieren ja keine Lkw-Fahrer:innen weg – wir rationalisieren das Problem weg, dass es zu wenige davon gibt.

Technologie und Fortschritt, das ist im Hamburger Hafen Tagesgeschäft. Und Innovationsdruck bedeutet etwas Gutes. Wenn deutsche Ingenieur:innen unter Innovationsdruck standen, waren sie schon immer am besten, finde ich.

Ich sehe diese Innovation schon heute überall im Hafengebiet. Ob es nun das Unternehmen ist, das sich mit dem perfekt passenden Schuh beschäftigt und ihn per 3-D-Drucker herzustellen versucht. Oder die Firma, die in Circular Economy, also Recycling, investiert, das auch für Häfen immer wichtiger wird. Wir werden künftig unseren ganzen Müll auseinandersortieren müssen, um ihn neu nutzen zu können. Das Lithium muss aus der alten Batterie, die Porzellantasse aus dem Gelben Sack. Der ganze Hafen steckt voller Zukunft.

Und damit zurück zu den Möwen.

## LÄRM, QUALM UND ELEKTRIFIZIERUNG

Ein Schiff, das im Hamburger Hafen liegt, braucht Energie. Viel Energie. Und Energie kann sehr laut sein, leider. Große Kreuzfahrtschiffe verbrauchen rund 150 Tonnen Diesel pro Tag, und sie lassen ihre Maschinen nach dem Anlegen am Terminal weiterlaufen, weil sie an Bord Strom brauchen. Dasselbe Spiel mit den großen Frachtschiffen und ihren Kühlcontainern, die ja nach dem Anlegen weiter betrieben werden müssen, damit die Kühlketten halten.

Viele Menschen fordern zu Recht: Sobald ein Schiff den Hafen anläuft, muss es mit Landstrom betrieben werden. Landstrom ist vergleichbar mit einer gigantischen Steckdose. Er ist umweltfreundlicher als Diesel und leiser sowieso. Ihm gehört die Zukunft.

Aber wieder einmal ist alles viel komplizierter als nur: Ein Schiff kommt an, nimmt sich unsere Steckdose – Problem gelöst.

70 bis 80 Prozent der Schiffe, die in Hamburg anlegen, haben nämlich ein US-Bordnetz mit 60-Hertz-Standard. Das deutsche Netz hat 50 Hertz. Die Stromversorgung eines Schiffes muss jedoch synchron laufen und darf nie unterbrochen werden. Sonst ist das Schiff lahmgelegt, und das kann dann ein teurer Spaß werden.

An solchen Problemen arbeiten wir seit Jahren unter Hochdruck. Wir wollen, dass alle Schiffe nach der Ankunft auf Landstrom umschalten. Und der Hamburger Hafen ist sogar Pionier auf diesem Gebiet: Die erste Hamburger Landstromanlage ging in Kooperation mit Siemens schon 2016 in Betrieb. Eines unserer Ziele lautet: Noch vor 2030 sollen alle drei Kreuzfahrtterminals so arbeiten. Das bedeutet dann: mehr Nachhaltigkeit, weniger Lärm.

Und mehr Möwe.

Der Großhafen Hamburg wird 2030 leiser, natürlicher, effizienter funktionieren, das ist mein Ziel. Er wird noch wirtschaftlicher sein und schlauer als heute. Künstliche Intelligenz sorgt zum Beispiel dafür, dass viele nutzlose Lkw-Container-Transporte, wir nennen sie Leerfahrten, zwischen unseren vier großen Containerterminals entfallen. Und dass immer mehr dieser Lkw mit Wasserstoff fahren.

Elektrifizierung ist eines der großen Zukunftsthemen für uns, wenn nicht das größte. Der erste Test mit 25 vollelektrischen Zugmaschinen startete schon 2022, und irgendwann sollen sie alle elektrisch fahren, unsere Lastwagen, unsere Gabelstapler. Oder eben: mit Wasserstoff.

Das heißt dann eines Tages: kein nagelnder Diesellärm mehr.

Ich bin sicher: Bis 2030 werden wir viel weiter sein, als wir heute denken. Ich rieche schon die Gewürze in den Lagerhallen des Hafens.

*Jens Meier ist seit April 2008 Vorsitzender der Geschäftsführung der Hamburg Port Authority (HPA). 2019 wurde er außerdem zum Vizepräsidenten der International Association of Ports and Harbors (IAPH) Europa gewählt. Der gebürtige Hamburger nimmt Mandate im Aufsichtsrat von Hamburg Hafen Marketing e. V. und dem Verwaltungsrat von Dataport wahr. Von 2015 bis 2018 war er Präsident des Hamburger SV.*

# LIEFERKETTEN

## „Für die deutsche Wirtschaft wäre Entkopplung ein Albtraum“

**PROF. DR. LISANDRA FLACH,**
**Leiterin des ifo Zentrums für Außenwirtschaft, über Deglobalisierung, neue Handelspolitik und störende Bürokratie. Sie fordert mehr Risikobereitschaft und weniger Rosinenpickerei**

**ANGEFANGEN HAT ALLES MIT EINEM QUER STEHENDEN CONTAINERSCHIFF. DANN KAM CORONA – UND DANN DER KRIEG. DIE FOLGE: GLOBALE LIEFERKETTEN SIND ZU EINEM SPANNENDEN PROBLEMTHEMA GEWORDEN. INKLUSIVE DER FRAGE: WIE KOMMEN PRODUKTE IN EINER ZERRÜTTETEN WELTLAGE EIGENTLICH KÜNFTIG VON A NACH B? LAUT IHRER IFO-UMFRAGE HABEN 87 PROZENT DER UNTERNEHMEN IN DEUTSCHLAND IHRE BESCHAFFUNGSSTRATEGIE GERÄNDERT. DA STELLT SICH DIE FRAGE: STEHT DAS ENDE DER GLOBALISIERUNG BEVOR?** Auf der einen Seite erleben wir gerade alle eine sehr besondere Situation: Die Störungen der letzten Jahre hatten wir wahrscheinlich zuletzt im Zweiten Weltkrieg. Von einer Deglobalisierung kann meiner Meinung nach trotzdem nicht die Rede sein. Ich gebe Ihnen ein Beispiel: In der Welt wird heute wieder mehr gehandelt als vor der Pandemie. Worin Sie aber recht haben: Wir erleben natürlich wichtige Veränderungen, die die Zukunft der Globalisierung prägen werden. Wir beobachten zum Beispiel Veränderungen in der Beschaffungsstrategie von Unternehmen, die ganz neue Risiken stärker berücksichtigen und einpreisen müssen. Das heißt, und wir sehen das auch in unseren Daten: Es gibt tatsächlich einen Trend Richtung Regionalisierung der Lieferketten. Unternehmen werden sich also künftig tatsächlich stärker diversifizieren und Abhängigkeiten verringern. Aber das bedeutet eben noch lange nicht Deglobalisierung. Für die deutsche Wirtschaft wäre so eine Entkopplung jedenfalls ein Albtraum, ein sehr kostspieliger Albtraum. Man sieht ja, wie es dem Vereinigten Königreich nach dem Brexit ergangen ist: Während sich jetzt die EU nach der Coronapandemie schneller erholt, ist das Vereinigte Königreich wegen des Brexit im Bereich Außenhandel immer noch unter dem Vorkrisenniveau.

**KÖNNEN SIE EIN BEISPIEL FÜR DIVERSIFIZIERUNG IN DEUTSCHLAND NENNEN?** Unternehmen, die zum Beispiel früher Güter oder Vorleistungen aus China importiert haben, suchen heute vermehrt weitere Zulieferer in anderen Weltregionen. Die Hälfte der von uns befragten Firmen, die stark auf Vorleistungen aus China angewiesen sind, hat angegeben, dass sie Importe aus China reduzieren will. Und vier von fünf dieser Unternehmen möchten vermehrt Güter aus anderen EU-Mitgliedstaaten beziehen. Regionalisierung spielt also eine wichtige Rolle.

**WELCHE FOLGEN HAT DAS NOCH?** Ich würde sagen, dass wir die Zunahme einer neuen Art von Globalisierung erleben – nämlich den enormen Anstieg der Bedeutung von Dienstleistungshandel. Zum Beispiel Finanzdienstleistungen.

Oder: Ich kann jetzt bei mir zu Hause eine Vorlesung in Harvard hören. Oder ich kann ein Unternehmen in Indien beauftragen, mir eine Software zu entwickeln. Das ist zwar auch Globalisierung, aber eben eine andere Art – weg vom Güter-, hin zum Dienstleistungshandel. Das wird ein Megatrend im Bereich Außenhandel, getrieben von Künstlicher Intelligenz und Digitalisierung.

**SIE HABEN DIE REDUZIERUNG VON ABHÄNGIGKEITEN UND EINEN STÄRKEREN DIENSTLEISTUNGSHANDEL ALS ZUKUNFTSTRENDS GENANNT. WELCHE SEHEN SIE NOCH?** Dynamisches statt reaktives Handeln. Und Investition in Technologie. Daran führt kein Weg vorbei. Das heißt: Wir müssen Abhängigkeiten identifizieren und uns genau überlegen, was wir tun wollen. Und wir müssen vor allem einseitige Abhängigkeiten identifizieren und sie reduzieren, um die Lieferketten resilienter zu gestalten. Ein Beispiel: Sollen wir Gesichtsmasken in Deutschland herstellen, weil sie gerade gebraucht werden – oder ist das zu reaktiv? Ich denke: Die Zukunft liegt eher in der Dynamik. Deutschland muss Felder identifizieren, die morgen für einen hohen Anteil in der Wertschöpfung sorgen können. Und dort investieren wir dann in Technologie und auch in Forschung. Nur so werden wir 2030 bei den Schlüsseltechnologien ganz vorn dabei sein. Und ich nenne gern noch mal die Digitalisierung, auch wenn das abgedroschen klingt, aber auf diesem Gebiet ist Deutschland tatsächlich immer noch Entwicklungsland. Für uns als Wissenschaftler ist das manchmal sehr beunruhigend.

**INWIEFERN?** Ein Beispiel: Wir arbeiten ja besonders mit Daten und bekommen sie auch aus vielen Ländern. Es gibt Daten für die USA, für Frankreich, für südamerikanische Länder. Aber für Deutschland bekommen wir diese Daten nicht. Weil es hier alles sehr bürokratisch abläuft, wenn man sie einholen will. Wir brauchen aber Daten, um die Politik besser beraten zu können.

**WIE SEHEN SIE DIE AUFGABE DER POLITIK?** Die Frage ist doch: Welche Art von Handelspolitik wollen wir in Zukunft? Handelsabkommen und strategische Partnerschaften spielen eine sehr wichtige Rolle, um Kosten zu reduzieren und um Unternehmen zu unterstützen, die ihre Lieferkette stärker diversifizieren wollen. Hier spielen politische Rahmenbedingungen eine sehr wichtige Rolle. Und es geht ja nicht nur um Handelspolitik, sondern auch um Abbau von Bürokratie, damit wir schneller zu Entscheidungen kommen, und um Aufbau von Infrastruktur, um Digitalisierung. Die große Frage ist, was die Politik in Zukunft tatsächlich umsetzen kann. Sie sollte auf jeden Fall Anreize setzen.

**DAMIT WIR NICHT FÜR IMMER ABHÄNGIG VON CHINA BLEIBEN?** Wir müssen uns fragen: Welche Art von Handelspolitik wollen wir 2030 haben? China hat zum Beispiel 2021 mit der Regional Comprehensive Economic Partnership (RCEP) das größte Freihandelsabkommen der Welt geschlossen – das betrifft ein Drittel der Weltbevölkerung und des weltweiten Bruttoinlandsprodukts. Wir sind aktuell zu so etwas nicht in der Lage. Da müssen wir uns schon mal selbst fragen: Wollen wir jetzt Normen und Standards setzen – oder warten, bis sie andere Länder setzen? Hier sollten wir strategischer denken und handeln. China hat auch für südamerikanische und für afrikanische Länder extrem an Bedeutung gewonnen. Diese Länder sind teilweise deutlich abhängiger vom chinesischen Markt geworden. Und deswegen ist es auch wichtig, dass wir nicht vergessen, dass Handelsbeziehungen mit anderen Weltregionen als China und der EU sehr wichtig sind.

**WIE GROSS IST DIE DEUTSCHE ABHÄNGIGKEIT VON CHINA?** Zunächst mal, und das ist wichtig zu wissen: Die Hauptverflechtung der deutschen Wirtschaft besteht mit der EU. Fast die Hälfte der Vorleistungen für die finale Produktion in Deutschland wird aus anderen EU-Mitgliedstaaten bezogen. Wir haben andererseits eine Studie über Rohstoffe geschrieben, die Deutschland für die Produktion von Schlüsseltechnologien braucht, und dabei neun kritische Rohstoffe identifiziert, bei denen eine sehr hohe Abhängigkeit von wenigen Zulieferern herrscht. Und bei sieben dieser neun Rohstoffe ist China einer der fünf Top-Zulieferer. Eine Entkoppelung von China wäre also für die deutsche Wirtschaft ein schwerer Schlag. Wir beobachten jetzt aber, dass etwa die Hälfte der Unternehmen, die stark auf chinesische Vorleistungen angewiesen sind, sagt: Ja, wir wollen diese Importe aus China reduzieren. Und da spielt eben die Politik tatsächlich eine wichtige Rolle. Wie können wir Unternehmen unterstützen, weitere Märkte einzuschließen?

**BRAUCHEN WIR, UM NEUE WEGE ZU FINDEN, VIELLEICHT AUCH MEHR MUTIGE PERSÖNLICHKEITEN, MEHR ELON MUSK IN DEUTSCHLAND? ALSO MENSCHEN, DIE DISRUPTIV SIND UND DIE SAGEN: ICH PACKE JETZT AN UND LEGE LOS?** Ja, wir brauchen vielleicht mehr Unternehmergeist in Deutschland. Mehr Pragmatismus und weniger Rosinenpickerei. Deshalb ist ja die Start-up-Szene für die Zukunft der deutschen Wirtschaft so wichtig. In der Grundlagenforschung ist Deutschland schon vorne dabei. Aber wenn es um Produktion oder Umwandlung von Forschung auf Produkte geht, fehlt häufig der Investitions- und Unternehmergeist. Und es fehlt an der Bereitschaft, Risiken einzugehen.

*Prof. Dr. Lisandra Flach leitet das ifo Zentrum für Außenwirtschaft und ist Professorin für Volkswirtschaftslehre, insbesondere Ökonomik der Globalisierung, an der Ludwig-Maximilians-Universität München.*

# DIGITALISIERUNG IN GESUNDHEIT & LANDWIRTSCHAFT

## Es braucht mehr als wolkige Ankündigungen

**PROF. DR. NORBERT WINKELJOHANN,**
**Aufsichtsratsvorsitzender bei Bayer, skizziert Möglichkeiten für eine bessere Zukunft. Doch erst müssen ein verlässlicheres Internet, optimierter Umgang mit Daten und einheitliche Standards geschaffen werden**

Das Jahrhundertereignis Corona-Pandemie hat die Welt nachhaltig verändert. Wir haben neue Begriffe wie „Aerosolkonzentration“ oder „mRNA-Impfstoff“ gelernt, wir sehen und handhaben heute vieles anders als zuvor. Wie in einem gewaltigen Experiment wurde uns vor Augen geführt, welches Potenzial in der Digitalisierung steckt und welches Potenzial unsere Gesellschaft entfalten kann. Bei allem Schrecken: Wir sind der Zukunft ein gutes Stück näher gekommen.

Und darin liegt eine große Chance. Denn die Menschheit steht vor weiteren großen Herausforderungen. Zum Beispiel im Bereich Ernährung und Landwirtschaft: Im Jahr 2050 werden rund zehn Milliarden Menschen auf der Erde leben und müssen möglichst umweltschonend und nachhaltig ernährt werden. Dabei ist der Hunger auf der Welt schon heute präsent – durch den Krieg in der Ukraine verschlimmert sich die Ernährungssituation sogar. Zugleich erschwert der Klimawandel die landwirtschaftliche Produktion – etwa weil extreme Wetterereignisse wie Dürren oder Überflutungen häufiger werden.

Große Herausforderungen gibt es auch im Gesundheitsbereich. Es leben nicht nur immer mehr Menschen auf der Welt, diese Menschen werden auch immer älter, wodurch Krankheiten wie Herz-Kreislauf-Erkrankungen oder Krebs zunehmen. Wir haben also – trotz enormer Fortschritte in der Medizin – auch in Zukunft einen sehr großen Bedarf an neuen, besseren Medikamenten und Behandlungsmethoden.

Zugleich machen gewaltige wissenschaftliche Fortschritte Hoffnung, dass wir diese Herausforderungen bewältigen. Neue Erkenntnisse in Biologie und Chemie ermöglichen im Zusammenspiel mit der Digitalisierung bahnbrechende Innovationen, die das Zeug haben, Gesundheit und Ernährung zu revolutionieren. Schauen wir uns das etwas genauer an.

## INNOVATION IN DER LANDWIRTSCHAFT: PRÄZISION, TEMPO UND NEUE GESCHÄFTSMODELLE

Um die Herausforderungen der Landwirtschaft zu bewältigen, reicht es nicht, sich mit dem Stand der Wissenschaft und der Technik zufriedenzugeben. Noch weniger zielführend wäre es, zu den landwirtschaftlichen Methoden der Vergangenheit zurückkehren zu wollen. Stattdessen müssen wir die Grenzen des Möglichen weiter verschieben und neue Technologien konsequent nutzen – kurzum: Wir brauchen Innovation.

Digitale Instrumente können dazu beitragen, die Forschung zu beschleunigen und Innovationszyklen zu verkürzen. Die Bayer-Division Crop Science hat zum Beispiel im Sommer 2022 an ihrem Forschungsstandort in Monheim am Rhein einen wichtigen Schritt unternommen, um die Voraussetzungen dafür zu verbessern: Im hochmodernen Gewächshaus der Insektizid-Forschung, in dem sich die verschiedensten Klimabedingungen individuell simulieren lassen, wurde das erste 5G-Netz in Betrieb genommen. Auf einer Fläche von rund 11.000 Quadratmetern steht den Forscher:innen dort eine Netz- und IT-Infrastruktur zur Verfügung, mit der sie in der Insektizid-Forschung effizienter und schneller neue Technologien testen können. Roboter, die vollständig autonom arbeiten, können beispielsweise Bilder, Videos und andere Daten digital auswerten und mithilfe Künstlicher Intelligenz (KI) schneller neue Erkenntnisse über die Gesundheit der Pflanzen gewinnen.

Eine weitere wichtige Einsatzmöglichkeit digitaler Instrumente liegt in der landwirtschaftlichen Produktion selbst. Landwirte können heute auf umfangreiche Daten zugreifen, die ihnen bei ihren Produktionsentscheidungen helfen: Daten über lokale Umweltbedingungen kommen von Wetterstationen direkt aufs Tablet; Sensoren, die an landwirtschaftlichem Gerät oder im Boden angebracht sind, steuern Daten über den Zustand des Felds bei; Drohnen oder Satelliten liefern Bilder. Auf dieser Grundlage können die Landwirte viel bessere Entscheidungen über den Einsatz ihrer Betriebsmittel treffen. Sie können zum Beispiel effizienter und gezielter Pflanzenschutzmittel einsetzen – was Ressourcen spart und die Umwelt schont.

## HUNDERTE MILLIONEN KLEINBETRIEBE BRAUCHEN DIGITALE HILFE

Dabei ist der Einsatz digitaler Tools nicht auf moderne Landwirtschaftsbetriebe in Industrieländern beschränkt. Und das ist auch gut so, denn in vielen Ländern, beispielsweise in Asien oder Afrika, bestimmen Kleinbetriebe das Bild. Weltweit gibt es rund 550 Millionen davon; sie produzieren etwa 80 Prozent der Nahrungsmittel in den Entwicklungsregionen Asiens und der afrikanischen Länder südlich der Sahara.

Aber gerade solche Kleinbetriebe haben häufig keinen Zugang zu aktuellen Informationen. Dafür gibt es nun eine mobile App, die den Kleinbauern mit Echtzeitdaten zur Wetter- und Marktlage sowie agrarwissenschaftlichen Experteninformationen hilft, Ernten und Erträge zu steigern.

Zugleich werden durch die Nutzung digitaler Tools aber auch ganz neue Geschäftsmodelle denkbar, beispielsweise im Bereich Klimaschutz. Etwa 25 Prozent der Treibhausgas-Emissionen weltweit stammen aus der Wertschöpfungskette der Landwirtschaft – hier liegt also ein gewaltiger Hebel. Vor diesem Hintergrund arbeitet Bayer daran, den Ausstoß von Kohlendioxid in der landwirtschaftlichen Wertschöpfungskette dauerhaft zu reduzieren und zu kompensieren.

Im Rahmen dieser Initiative wurde zum Beispiel „Project Carbonview“ entwickelt, eine spezielle digitale Lösung, die Landwirten in den USA dabei hilft, den $CO_2$-Fußabdruck ihrer Wertschöpfungskette zu messen. Auf dieser Grundlage könnten sie eines Tages – bei entsprechender Marktakzeptanz – für die Nutzung klimafreundlicher Verfahren vergütet werden, was dem Klimaschutz in der Landwirtschaft eine völlig neue Dynamik verleihen würde.

## DIGITALISIERUNG IM GESUNDHEITSBEREICH: BESSER ALS JEDES MENSCHLICHE GEHIRN

Auch im Gesundheitsbereich bietet die Digitalisierung gewaltige Chancen. Ebenso wie die Forschung im Agrarsektor kann auch die Pharmaforschung durch digitale Instrumente erheblich beschleunigt werden. Zum Beispiel nutzen viele Pharma- und Biotechnologieunternehmen KI, um neue sogenannte Zielmoleküle für innovative Medikamente zu identifizieren. Computer sind in der Lage, in kürzester Zeit Zusammenhänge in riesigen Mengen von Molekular- und Gesundheitsdaten zu erkennen. Sie können so etwas viel besser, als es ein menschliches Gehirn je könnte. Mithilfe immer besserer Algorithmen können geeignete Arzneimittelkandidaten so immer schneller und effizienter identifiziert werden.

Ein erhebliches Potenzial zur Verkürzung der Zeit, die ein neues Medikament braucht, bis es auf den Markt kommt, liegt außerdem im Bereich klinischer Studien. Sie sind in der Regel besonders langwierig und teuer. Aber durch digitale Technologien können sie heute teilweise dezentral durchgeführt werden. Mithilfe von Software und Sensoren werden die Patient:innen dabei virtuell zu Hause betreut und ihre Gesundheitsparameter überwacht. Die Anzahl der Klinikbesuche kann dadurch reduziert werden – was auch für die Patient:innen eine Erleichterung darstellen kann.

Zudem ermöglichen die Digitalisierung von Gesundheitsdaten und der Fortschritt in der Präzisionsmedizin es heute, schneller diejenigen Patient:innen ausfindig zu machen, die am ehesten von einem bestimmten Prüfpräparat profitieren würden. Dadurch kann sich die Studiendauer verkürzen. Es kann auch bedeuten, dass weniger Patient:innen benötigt werden, um zu zeigen, dass eine Behandlung anschlägt – was die Studiendauer ebenfalls verkürzt.

## DIE NACHFRAGE NACH MEDIZINISCHEN BILDGEBUNGSVERFAHREN STEIGT

Aber die Digitalisierung hilft natürlich auch bei der Behandlung der Patient:innen – angefangen bei der Diagnose. Die alternde Bevölkerung und die veränderten Lebensgewohnheiten führen zu einer wachsenden Zahl chronischer Krankheiten wie Herz-Kreislauf- und Krebserkrankungen. Entsprechend steigt die Nachfrage nach medizinischen Bildgebungsverfahren, um Krankheiten zu diagnostizieren sowie Behandlungsentscheidungen und Therapien zu stützen.

KI bietet das Potenzial, schneller zu Befunden zu kommen und den Durchsatz radiologischer Untersuchungen zu erhöhen. Daher hat Bayer vor Kurzem die Markteinführung einer KI-Plattform bekannt gegeben – eine Art App-Store für Radiolog:innen mit digitalen und KI-basierten Applikationen. Diese haben das Ziel, in allen Phasen des Patientenwegs – von der Diagnose bis zur Behandlung – zu unterstützen.

## GENETISCHE VERANLAGUNG UND PRÄZISIONS-ARZNEIMITTEL

Ein weiterer wichtiger Trend in der Pharmabranche, bei dem digitale Instrumente eine entscheidende Rolle spielen, sind Präzisions-Arzneimittel, die auf eine bestimmte genetische Veranlagung zugeschnitten sind. Möglich wird dies durch Fortschritte in der Molekularbiologie, der Chemie und der Genomforschung, die durch die Tools der Datenanalyse unterstützt werden. Beispielsweise entwickelt Bayer einen KI-Algorithmus zur Identifikation von Patient:innen, deren Krebs wahrscheinlich auf einer bestimmten genetischen Veränderung beruht – und denen dann gezielt ein Medikament gegeben werden kann, das speziell zur Behandlung solcher Krebserkrankungen entwickelt wurde.

Zugleich werden auch im Gesundheitsbereich Informationen immer besser verfügbar. So entstehen immer leistungsfähigere Digital-Health-Plattformen, die es den Menschen ermöglichen, ihre Gesundheit besser zu managen. Dabei geht es zum Beispiel darum, per Handy-App Symptome besser zu verstehen und Krankheitsbilder zu identifizieren – und im Bedarfsfall auch gleich den richtigen Arzt oder die passende medizinische Versorgung zu finden.

Und auch bei gesundheitsrelevanten Entscheidungen des Alltags können Apps heute helfen. Ein Beispiel dafür ist Care/of, ein New Yorker Start-up, an dem Bayer im Jahr 2020 eine Mehrheitsbeteiligung erworben hat. Das Unternehmen hat eine App entwickelt, die auf der Grundlage eines Fragebogens wissenschaftlich fundierte personalisierte Empfehlungen zur regelmäßigen Einnahme von Vitaminen und Nahrungsergänzungsmitteln gibt, die zum jeweiligen Lebensstil und zu den Gesundheitszielen passen.

## DAS IST JETZT ZU TUN: DREI PUNKTE UND EIN FAZIT

Die genannten Beispiele zeigen konkret, welches Potenzial in der Digitalisierung steckt. Das gilt selbstverständlich nicht nur für Gesundheit und Ernährung. Die Digitalisierung ist für sämtliche Branchen bedeutsam: Sie bietet in allen Bereichen den entscheidenden Hebel, der den Unterschied bedeuten kann zwischen Verwalten und Gestalten, Wissen und Bauchgefühl, Präzision und „Gießkanne". Häufig verleihen erst digitale Tools unserem technologischen Können die Struktur und Zielgenauigkeit, die es braucht, um Probleme wirklich zu lösen. Vor diesem Hintergrund ist es verwunderlich, dass die Politik in Deutschland und Europa weiter den eigenen Ansprüchen hinterherläuft: Im „Digital Riser Report 2021" des European Center for Digital Competitiveness gehörte keines der großen EU-Länder unter den wichtigsten Industrie- und Schwellenländern (G20) zu den besten – und Deutschland belegte vor Indien und Japan nur den drittletzten Platz.

Diese technologische Lücke zu anderen Ländern muss geschlossen werden. Schließlich ist der Grad der Digitalisierung nicht nur ein entscheidender Faktor für unsere Problemlösungsfähigkeit, sondern auch für volkswirtschaftliches Wachstum. Wir sprechen hier nicht über Zehntelprozentpunkte, sondern über fundamental unterschiedliche Wachstumspfade. Mit anderen Worten: Es geht um unseren Wohlstand, und die Zeit drängt.

Was ist konkret zu tun? Drei Punkte möchte ich hervorheben:

Erstens brauchen wir natürlich eine leistungsfähige Infrastruktur, und zwar flächendeckend. Gerade in strukturschwachen und ländlichen Gebieten werden Unternehmen nicht bereit sein zu investieren, wenn es dort kein schnelles Internet gibt. Dabei weiß jeder, der ab und zu im Ausland unterwegs ist, dass es besser geht – und wir alle kennen die verwunderten Fragen ausländischer Besucher, gerade auch aus weniger wohlhabenden Ländern, warum die Netzqualität hierzulande so schlecht ist. Hier muss die Politik endlich den richtigen regulatorischen Rahmen schaffen, um dieses seit Langem bestehende Versprechen einzulösen.

Zweitens: Wir müssen uns bewusst machen, dass die Verkehrsfähigkeit oder Interoperabilität von Daten das A und O ist, ohne das die Digitalisierung nicht funktionieren kann. Und wir müssen diese Erkenntnis auch umsetzen, in allen Regelungen des täglichen Lebens, in der Wirtschaft, im Gesundheitssystem – die Liste ließe sich beliebig fortsetzen. Noch tun wir uns damit sehr schwer: So können zum Beispiel Pharmaunternehmen – anders als praktisch alle anderen Stakeholder im Bereich Gesundheit – immer noch nicht zu Forschungszwecken auf entsprechende öffentliche Gesundheitsdaten zurückgreifen.

Wichtig dabei ist: Ein angemessener Datenschutz muss immer gewährleistet sein. Aber er darf auch nicht dazu führen, dass die Chancen der Digitalisierung auf der Strecke bleiben. Wenn etwa im Extremfall Patient:innen aus falsch verstandenem Datenschutz wesentliche Gesundheitsinnovationen nicht zur Verfügung gestellt werden können, läuft offensichtlich etwas schief.

Drittens brauchen wir einheitliche Regeln für Europa, um eine Fragmentierung in unterschiedliche Standards zu vermeiden. Ohne einheitliche Standards lässt sich das Potenzial der Digitalisierung nicht ausschöpfen. Die Pläne für ein European Health Data System (EHDS) gehen hier – allerdings nur für den Bereich Gesundheit – in die richtige Richtung und können für andere Bereiche als Vorbild dienen.

Fazit: Wenn es um die Gestaltung der Zukunft geht, nimmt die Digitalisierung eine Schlüsselrolle ein. Dies gilt insbesondere da, wo sie mit wissenschaftlichen Fortschritten in anderen Bereichen zusammentrifft – wie den Biowissenschaften. Es wird daher höchste Zeit, dass die Digitalisierung in

Deutschland und Europa jetzt auf der Liste der politischen Prioritäten ganz nach oben rutscht. Und zwar so, dass die Vorteile bei Bürgern und Unternehmen auch wirklich ankommen.

„Die Digitalisierung in Deutschland“, schrieb die FAZ, „ist ein Sammelbecken geplatzter Träume.“ Damit sich das ändert, braucht es mehr als wolkige Ankündigungen und vage Strategien.

*Prof. Dr. Norbert Winkeljohann ist seit April 2020 Vorsitzender des Aufsichtsrats der Bayer AG, dem er seit 2018 angehört. Er ist außerdem stellvertretender Aufsichtsratsvorsitzender der Deutschen Bank sowie Aufsichtsratsvorsitzender bzw. Mitglied des Aufsichtsrats einer Reihe mittelständischer Unternehmen. Von 2010 bis 2018 war Winkeljohann Europa- und Deutschland-CEO des Beratungs- und Prüfungsunternehmens PwC sowie Mitglied im fünfköpfigen Führungsgremium der globalen PwC-Organisation.*

# CHEMIE

## Eine Branche im Aufbruch

**DR. STEPHAN GLANDER,**
**CEO der Biesterfeld AG, über den anstrengenden Weg der Chemieindustrie in die Zukunft - und über Net Zero, Recycling, Digital Twins**

Versetzen wir uns ins Jahr 2030. Die Chemiefirma Ypsilon will ein neues Produkt auf den Markt bringen. Alle Laborresultate, anwendungstechnischen Versuche und Kundentests waren erfolgreich. Das Produkt entspricht den regulatorischen Anforderungen, ist $CO_2$-neutral, denn es besteht aus nachwachsenden Rohstoffen. Ein Recyclingkonzept für die wichtigsten Anwendungen ist ein zentrales Verkaufsargument. Der wesentliche Kundennutzen liegt also in überlegener Ökobilanz über die gesamte Wertschöpfungskette. Und das bei – im Vergleich zu herkömmlicher Technologie – ähnlich guter Performance.

Damit das aber auch alle Kunden und Stakeholder überprüfen können, kommt nun eine neue Technologie zum Einsatz: Alle Kennzahlen des neuen Ypsilon-Produkts sind in einem Digital Twin hinterlegt. Also einer Art Zweitexistenz des Produkts im virtuellen Raum, die alle wichtigen Informationen hinsichtlich Zusammensetzung, Herkunft, Rohstoffen, Produktionsmethoden, Energie des Produkts bietet. Jetzt herrscht maximale Transparenz.

Vergleicht man dieses Szenario mit der Realität im Jahre 2023, mag es wie Science-Fiction klingen. Und auch wenn nicht alles genau so kommen sollte, zeigt das Beispiel, vor welch gigantischen Veränderungen die chemische Industrie steht. Neben der Energiewirtschaft ist sie nämlich DIE Schlüsselindustrie in Sachen $CO_2$-Neutralität bis 2050. Will sie das Ziel erreichen, muss noch viel passieren – und einiges geschieht auch schon. Die ganze Branche ist im Aufbruch.

## KEINE $CO_2$-EMISSION ÜBER DIE GESAMTE WERTSCHÖPFUNGSKETTE – UND DAS JEDERZEIT NACHWEISBAR

Die Rahmenbedingungen für wirtschaftliche und ökologische Nachhaltigkeit haben sich von Grund auf geändert. Ging es früher vor allem darum, die unmittelbaren negativen Folgen der Produktion und Gesundheitsrisiken zu vermeiden, lautet das Fernziel jetzt: Net Zero. Das bedeutet: Über die gesamte Wertschöpfungskette – vom Rohstoffabbau bis zur Anwendung – darf es keine $CO_2$-Emission geben. Und das jederzeit nachweisbar.

Was für eine Herausforderung!

Mit den heute verfügbaren Technologien werden wir diese Herausforderung nicht meistern. Die International Energy Agency (IEA) schätzt, dass aktuell auf herkömmlichem Weg nur etwa 25 Prozent der $CO_2$-Emissionen eliminiert werden könnten. Weitere 40 Prozent mit Technologien im Entwicklungsstadium. Und für immerhin 35 Prozent bedarf es völlig neuer Technologien.

Diese Technologien werden in der Chemie in vielen Bereichen benötigt: bei grüner Energie, Rohstoffen, Recycling, Herstellungsprozessen, Logistik zum Beispiel. Und überall muss die Innovationsgeschwindigkeit bis 2030 stark steigen, sonst werden die Ziele verfehlt.

Net Zero können wir bis 2050 nur mit bezahlbarer grüner Energie, der Umwandlung von Bioabfällen in grüne Feedstocks und mit einer hohen Recyclingquote erreichen. Die Nutzung fossiler Rohstoffquellen muss künftig durch Carbon Capturing (Entnahme von $CO_2$ aus der Luft) kompensiert werden. Zur Steuerung der Investitionen in Nachhaltigkeit braucht es einen $CO_2$-Preis und einen Zertifikatemarkt. Regulatorische Eingriffe werden sich nicht vermeiden lassen.

Was heißt das alles?

Es heißt: Die chemische Industrie braucht Innovation und dramatische Veränderung. Und eine wichtige Rolle spielt dabei die Digitalisierung. Für Unternehmen, die auf diesem Gebiet hinterherhinken, beginnt eine Aufholjagd. Digitalisierungskompetenz in allen Teilen einer Organisation wird eine notwendige Voraussetzung zum Überleben.

Ich sehe drei Bereiche, in denen dies besonders deutlich wird.

## DIE GROSSEN VORTEILE DER DIGITAL TWINS

Die eingangs erwähnten Digital Twins werden für Kunden enorme Vorteile haben. Wenn beispielsweise heute ein Hersteller von Wandfarbe die Bestandteile seiner Formulierung zusammenfügt, weiß er genau, wie teuer sie sind – er wendet klar standardisierte Regeln der Buchhaltung an. In Zukunft könnte er aber mittels Digital Twins auch eine Buchhaltung des durch diese Rohstoffe real verursachten $CO_2$-Fußabdrucks machen. Kennzahlen zu Umwelteinflüssen, aber auch zu sozialen Gesichtspunkten und Herkunftsländern wären im Digital Twin – zum Beispiel auf Blockchain-Basis – ebenfalls hinterlegt und bilanzierbar.

Das Problem, das noch gelöst werden muss: Wenn eine Chemikalie künftig digital so präzise beschrieben wird, dass sogar hinterlegt ist, aus welchem Werk das Produkt stammt, welche Produktionsanlagen dort genutzt wurden, welcher Energiemix zugrunde lag und was es kostet, dann liegen sämtliche Betriebsgeheimnisse für alle einsehbar im Digital Twin. Das ist nach heutigem Geschäftsmodell natürlich ein rotes Tuch für die Industrie.

Für sie besteht noch ein Risiko: dass eine Auslagerung der $CO_2$-Buchhaltung an Firmen wie SAP, Google, IBM oder Microsoft plötzlich neue Spieler und vielleicht sogar Konkurrenten auf den Plan ruft. Es bedarf also bereits im Vorfeld der Einführung eines Digital-Twin-Systems wesentlicher strategischer Entscheidungen. Und eine Antwort auf Fragen wie: Wie viel Digitalisierung der Wertschöpfungskette sollen externe Serviceanbieter leisten, und was möchte man intern halten?

Und dennoch dürfte dieses Szenario Realität werden – unter anderem, weil die nichtfinanziellen EU-Berichtspflichten (Taxonomie, ESG-Bericht) Unternehmen in diese Richtung führen. Wir wissen nur noch nicht, wie genau und in welcher Geschwindigkeit. Für viele alteingesessene Unternehmen bedeutet das: Sie werden sich mit hoher Geschwindigkeit anpassen müssen. Erfahrungsgemäß geht aus solchen Situationen eher der schnelle, agile als der große, langsame Spieler als Gewinner hervor.

Und es können auch ganz neue Spieler auf den Markt kommen. Höchstwahrscheinlich bringen die Gewinner dieser Entwicklung eine Kernkompetenz in den Bereichen digitale Geschäftsmodelle und agile Innovation mit – leider sind das nicht unbedingt die Kernkompetenzen der derzeitigen Industrielandschaft.

## GRÜNE ROHSTOFFE, RECYCLING, KOMPENSATION

Ein weiterer wichtiger Faktor auf dem Weg zu Net Zero sind die Wertschöpfungsketten. Die sind heute noch eher linear und beruhen auf fossilen Rohstoffen, werden aber im Jahr 2030 überwiegend zirkular sein und dabei zunehmend biobasierte Rohstoffe verwenden müssen. Nur wenn das ohne unzumutbaren Verzicht oder unzumutbare Aufpreise gar nicht möglich ist, können fossile Rohstoffe eingesetzt werden – unter der Voraussetzung, dass deren Carbon Footprint kompensiert wird. Diese Kompensation erfolgt dann über Carbon Capturing, also die Möglichkeit, $CO_2$ direkt aus der Atmosphäre oder von Prozess-Abluft zu ziehen.

Bio-basiert bedeutet übrigens: Bioabfall-basiert. Eine Umstellung von heute fossilen Rohstoffen auf eigens angepflanzte Rohstoffquellen (etwa Palmöl statt Rohöl) wäre weder ökologisch noch ökonomisch richtig. Das Beispiel zeigt die Bedeutung weiterer Umweltkennzahlen neben dem $CO_2$-Fußabdruck wie zum Beispiel Biodiversität. Eine Nutzung von Bioabfällen, die dann per „Bio-Cracker" in für bestehende Produktionsanlagen nutzbare Rohstoffe überführt werden können, wäre ein wichtiger Teil der Lösung.

Der andere Teil der Lösung liegt in konsequentem Recycling, also der Kreislaufwirtschaft (Circular Economy). Hier setzen sich bis 2030 wohl verschiedene Varianten durch. Beim chemischen Recycling werden zum Beispiel PU-Matratzen nicht direkt wiederverwertet, sondern die chemischen Grundbausteine zurückgewonnen. Klassisches Verpackungsmaterial hingegen wird einfach eingeschmolzen und direkt umgearbeitet.

Und im Idealfall ist die sogenannte Rezyklierbarkeit eines Produkts dann zugleich ein wichtiges Designkriterium.

Allerdings klingt das wieder etwas einfacher, als es ist – Recycling hat heute noch mit vielen Problemen zu kämpfen. So kann recyceltes Material oft nur in weniger anspruchsvollen Anwendungen verwendet werden als das ursprüngliche Material – das nennt man Downcycling. Außerdem passen Angebot und Nachfrage nie zusammen.

Die Digitalisierung wird diese Probleme nicht lösen, aber sie kann helfen. Digitalisierung wird die Effizienz des Sammelns (also möglichst sortenrein und vollständig) erhöhen und die Angebots-Nachfrage-Lücke verringern. So kann bei Kunststoffen im Digital Twin hinterlegt werden, aus welchen Bestandteilen etwa der Stoßfänger eines Autos besteht. Das führt dann dazu, dass der Stoßfänger nach dem Ausbau oder bei der Verschrottung des Fahrzeugs leichter wieder in den Herstellungsprozess eines neuen Teils zurückgeführt werden kann.

Aber erneut ist leider nicht alles so einfach, wie es klingt: Für die Lackschicht auf dem Stoßfänger zeichnen sich nämlich, Stand heute, noch keine sinnvollen Recyclingkonzepte ab. Lösungen wie thermoplastische Farbfolien sind denkbar, würden aber für die Lackindustrie eine totale Disruption mit allen Konsequenzen bedeuten – bis hin zur Vernichtung der Werte bestehender Anlagen.

In solchen Fällen ist eine schnelle Umstellung nur durch regulatorische Eingriffe vorstellbar: Eine engere Zusammenarbeit zwischen Industrie und Politik ist deshalb notwendig.

## BERATUNG UND SERVICE WERDEN WICHTIGER

Dank der steigenden Nachfrage nach nachhaltigen Produkten ergeben sich für die chemische Industrie große Chancen auch im klassischen Geschäftsmodell. Neue, stark wachsende Marktsegmente wie Renewable Energy, Batterieproduktion und -recycling, aber auch Mining bieten innovativen Unternehmen Wachstumsmöglichkeiten. In 2030 werden diese Marktsegmente noch wichtiger sein als heute.

Darüber hinaus sind 2030 zusätzliche Beratungsleistungen für die Kundenindustrie einschließlich Businessmodell-Innovation ein entscheidendes Kriterium. Denn in allen wesentlichen Industrien beschäftigt die Kunden, wie sie ihren $CO_2$-Fußabdruck erst verkleinern und schließlich auf null absenken können: Wenn Regulatorik immer komplexer wird, steigt eben der Beratungsbedarf.

Unternehmen, die ihr Know-how in eine digitale Expert-Database überführen und damit die Kundenberatung digital unterstützen können, werden Wettbewerbsvorteile haben. Das wäre ein System, das zum Beispiel hinsichtlich Regulatorik, aber auch neuer interner Erkenntnisse auf neuestem Stand gehalten wird. Unter Einbeziehung von Künstlicher Intelligenz (KI) kann dieses System bis hin zur Fähigkeit der virtuellen Formulierung weiterentwickelt werden. Ohne Laborexperiment erhalten Kunden eine Vorhersage der Formulierungseigenschaften und natürlich aller Kennzahlen wie $CO_2$-Fußabdruck für ihr Produkt – ob Textilie, Kosmetik, Autositz oder Verpackung.

Beratung wird auf jeden Fall ein viel bedeutenderer Teil des Produktangebotes werden – selbst bei Basis-Chemikalien. Gerade für die Spezialchemie ergeben sich aber noch weiterführendere Möglichkeiten, um zu einem Serviceanbieter zu werden.

Das will ich kurz genauer erläutern: Heute nutzen viele Spezialchemie-Unternehmen ihre Markt-, Anwendungs- und Produktkenntnisse überwiegend zum Verkauf von: Chemikalien. Je mehr, desto besser. Aber dieses Modell kann man im Fall von Prozess-Chemikalien hin zu digitalen Geschäftsmodellen verändern. In Verbindung mit Sensorik, Dosierungseinheiten Vorratsmanagement und Nutzung aller Daten über Cloudlösungen kann Kunden ein Service angeboten werden. Unternehmen bieten künftig nicht mehr „fünf Tonnen Entschäumer“ an, sondern: Sie verkaufen den Service „Schaumfreiheit“. Oder sie verkaufen an Betreiber von Waschstraßen nicht Reinigungs-Chemikalien für Fahrzeuge, sondern den Service „ein sauberes Auto“.

So entstehen Subskriptions- oder Pay-per-Use-Modelle, bei denen Kunden für den Effekt des Produktes bezahlen und nicht für die Chemikalienmenge. Aus der Sicht des Chemieunternehmens erhöht man damit die Kundennähe und die Fähigkeit, bessere Lösungen zu finden.

## FAZIT

Ohne zu wissen, wie genau die Zukunft der chemischen Industrie aussieht und welche Übergangslösungen wir finden werden – eines ist klar: Diese Industrie steht vor der Disruption. Und es gibt viele Fragezeichen. Zum Beispiel, was die Veränderungsbereitschaft und -geschwindigkeit angeht. Digitale technische Kompetenz in Bereichen wie Machine-Learning, KI, Blockchain und Big Data wird meiner Meinung nach entscheidend sein, um überhaupt die Möglichkeiten zu erkennen und dann nutzen zu können.

Andererseits braucht es aber auch ein agileres, „digitaleres“ Mindset für ein höheres Innovationstempo. „Minimally Viable Product“ zur schnellen Validierung von Hypothesen statt Perfektionismus im Labor. Es gibt keinen Grund, erst auf fehlende Bausteine wie grüne Energie, Carbon Capturing, Regulatorik oder Standardisierung von Kennzahlen zu warten.

Der Startschuss ist schon gefallen. Das Rennen hat begonnen.

*Dr. Stephan Glander ist CEO der Biesterfeld AG, einem der international führenden Distributeure für Kunststoffe, Kautschuke und Spezialchemikalien. Er arbeitete nach dem Studium der Chemie an der TU München für verschiedene Unternehmen der chemischen und kunststoffverarbeitenden Industrie: Bayer AG, Quadrant/Mitsubishi Chemical, Röchling, BYK/ALTANA. 2020 gründete er ein Start-up im Bereich der Elektromobilität. Dr. Glander ist außerdem Aufsichtsratsmitglied der Franz-Haniel & Cie. GmbH.*

# SHENZHEN UM DIE ECKE

## Nation Deutschland und die Rolle von Innovationsregionen

**DR. H. C. THOMAS SATTELBERGER,**
**Parlamentarischer Staatssekretär a.D. und Bundestags-Abgeordneter von 2017 bis 08/2022: zehn Thesen zur Verbesserung der wirtschaftlichen Lage des Landes**

Deutschlands Innovationspolitik erodiert. Nicht, weil der Staat zu wenig Geld ins System pumpte. Vielmehr hakt es an viel Bürokratie, mentalen Silos, fehlgeleiteten Anreizen, großen Egos und Abkopplung vom Unternehmertum. Zu selten lassen sich Ideen kluger Köpfe ummünzen in skalierende Geschäftsmodelle, Dienstleistungen, Produkte – also in Wachstum, neue Jobs, neue Perspektiven. Das Transferproblem der Forschung: seit Jahren beklagt, seit Jahren hingenommen. Anderswo haben Innovationsnationen längst neue Hightech-Spielbeine aufgebaut. Bei uns dominieren noch Maschinen-, Anlagen- und Automobilbau.

Wie verbessern wir Deutschlands Lage? An zehn neuralgischen Punkten:

**1. STRATEGIEN STRATEGISCH MACHEN** – mit intelligenten Prognosen für kommende Schlüsseltechnologien, technologieoffenen Missionen, ehrlicher Stärken-Schwächen-Analyse, herausfordernden Zielen mit innovativen Nationen als Messlatte und stringentem Projektmanagement, das Fortschritt mit Ziel- und Leistungsindikatoren misst. Bis Ende 2021 fehlte all dies bei Tech-Strategien des Forschungsministeriums (BMBF) und muss jetzt mühsam nachgearbeitet werden.

**2. FORSCHUNGSSYSTEM REFORMIEREN** – mit neuen Entscheidungsprozessen, Führungsstilen, agilen Arbeitsformen – auch und gerade in ministeriellen Strukturen. Daneben müssen wir den Pakt für Forschung und Innovation für die außeruniversitären Forschungseinrichtungen (AuF) Fraunhofer, Helmholtz, Leibniz, Max Planck endlich mit Erfolgsindikatoren steuern: skalierende Ausgründungen, mehr Top-100-Forscherplatzierungen, wachsende Lizenzeinnahmen und personelle Diversität. Ein Teil der Fördersumme sollte in den Wettbewerb zwischen den AuF oder in große, gemeinsame Challenges fließen für risikointensivere, unkonventionelle Herausforderungen. Und: Für synergetisch-strategische Aufgaben (Innovationsnetzwerke, Transferpolitik, Urheberrechte- und Talentmanagement) brauchen die AuF eine gemeinsame Plattform.

**3. SHENZHEN UM DIE ECKE.** Freiheitsterritorien für radikale Innovation zu schaffen, etwa bei der Agentur für Sprunginnovationen: überfällig! Fehlende Beinfreiheit verdammt sie immer noch zu Passivität. Nötig sind eigene Spielregeln im Haushalts- und Vergaberecht sowie bei Wagniskapital, unternehmerischen Beteiligungen und konkurrenzfähiger Vergütung. Darüber hinaus muss Deutschland neue Wege gehen – wie seit 2014 die Weltklasse-Unis Oxford und Cambridge. Mittlerweile hat die britische Regierung zehn University Enterprise Zones neben 48 regulären Sonderwirtschaftszonen etabliert. Hier klotzt Großbritannien mit Steuerboni, Investitionszulagen, ultraschnellem Internet und Bürokratiearmut. Eine innovativ-explosive Mischung aus Spitzenforschung, DeepTech-Gründern, Industrie. (Mehr zu Innovationsregionen im zweiten Teil dieses Beitrags.)

**4. FORSCHUNGSINTENSIVE AUSGRÜNDUNGEN** sind so wichtig wie Publikationen in „A+"-Journals. Leider können weder deutsche Hochschulen noch AuF es beim Thema skalierende DeepTech-Spin-offs mit einer ETH Zürich aufnehmen. Beide brauchen ein schlagkräftigeres Transfer- und Gründungs-Ökosystem, zudem simplere Regeln für geistiges Eigentum frei von Machtansprüchen. Der Staat als Ankerkunde bei Ausschreibungen sowie gründerfreundliche Vergabeprozesse sind wichtige Stellschrauben für jede Form von skalierender Gründung.

**5. TALENTMAGNETISMUS.** Brain-Drain ist Gift für unser Land. Nötig ist Brain-Gain durch qualifizierte Einwanderung bei attraktiven Rahmenbedingungen. Dänemark etwa ermöglicht ausländischen Expert:innen jahrelang Steuerfreiheit für bis zu 60 Prozent ihres Einkommens; Deutschland leidet derweil immer noch unter Nettoverlust an KI-Forscher:innen. Gegenmittel: Tausende Promotionsstipendien in Schlüsseltechnologien, Einwanderungsgesetz mit kanadischem Punktesystem, mehr Data-Sciences-Studiengänge, ein nationaler Kraftakt für MINT-Bildung (MINT: Mathematik, Informatik, Naturwissenschaft, Technik).

**6. WAGNISKAPITAL.** Der zehn Milliarden Euro schwere Zukunftsfonds der Bundesregierung gehört eigentlich mit zehn multipliziert. Füllen könnten diese Lücke Privatfinanziers mit Risikoappetit. Der australische Biotech-Fonds etwa schüttet im Erfolgsfall bei hälftigem Public Private Partnership (PPP) 60 Prozent an die Privatinvestoren aus und 40 Prozent an den Staat. Viele Mittelständler:innen dürsten nach regionalen PPP-Wagniskapital-Armen, um innovative Ökosysteme vor Ort zu stärken. Auch bei klassischer Projektförderung muss Schluss sein mit „Der Teufel macht immer auf den größten Haufen". Heute geht der Mammutteil öffentlicher Forschungsgelder an die Etablierten. Goliaths füttern wir, Davids darben. Dies müssen wir drehen – und zudem sehr viel stärker auf Ausweitung der steuerlichen Forschungsförderung setzen.

**7. SOZIALE UND TECHNOLOGISCHE INNOVATION SIND ZWILLINGE.** Reformerfolg bei Pflege, Bildung, Gesundheit, Verwaltung steht und fällt mit Social Entrepreneurship, also unternehmerisch-zivilgesellschaftlichem Engagement. Auch hier lohnt der Blick nach England, wo der Social Impact Fonds Gelder aus jahrzehntelang verwaisten, namenlosen Konten in gemeinwohlorientiertes Unternehmertum investiert.

**8. DEUTSCHE AGENTUR FÜR TRANSFER UND INNOVATION** (DATI) statt nur Deutscher Forschungsgemeinschaft (DFG). So kräftig Steuergeld in Grundlagenforschung fließt, so traurig tröpfelt es bei anwendungsorientierter Forschung insbesondere bei Hochschulen für Angewandte Wissenschaften (HAW). Ein Strickfehler! Systematischer Wissenstransfer würde kleine und mittlere Unternehmen in ländlichen Regionen befruchten und Innovation anstoßen – nicht zuletzt bei Verwaltungs-, Gesundheits- und Bildungseinrichtungen vor Ort. Resultat: kraftstrotzende regionale Innovations-Ökosysteme mit einer regional verankerten Hochschule als Nukleus.

**9. NEW WORK.** An die vier Millionen Selbstständige und Freelancer:innen bilden den Humus für Unternehmertum hierzulande. Leider bedroht der Staat immer mehr von ihnen mit dem Damoklesschwert der Scheinselbstständigkeit. Dabei brauchen wir so dringend eine neue Kultur der Selbstständigkeit! Mit Schutz und Absicherung für prekär Selbstständige. Und mit klaren Positivkriterien, die gut verdienendenden Freelancer:innen und ihren Kund:innen Rechtssicherheit und freie Wahl bei sozialer Sicherung bieten. Digitale Arbeit lebt zudem von Souveränität über Arbeitszeit und -ort; Arbeitsstättenverordnung und Arbeitszeitgesetz gehören auf den Prüfstand.

**10. DAS PROJEKT INNOVATIONNATION** wird nur gelingen mit einem Update für die soziale Marktwirtschaft. Ziel ist ein möglichst harmonischer, nachdrücklicher Dreiklang der drei P: Planet, People, Profit. Soziales, Ökologie und Wirtschaft brauchen den tragfähigen, nachhaltigen Rahmen einer humanen Marktwirtschaft. Diese muss in der digitalen Welt von morgen Monopole verhindern, Gründungen und digitale Arbeit fördern, dabei prekäre Arbeit sozial auffangen. Sie muss Vorsorge stärken mit einer aktienbasierten Rente, steuerbegünstigter Mitarbeiterbeteiligung und attraktiven Aktienoptionsmodellen für Start-ups. Sie muss Mitbestimmung und Betriebsverfassung fit machen für die digitale Wirtschaft. Und sie muss den Klimawandel wirksam bekämpfen – durch ClimateTech, Emissionshandel sowie nachhaltige Bilanzanreize wie ESG-Accounting-Standards.

Deutschland muss wieder Hightech-Land werden! In unseren europäischen Sphären gehören dazu ein gerüttelt Maß High Touch – frei nach John Naisbitt – und eine Zukunftsvision, in der Innovation nicht das fünfte Rad am Wagen ist. Eben InnovationNation!

## DIE ROLLE VON INNOVATIONSREGIONEN

Am Beispiel der Innovationsregionen (siehe These 3) möchte ich verdeutlichen, welche gesellschaftlichen, sozialen und ökonomischen Pfade zu gehen sind, um den Wiederaufstieg zur InnovationNation zu meistern.

In technologisch fortschrittlichen Volkswirtschaften ist die digitale Ökonomie das „Spielbein" der Wirtschaft neben dem etablierten „Standbein" ihrer (industriellen) Realwirtschaft. In Nationen wie etwa in den USA wurde das Spielbein gar zum Standbein. Deutschland dagegen ist in seiner wirtschaftlichen Stärke überwiegend industriell geprägt – die digitale Ökonomie ist immer noch nicht ausreichend entwickelt und positioniert. Außerdem ist unsere DeepTech-Gründerszene unterentwickelt.

Gründungen bei BioTech, Künstlicher Intelligenz (KI) und dem Internet of Things (IoT), SpaceTech und ClimateTech haben sich nach wie vor (von wenigen Ausnahmen abgesehen) zu keiner kommerziellen Kraft entwickelt. Dabei verortet das International Institute for Management Development (IMD) 2020 in seinem jährlichen Ranking der leistungsfähigsten Digitalökonomien der Welt Deutschland auf dem besorgniserregenden Platz 15.

Deutschland stand schon vor Corona und Russlands Angriff auf die Ukraine vor großen Herausforderungen: Dazu gehört neben den Ausgründungen (zweiter Transformationspfad) die digitale Transformation der öffentlichen Verwaltung sowie der etablierten Unternehmen und Industrien, die häufig in regionalen industriellen Clustern operieren (erster Transformationspfad). Viele Regionen weisen dabei zudem ein hohes Klumpenrisiko auf, also ein massives Übergewicht einzelner Industriezweige und dadurch große Abhängigkeiten von diesen Wirtschaftszweigen. Dies gilt etwa für Regionen, die von dominierenden traditionellen Branchen wie dem Automobilbau und den sie umgebenden Zulieferern leben – Letztere meist kleine und mittlere Unternehmen –, oder auch für lange durch Stein-, Braunkohle und Stahl geprägte Regionen. Verstärkend zur Dominanz oder gar Monokultur einzelner Branchen kommen der demografische Wandel hinzu, die Bindungsschwäche etlicher Regionen für kreative junge Menschen, eine überdies bestehende Talent- und Fachkräftelücke im MINT-Sektor, Innovationsarmut sowie eine mangelnde Kultur von Vernetzung und Kollaboration.

Neben dem Fokus auf (1) Transformation zu neuen Geschäftsmodellen für etablierte Unternehmen und darauf, (2) seine DeepTech-Gründerszene zu stärken, steht Deutschland (3) vor der Aufgabe, die Hebelwirkung von innovativen Clustern mit passenden politischen Rahmenbedingungen zu ermöglichen.

## THEMA SONDERWIRTSCHAFTSZONEN: ANDERE LÄNDER MACHEN ES SCHON VOR

Andere Länder erzielen mit unterschiedlich aufgebauten Sonderwirtschaftszonen und Wissenschaftsparks bereits seit vielen Jahren beachtliche Ergebnisse. In räumlich abgegrenzten Regionen gelten etwa erleichterte rechtliche und administrative Bedingungen für Investoren, Gründer und Unternehmer. Und es gibt Unterstützung beim Aufbau von Infrastruktur. Deutschland hat auf diesem Gebiet bislang noch keine eigenen Erfahrungen.

Eine Debatte über Sonderwirtschaftszonen in Deutschland weckt Erinnerungen an die Zeit Anfang der 2000er-Jahre, als deren Einrichtung in den neuen Bundesländern debattiert wurde. Damals ging es um weitreichende Deregulierungsvorstellungen, insbesondere um nach unten abweichende tarif- und arbeitsrechtliche Regelungen. Der Widerstand dagegen führte zusammen mit den komplizierten rechtlichen Fragestellungen schließlich dazu, dass die Pläne fallen gelassen wurden. Arbeitskosten und Tarifpolitik sind aber heute nicht Treiber von Innovationsregionen.

Während in Deutschland das Instrument der Sonderwirtschaftszone also nicht genutzt wird, machen andere Länder es vor: Weltweit gibt es diverse Formen von Sonderwirtschaftszonen, die sowohl die Wissenschaft als auch die Wirtschaft voranbringen. Je nach Land und Zielsetzung sind diese Zonen unterschiedlich aufgestellt. Ihre Zahl steigt. Im „World Investment Report 2019“ der United Nations Conference on Trade and Development werden weltweit inzwischen über 5000 „Free Economic Zones“ beschrieben, wobei weitere in Planung sind. Dabei gibt es keine einheitliche Definition einer Sonderwirtschaftszone. Nach einer Einteilung des Foreign Investment Advisory Service (FIAS) von 2008 werden hierzu unter anderem Industrieparks, Freihandelszonen, Exportförderzonen, hybride Zonen, freie Wirtschaftszonen/Freihäfen und Enterprise Zones gezählt. Darüber hinaus gibt es Technologie- und Wissenschaftsparks, die ebenfalls mit finanziellen und administrativen Erleichterungen arbeiten.

**VORBILD SOPHIA ANTIPOLIS: DER WISSENSCHAFTSPARK GILT ALS FRANZÖSISCHES SILICON VALLEY**

Solche Regionen finden sich auch bei unseren europäischen Nachbarn. So ist der französische Wissenschaftspark Sophia Antipolis einer der ältesten weltweit. 1969 gegründet und über eine Fläche von insgesamt 2400 Hektar verteilt, befinden sich hier heute 1350 Unternehmen mit 34.400 Beschäftigten. Der Park gilt als französisches Silicon Valley. Sein Bruttoinlandsprodukt liegt bei rund sechs Milliarden Euro jährlich. Es gibt staatlich geförderte Exzellenzprogramme, Universitäten, Grandes écoles und Forschungseinrichtungen in unmittelbarer Nähe zueinander, was auch ausländische Investoren anzieht.

Ein ganz wesentlicher Standortvorteil ist eine Steuergutschrift, derzufolge Unternehmen 30 Prozent ihrer Ausgaben für Forschung und Entwicklung erstattet bekommen, in den ersten beiden Jahren sogar 40 oder 50 Prozent – vorausgesetzt, ihre Ausgaben liegen unter 100 Millionen Euro im Jahr. Zusätzlich erhält jedes Unternehmen, das mindestens 20 Arbeitsplätze im Bereich Forschung und Entwicklung schafft, 300.000 Euro an Fördermitteln. Gleichzeitig sind Büroräume vergleichsweise preisgünstig zu haben. Darüber hinaus wurde in den letzten Jahrzehnten in die Wohn- und Lebensqualität der Region investiert.

In Polen wurden 1994 Sonderwirtschaftszonen gegründet – vor allem mit dem Ziel, ausländische Investoren anzulocken. Derzeit gibt es 14 Industrieparks mit Sonderkonditionen, dazu Hunderte angegliederte Subzonen. Die staatlichen Förderungen wurden bis zum Jahr 2026 beschlossen. Dazu gehören der Erlass von Körperschaftssteuern, unter bestimmten Bedingungen der Erlass der Immobiliensteuern, Investitionsbeihilfen beispielsweise für die Schaffung von Arbeitsplätzen, staatlich bereitgestellte Infrastruktur sowie administrative Unterstützung durch die Verwaltungsgesellschaften. In den Sonderwirtschaftszonen arbeiten rund 300.000 Menschen.

Mittlerweile wurden die Vorschriften geändert, auch um heimische kleine und mittlere Tech-Unternehmen (KMU) stärker zu fördern. Dabei geht es um die Qualität der Investitionen, das heißt die Qualität der Arbeitsplätze, und nicht wie bislang nur um deren Zahl. Auch geht es um die Frage, inwieweit ein Unternehmen bereit ist, mit den polnischen Universitäten und Hochschulen zusammenzuarbeiten:

von der Werkbank für andere zur eigenständigen, forschungsbasierten Innovationspolitik.

In Großbritannien gibt es seit 2012 Enterprise Zones, zunächst 24 und seit 2016/17 insgesamt 48 zu verschiedenen Themenschwerpunkten. Ziel ist, langfristiges und nachhaltiges Wachstum auf Grundlage modernster Technologien und Unternehmen zu erzielen. Dazu konzentrieren sich die Unternehmen in den Enterprise Zones auf Schlüsselsektoren wie Finanzdienstleistungen, Biowissenschaften, digitale und kreative Industrie, Hochtechnologie, Automobilindustrie und erneuerbare Energien. Unternehmen, die sich in einer dieser Zonen niederlassen, können Steuervorteile, vereinfachte Planungsabläufe sowie Unterstützung von Regierungsseite in Anspruch nehmen. Im April 2018 wurde bekanntgegeben, dass von April 2012 bis Dezember 2016 38.000 Arbeitsplätze in 877 Unternehmen geschaffen wurden mit einem Anteil von 3,5 Milliarden Pfund (gut 3,8 Milliarden Euro) an Privatinvestitionen. Die britischen Enterprise Zones sollen möglichst breit aufgestellt, technologieoffen und sektorübergreifend sein. Sie umfassen Gründerzentren, Co-Working-Spaces sowie Innovations-, Forschungs- und Transferzentren, etablierte Innovations-Investments, Firmen, Hochschulen. Seit Anfang des vergangenen Jahrzehnts setzt Großbritannien zudem noch auf University Enterprise Zones, die Prototypen für unsere Innovationsregionen (siehe dritte These oben) sind.

## DER WIRTSCHAFTLICHE AUFSCHWUNG CHINAS IST ENG MIT DER SONDERWIRTSCHAFTSZONE SHENZHEN VERBUNDEN

Die weltweit vielleicht bekannteste Sonderwirtschaftszone ist Shenzhen in China. Der wirtschaftliche Aufschwung Chinas ist eng mit ihrem Erfolg verbunden. 1980 als Sonderwirtschaftszone eingerichtet, gilt Shenzhen als eine der am schnellsten wachsenden Städte der Welt mit heute etwa zwölf Millionen Einwohnern. Zwischen 1978 und 2014 ist das Bruttoregionalprodukt pro Kopf innerhalb der Region um mehr als 24.500 Prozent gestiegen; 2017 lag es bei umgerechnet 27.199 US-Dollar pro Einwohner:in. Besonders gefördert werden Investitionen aus dem Ausland. Dazu gehören Erleichterungen beim Marktzugang, Bezuschussung von Großprojekten und bei der Ansiedlung von Konzern-Hauptsitzen sowie weitere Fördermöglichkeiten für besonders zukunftsträchtige Unternehmen. Auch werden internationale Spitzentalente mit besonderen Initiativen angeworben. Dabei hat Shenzhen als „Werkbank" begonnen und ist nun in den Bereichen Hochtechnologie, Logistik, Finanzdienstleistungen sowie in der Kreativ- und Kulturwirtschaft aktiv.

Darüber hinaus gibt es noch weitere sehr erfolgreiche Sonderwirtschaftszonen, beispielsweise Silicon Wadi in Israel, ein Bereich mit einer hohen Konzentration von Hochtechnologieunternehmen an der Küste rund um Tel Aviv.

Allen Sonderwirtschaftszonen ist gemeinsam, dass ihr überregionaler Erfolg auf der Hebelwirkung von Clustern beruht. Auch vor dem Hintergrund der zentralen Bedeutung der Fachkräfte wird zunehmend in die Lebensqualität vor Ort investiert. Ausgangspunkt ist nicht der primäre Wunsch, eine abgehängte Region durch Subventionen überlebensfähig zu halten, sondern durch Schaffung geeigneter Rahmenbedingungen Nuklei neuer Technologie und Wirtschaftsstrukturen zu ermöglichen, deren Erfolge auf die Region und letztlich auf das gesamte Land ausstrahlen.

## DREI GRÜNDE, DIE FÜR FREE ENTERPRISE ZONES IN DEUTSCHLAND SPRECHEN

Für die Einrichtung von Free Enterprise Zones hierzulande sprechen im Wesentlichen drei Gründe: Sie können im Rahmen des Strukturwandels dazu beitragen, wertvolle Entwicklungskerne für neue und technologisch veränderte Wirtschaftsstrukturen zu bilden, sie können bereits vorhandene Wirtschaftscluster durch Entwicklung neuer Geschäftsmodelle stärken und ausbauen, und nicht zuletzt dienen sie der Förderung von DeepTech-Innovation.

Bei den Innovationsregionen nach dem Vorbild der in Großbritannien zusätzlich initiierten University Enterprise Zones rund um britische Top-Universitäten wie Oxford und Cambridge wollen sich die Koalitionär:innen im Bund auf Tech-Ökosysteme mit völlig neuer Regulatorik fokussieren. DeepTech-Parks mit ultraschnellem Internet rund um Wissenschafts-Nuclei mit Weltklasseforschung und exzellenter Ausgründungskultur; flankiert von Investitionsbeihilfen sowie incentivierter Ansiedlungspolitik für Gründer:innen wie HighTech-Industriepartner.

Deregulierungen soll es in den Innovationsregionen beispielsweise in den Bereichen Einwanderung, Verwaltung, Baurecht, Steuerrecht und Arbeitsrecht geben. Vorschriften sollen gemildert, optional geöffnet oder zeitweise ausgesetzt werden. Wichtig ist die richtige Balance zwischen Aufgeschlossenheit für Innovationen und dem im Bereich der Digitalisierung notwendigen Tempo einerseits und den Schutzzwecken von Regulierungen andererseits.

Im Zeitalter der Digitalisierung braucht erfolgreiche Innovationspolitik mehr und anderes als nur die klassische Subventionierung oder öffentliche Anreize für Forschung, Industrie und Gründung. Die Vorteile der Innovationsregionen liegen für die beteiligten Unternehmen und Institutionen nicht nur in hier gewährten zusätzlichen Mitteln und steuerlichen Anreizen, sondern auch umgekehrt in den geringeren Forderungen und Anforderungen durch den Staat im laufenden Betrieb.

Gleichzeitig braucht man attraktive Arbeits- und Wohnumgebungen, um die gesuchten Fachkräfte anzuziehen und zu halten. Daher wird es von entscheidender Bedeutung sein, Innovationsregionen nicht nur als Arbeits-, sondern als Lebensräume zu gestalten. Die Themen Kultur, Gesundheit, Bildung, Erholung und Freizeit müssen in eine zukunftsfähige Regionenentwicklung eingebunden werden. Zusätzlich bieten Deutschlands MINT-Regionen hervorragende Anknüpfungspunkte, damit auch künftige Talente bestmöglich ausgebildet werden.

## WAS FEHLT, IST EIN DEUTSCHLANDWEIT ÜBERGREIFENDES KONZEPT

Zwar gibt es in Deutschland bereits eine Reihe einzelner erfolgreicher Hightech-Cluster sowie industrielle Cluster, darunter das Cyber Valley Tübingen oder das Technologie-Netzwerk „It's OWL" in Ostwestfalen-Lippe. Was fehlt, ist ein deutschlandweit übergreifendes Konzept zur Förderung innovativer Regionen und ihrer Akteur:innen für eine sich entwickelnde Tech-Revolution.

Deutschland hat neben seinen älteren volkswirtschaftlichen Standbeinen Maschinen-, Anlagen-, Autobau und Chemie ein Geschäftsmodell 2.0 nötig. Neue starke Spielbeine sind gefragt: cyberphysische und Softwareunternehmen, insbesondere auf den Feldern KI und IoT, Biotechnologie, Greentech sowie Raumfahrt. Celonis, BionTech, Sunfire und Isar Aerospace heißen die Prototypen dieser neuen Zunft. Und sie müssen in den kommenden Jahren Tausende Nachahmer hierzulande finden. Tech-Spezialisten mit extremem Kundenfokus, Weltmarktführer oft in Nischen. Eine neue Generation Hidden DeepTech-Companies und -Champions zusätzlich zu den schon heute rund 1500 Etablierten (der 2700 weltweit). So bauen wir die Wertschöpfung der Zukunft hierzulande – für Arbeit, Wohlstand, Perspektiven und Souveränität. Und die Innovationsregionen müssen ihren Beitrag dazu liefern.

*Dr. h .c. Thomas Sattelberger war von 2017 bis 2022 Mitglied des Deutschen Bundestages und dabei unter anderem Parlamentarischer Staatssekretär bei der Bundesministerin für Bildung und Forschung. Als Personalvorstand und Arbeitsdirektor hatte er von 2007 bis 2012 für die Deutsche Telekom sowie von 2003 bis 2007 für den Automobilzulieferer Continental gearbeitet. Zuvor (ab 1994) war Sattelberger bei der Lufthansa, von 1999 bis 2003 als operativer Airline-Vorstand. Zwischen 1975 und 1994 arbeitete er in unterschiedlichsten Managementaufgaben und Geschäftsfeldern für den heutigen Daimler-Konzern.*

# ZWISCHEN-GEDANKE I

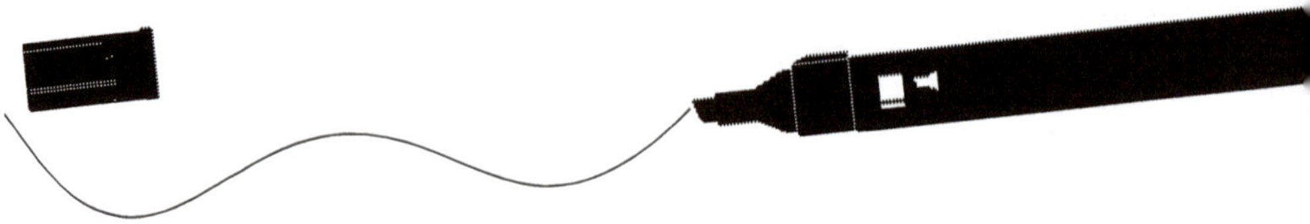

## DIE LÖSUNGEN SIND SCHON IN UNSEREM KOPF ...

... wir müssen sie nur umsetzen

**DR. MARTIN SONNENSCHEIN,**
**Unternehmer und Multi-Aufsichtsrat, schreibt über Chancen, die Krisen bieten, und fünf Prinzipien, die uns helfen**

Wir haben in den vergangenen Jahren viel durchgemacht. Corona, Ukraine-Krieg und Energiemangel sorgten für ein schier endloses Hin und Her. Immer wieder musste umgedacht und sich bewegt werden. Und ja, wir haben uns auch aus Sorge und Angst vor Geldnot angepasst; wir sind dabei aber als Gesellschaft gereift. Offensichtlich sind wir also tatsächlich fähig zu Veränderung. Die Bereitschaft zur Wende ist da – und darin steckt eine Chance.

Wende heißt nicht zuallererst Klimawandel schnell reparieren, Technologien gegen Infektionen und den globalen Nahrungsmangel finden und den Autokratien sagen, wie es läuft in einer werteorientierten Gedankenwelt. Wende heißt: mit sich selbst und dem eigenen Verhalten beginnen.

Deutschland wird 2030 nur zufrieden mit sich sein können, wenn wir – jede:r Einzelne von uns – heute damit anfangen und jeden Tag nutzen. Ich nenne es: selbstbestimmt mit Kopf und Herz handeln, statt ständigem Krisenmanagement ausgesetzt zu sein, auf die anderen zu zeigen oder nach dem Staat zu rufen. Die Zukunft können wir nicht vorhersagen, aber wir können sie gestalten – sie liegt in unseren Händen.

Unser Verhalten ist der Schlüssel für die Zukunft!

Das Kuriose ist, dass alle Antworten auf die großen Fragen der Menschheit schon in unseren Köpfen sind. Das ist gut. Das hilft. Wir müssen nur anfangen, es zu akzeptieren und die Antworten umzusetzen. Es gibt keine Ausreden mehr.

Diese fünf Prinzipien für unser Denken und Handeln sollten wir dabei meiner Meinung nach beachten:

**1. DAS ENDE DER KLEINTEILIGKEIT: KURS HALTEN!** Wenn sich die Führung nicht einig ist, dann wird alles nichts. Das gilt in der Familie, wenn Eltern unterschiedliche Botschaften an ihre Kinder senden, in Geschäftsführungen, die siloartig in ihr Unternehmen wirken, oder wenn ideologische Richtungsstreitigkeiten der Parteien eine effektive Arbeit der Bundesregierung unmöglich machen. Klientelpolitik hat keinen Platz im Wandel.

Die „Spitzen" oder das „Führungspersonal" von Sozialverbänden, Arbeitnehmer- und Arbeitsgeberverbänden, der Wirtschaft und Industrie, der Kirchen, der Wissenschaft und Akademien sowie der Politik und Verwaltung benötigen ein gemeinsames Narrativ, aus dem sich konkretes Handeln ableiten lässt. Freiheit und Unabhängigkeit, Chancengleichheit und Wohlstand für alle – und insbesondere auch für die zukünftigen Generationen – scheinen mir wesentlich und konsensfähig zu sein.

Es geht darum, das Richtige – das Wesentliche – gut zu machen; nicht darum, das Falsche – das Unwesentliche – richtig gut zu machen und damit

Zeit zu verschwenden. Kleinteiligkeit lenkt und bringt uns vom Kurs ab, verkompliziert, führt zu falscher Ressourcenallokation und behindert die Suche nach guten Lösungen. Im Angelsächsischen spricht man von „What moves the needle?", also von dem, was wirklich einen Unterschied bei Veränderungen macht. Es sollte darum gehen, über zwei Drittel der Gesellschaft mit dem Narrativ positiv zu bewegen, zu mobilisieren und zusammenzuhalten – für eine gute Zukunft für unsere Kinder.

**2. HÖRT AUF DIE JUGEND!** Die Jugend macht Druck. Wir sollten ihr dafür dankbar sein. Denn wir haben unseren Wohlstand auf Kosten von Umwelt und der nächsten Generation erreicht und Abhängigkeiten und Unfreiheit bewusst in Kauf genommen. Das ist uns zwar, was den Wohlstand angeht, großartig gelungen. Dabei haben wir jedoch die Fakten über Jahrzehnte ignoriert und toleriert. Diese Ohnmacht gegenüber dem Faktischen kommt langsam zu einem Ende. Zu groß und spürbar sind die Herausforderungen.

Spätestens jetzt sollten wir hinhören und den nächsten Generationen mehr Respekt, Verantwortung und Führung einräumen. Sie interpretieren Fakten aus einer Zukunftsperspektive, haben Energie und sind begeisterungsfähig, sie können lähmende Mittelschichten (beispielsweise ihre Eltern) bewegen und haben eine hohe Lebenserwartung, die es sehr attraktiv macht, langfristig zu denken – Einsatz lohnt sich sozusagen mehr. Sie definieren ihren Anspruch an die Zukunft, haben eine kritische Masse, können mit Emotionen mobilisieren, und das ist relevant.

Im Zusammenspiel der Generationen kann das Richtige entstehen. Tools, die wir aus der Wirtschaft kennen – zur Talentförderung und Führung wie Outside-in-Reflexionen, Reverse Mentoring oder Feedforward –, helfen dabei, besser zu verstehen, überlegenere Entscheidungen zu treffen, Verhalten zu verändern.

Wer Partizipation und Einflussnahme erlebt, wer gehört und geschätzt wird, trägt signifikant mehr zum großen Ganzen bei, als es die Ignorierten und Vergessenen tun. Das zeigt übrigens auch die Forschung. Es geht also um Mobilisierung für Veränderung, sozusagen um das Dopamin für die Wende, das freigesetzt werden kann. Wer viel zu verlieren hat – sei es Macht oder Einkommen –, wird in der Regel versuchen, den Status quo zu erhalten. Neugierde, Lust auf das Bessere sind jedoch gefragt.

Die Jugend kann nur gewinnen und ist deshalb so wichtig für Veränderung.

Wirtschaftlich gesehen geht es nicht um Tranquilizer für eine rückwärtsgewandte De-Industrialisierung Deutschlands. Es geht um das Dopamin der Re-Industrialisierung mit Zukunftstechnologien. Beispielsweise erneuerbare Energien und Speichertechnologien, Clean Technologien, Biotechnologien, Hochleistungswerkstoffe, Automation, Künstliche Intelligenz und Machine-Learning sowie Cloud, Edge, Quanten-Computing und DeepTech – das alles bedeutet Zukunft. Für die Offenen und Mutigen, die bereit sind, ihre Talente und Fähigkeiten einzubringen, um die Gesellschaft nach vorne zu bewegen.

Wer heute Gentechnologien und Atomenergie ideologisch ablehnt, verhindert Zukunftstechnologien, die die Herausforderungen der Menschheit effektiv adressieren. Ich denke da an Gentherapien und -pflanzen, aber auch an Reaktoren der vierten Generation, die sozusagen mit Atommüll betrieben werden. Ich erinnere an die Forschungs- und Entwicklungserfolge einer leistungsstarken Rüstungsindustrie.

**3. RISKIERT, GEFEUERT ZU WERDEN!** Führungspersonal muss bereit sein, abgewählt oder rausgeworfen zu werden; das klingt hart, ist aber die Basis einer erfolgreichen Transformation von Unternehmen und Gesellschaften. Wer so denkt, lebt Leidenschaft und Überzeugungskraft mit einem klaren Kompass für ein begehrenswertes Ziel. Ist unerschrocken für die Sache im Einsatz. Führende Politiker:innen etwa handeln aber zu häufig nach der Stimmung des Volkes. Nicht danach, wofür sie wirklich stehen. Wenn Narrativ, Mut und Überzeugung fehlen, entsteht auch keine Aufbruchstimmung.

In der Wirtschaft setzt man für mutige Führungskräfte, die einen klaren Veränderungauftrag haben und umsetzen, häufig sogenannte „Back-End Loaded" Incentive-Programme auf, die am Ende des erfolgreichen Transformationsprogramms eine finanzielle Absicherung versprechen. Diese Absicherung braucht mutiges Führungspersonal, weil es nach dem mühseligen Veränderungsprozess häufig im Unternehmen verbrannt ist und sich einen anderen Job suchen muss. Veränderung ist eben anstrengend, hart und mit unsicherem Ausgang verbunden – aber alternativlos.

„Wir werden Leistungen des Staates kürzen, Eigenverantwortung fordern, mehr Eigenleistung von jedem Einzelnen abfordern müssen. Alle Kräfte der Gesellschaft werden ihren Beitrag leisten müssen. Unternehmer und Arbeitnehmer, freiberuflich Tätige und auch Rentner …" Das sind Sätze, die die erfolgreich bewertete Agenda 2010, aber eben auch den Untergang ihres Autors Gerhard Schröder eingeleitet haben.

**4. SEID FLEXIBEL!** Wohlstand ohne Produktivitätssteigerung? Langfristig gut leben, ohne sich anzupassen? Das funktioniert nicht. Die Evolutionsgeschichte lehrt uns, dass nicht die Größten, sondern die Anpassungsfähigsten überleben. Unseren lieb gewonnenen Wohlstand haben wir mit höherer Produktivität gewonnen. Einfach formuliert: Wir haben in einer Arbeitsstunde mehr geschafft als vorher. Und dabei haben uns technologische Fortschritte sehr geholfen.

Wir sollten davon ausgehen, dass uns dieser „alte" Fortschritt immer weniger nützt. Deshalb brauchen wir mehr Offenheit für den Einsatz ganz neuer Technologien – davon benötigen wir eher mehr als weniger, wenn wir unseren Wohlstand halten oder gar steigern wollen. Wir, jede:r Einzelne von uns müssen die Fähigkeit entwickeln, Jobs und Tätigkeiten zu wechseln, und damit über viele Jahre einen Beitrag für die Gesellschaft leisten.

Wir können den technologischen Fortschritt signifikant beschleunigen, wenn wir für Forschung und Entwicklung Daten sammeln und teilen. Das gilt für die Entwicklung nachhaltiger Energietechnologien genauso wie für die programmierbare Chemie- und Biotechnologie für neue Materialien, Baustoffe und pharmazeutische Produkte. Wer zum Beispiel heute systematisch großzählige Datenpanels für medizinische Langzeitstudien aufsetzt, schafft exponentiellen Nutzen auch über 2030 hinaus.

Dabei hilft Vertrauen. Fehlendes Vertrauen verlangsamt, großes Vertrauen beschleunigt Wandel. Vertrauen ist, formal beschrieben, der Bruch aus Glaubwürdigkeit, Zuverlässigkeit und Nähe im Zähler und einer Selbstorientierung im Nenner. Stellt man also eine große Selbstorientierung fest, fällt das Vertrauen in diese Person eher geringer aus. Deshalb entscheidet die Bereitschaft, die individuelle Komfortzone für das große Ganze zu verlassen –, also weniger Selbstorientierung – über das wechselseitige Vertrauen und die Geschwindigkeit des Wandels.

Das erneut frühe Ausscheiden der deutschen Nationalmannschaft bei der Fußball-WM 2022 und die Statements zur Einordnung danach stehen für mich sinnbildlich für Mittelmaß, für Anspruchslosigkeit in Zielsetzung, Leistungsfähigkeit, Selbstreflexion und Veränderungsbereitschaft, die weite Teile unserer Gesellschaft durchziehen. Das Team macht den Unterschied. 2030, die Zukunft beginnt heute.

**5. KOMMUNIZIERT!** Wir werden unsere Ziele als Gesellschaft 2030 nur erreichen, wenn sie schon jetzt von allen verstanden werden. Dazu braucht es eine klare Kommunikation. Und da geht meiner Meinung nach viel mehr. Manchmal beschleicht mich das Gefühl, dass „Verstanden werden" zum Beispiel in der Politik ein nachrangiges Thema ist. Politik lagert Kommunikation mit wenigen Ausnahmen an die Medien aus – übergibt also die Interpretationshoheit bewusst – und hofft dann, den Deckel auf dem Kochtopf halten zu können.

Die Medien wiederum stecken selbst in der Krise. Viele Menschen zweifeln, ob sie ihre Funktion heute erfüllen, wie sie es einmal getan haben. Die Auslöser dafür kennen wir: immer größer werdende finanzielle Abhängigkeit von Anzeigenkunden, die Kostenlos-Mentalität im Internet, Social Media mit einer unendlich großen Zahl an Meinungen. Mit dem Personalabbau werden Zugeständnisse an die Qualität akzeptiert. Umso schlimmer, dass Kommunikation von Führungspersonal dorthin ausgelagert wird.

Aber ist es nicht gerade jetzt besonders wichtig, dass die Medien ihren Job perfekt erledigen? Eine Gesellschaft, die sich nach vorn bewegen soll, braucht eine unabhängige Presse, die erklärt, was passiert, die Fehlentwicklungen aufdeckt, das Wesentliche herausarbeitet und Banalitäten vernachlässigt. Die Bekanntes, Eingeübtes hinterfragt, neue Fakten einordnet und Erkenntnisgewinn bringt.

Ich kann diesen Idealzustand zu oft nur noch unscharf erkennen, und das bereitet mir Sorgen. Ich ärgere mich über die ständige Vermischung von Nachricht und Meinung in Berichten. Über faktenfreie Behauptungen auf Social Media. Über Häppchenjournalismus. Über Clickbaiting selbst bei angesehenen Medienmarken und den Verlust der redaktionellen Unabhängigkeit. Auf der Suche nach Quote ist viel zu viel Kleinteiligkeit und Sensation im Spiel. Und das ist schlecht für das Große und Ganze, es führt zu Orientierungslosigkeit, Misstrauen und Stillstand. Das können wir jetzt nicht gebrauchen.

Eine Gesellschaft, die sich nach vorn bewegen soll, braucht Führungspersonal, das gut und verständlich kommuniziert. Das ein Narrativ vermittelt, Entscheidungen immer wieder einordnet und den Wandel kommunikativ begleitet. Das Führungspersonal darf Kommunikation und Interpretation nicht delegieren. Es muss Zeit für regelmäßige und glaubwürdige Kommunikation einplanen und die Gesellschaft mitnehmen.

**JA, ICH WILL!** Es geht nicht um „Yes We Can" oder um „Wir schaffen das". Es geht um „Ja, ich will!" Bei Veränderung entscheidet der psychologische Aspekt des Wandels bei jeder und jedem Einzelnen. Wenn es eng wird, sollte nicht gleich reflexartig der Ruf nach dem Staat und Altbewährtem erfolgen. Das gilt sowohl für die Zivilgesellschaft – uns Bürger – als auch für die Unternehmen und Politik. Das Neue ist oft viel zielführender.

Nehmen wir ein sehr einfaches Beispiel: das Überholmanöver auf der Straße. Wenn ich nur so schnell fahre wie das Auto vor mir, werde ich es nicht überholen können. Ich muss, um mein Ziel zu erreichen, entsprechend handeln, also in diesem Fall mein Auto beschleunigen. Wenn mein Kopf aber dem Fuß nicht das Kommando gibt, aufs Gaspedal zu drücken, darf ich mich auch nicht darüber ärgern, dass ich hinterherfahre, den Anschluss verliere.

Unseren Anspruch, vor die Welle zu kommen, also zu gestalten, erfüllen wir eher, wenn wir die Dinge mit klarem Kopf, oder noch besser: mit dem Herzen, aber auf jeden Fall selber, im eigenen Umfeld angehen. Der Wunsch nach guter Führung – ob in Familie, Unternehmen oder Politik – ist als Ausrede nicht salonfähig. Er führt zu Stillstand.

Bei all dem ist es gut zu wissen, dass wir mit der Sozialen Marktwirtschaft eine überlegene Wirtschaftsordnung haben, die Anreize für Leistung setzt und diejenigen absichert, die, aus welchen Gründen auch immer, ihren Beitrag nicht leisten können. Wir sollten uns dessen stets bewusst sein; sonst vergessen wir angesichts der Kleinteiligkeit des Handelns in der Politik die Kraft dieser sozialen Wirtschaftsordnung.

*Dr. Martin Sonnenschein ist als selbstständiger Berater und Unternehmer in zahlreichen Aufsichts- und Beiratsgremien tätig, z. B. als Vorsitzender des Aufsichtsrats der Heidelberger Druckmaschinen AG. Bis 2021 war er als Gesellschafter und Geschäftsführer von A. T. Kearney über 20 Jahre in globaler Verantwortung – und Initiator von „Deutschland 2064 – die Welt unserer Kinder". Seit seinem Studium und der Promotion beschäftigt er sich mit Kreislaufwirtschaft und Wachstumsprozessen. In seinen ersten Berufsjahren baute er für Thyssen als Geschäftsführer u. a. den Mobilfunkanbieter E-Plus mit auf.*

# 03 WAS UNS BERÜHRT

# WELTMEISTER 2030

## Ein Blick in die Zukunft des Fußballs

OLIVER BIERHOFF,
18 Jahre lang DFB-Manager, schreibt über grundlegende Veränderungen beim Lieblingssport der Deutschen: Wer künftig neue Technologien wie neurozentriertes Training oder KI-gesteuerte Verletzungsdatenbanken nutzt, wird sich durchsetzen

Der 14. Juli 2030. Rectangular Stadium, Australien. Früher Abend in Melbourne. Die Stimmung im Stadion ist unbeschreiblich. Wildfremde Menschen liegen sich in den Armen. Tränen fließen. Unten auf dem Rasen macht sich Jamal Musiala auf den Weg. Er schreitet vor zum Podest, das nach dem Abpfiff aufgebaut worden ist. Der 27-Jährige streckt seine Arme aus, der Höhepunkt des WM-Turniers steht an: die Übergabe des Pokals an die Sieger.

Musiala, Kapitän der Nationalmannschaft, nimmt die Trophäe in beide Hände, sieht sie an. Zeigt sie der Mannschaft, die vor ihm steht, reißt dann mit Tränen in den Augen den begehrtesten Pokal der Welt nach oben. Der Jubel ist grenzenlos, und auch 15.000 Kilometer entfernt wird im ganzen Land gefeiert.

Deutschland ist Weltmeister!

Die Mannschaft hat mit diesem Triumph beim ersten WM-Turnier der Männer auf dem australischen Kontinent eine einzigartige Erfolgsbilanz fortgesetzt. Und Matchwinner war der neue deutsche Superstar: Miro Müller. Er ist 23 Jahre alt und hatte schon in den Wochen zuvor Fans und Fachwelt begeistert: als Top-Scorer der WM. Im Finale verwertete er eine traumhafte Kombination von Kai Havertz (31) und Youssoufa Moukoko (25) in bester Zentrumsstürmer-Manier zum 2:1, was der deutschen Mannschaft den Titel sicherte.

## KI, SCHLAF-FORSCHUNG UND VERLETZUNGSPROGNOSEN

Moukoko, Havertz und Musiala sind schon lange dabei. Sie waren bereits für die WM 2022, mein letztes Turnier als DFB-Manager, nominiert. Und sie sind danach, trotz des Rückschlags in Katar, immer mehr zu internationalen Top-Stars und Führungsspielern gereift.

Diese drei gibt es wirklich, Miro Müller ist eine fiktive Figur. Auch an ihr möchte ich hier gern beispielhaft aufzeigen, wohin uns der Fußball in den kommenden sieben Jahren führen kann – nämlich in eine Welt, die mehr denn je von Künstlicher Intelligenz (KI) getrieben ist. Und von technologischen Entwicklungen, die heute noch eher abenteuerlich klingen.

Aber zunächst mal zurück zum WM-Finale 2030. Warum gewinnt Deutschland? Was hat das mit KI, Digitalisierung und Fußball zu tun? Nun, eine Menge. Vor allem: eine Menge mehr als bei den letzten Titelgewinnen.

Natürlich kommt ein WM-Sieg auch 2030 dank bekannter Faktoren zustande: taktische Variabilität, Tempo, Einzelkönnen, Siegeswillen, Zusammenhalt der Spieler. Doch es sind inzwischen eben viele neue Faktoren dazugekommen:

Schlafplanung zum Beispiel. Training im Metaverse. Zu 99 Prozent exakte Verletzungsprognosen dank KI. Um nur ein paar zu nennen.

Die besondere Aufgabe, die sich den Teilnehmern der WM 2030 stellt: Hochintensiver, aktiver Tempofußball setzt ein herausragendes Fitness-Level voraus – körperlich, aber auch der Kopf muss immer leistungsfähig sein. Wie erreicht man das trotz der extremen Vorbelastungen durch den übervollen Spielkalender, und dann auch noch unter extremen klimatischen Bedingungen? An Antworten tüfteln im DFB-Team ums Team, dem ich 18 Jahre lang angehört habe, die „Leistungsoptimierer". Sie kümmern sich um Kernbereiche wie Fitness, Psychologie, Daten- und Spielanalyse, Sportmedizin, neurozentriertes Training, Sportpsychologie und so weiter. Auf sie kommt es während der WM besonders an.

Die Optimierer wissen: Während früher EINE Kleinigkeit über Sieg und Niederlage entscheiden konnte, kommt es 2030 auf ALLE Kleinigkeiten zusammen an. In jedem Performance-Bereich also, in jedem Spiel muss alles stimmen. Und das schafft man in der Vorbereitung nicht allein mit Flipcharts.

Höchstleistungen im Fußball sind ein komplexes Phänomen, aber trotz dieser Komplexität durch differenzierte Trainingsprozesse zum großen Teil steuerbar, „Leistung" als Basis für sportlichen Erfolg also durchaus planbar. Kurz: Das kompetenteste „Team um das Team", die beste Infrastruktur, die modernste Technologie sichern 2030 sportliche Qualität auf Weltniveau.

Die – ich nenne sie mal: bedarfsorientierten – Innovationen in der Leistungsoptimierung sind ein Schlüssel zum Erfolg. Der entscheidende Wettbewerbsvorteil für die deutsche Mannschaft. An diesen Themen arbeitet der DFB schon Jahre, bevor das Turnier 2030 beginnt.

Und das Ganze geht ja weit über die oben genannten Themen wie richtigen Schlaf hinaus. Punktgenaue Formsteuerung unter Extrembelastung ist zum Beispiel von zentraler Bedeutung bei einem Turnier, das konstante Fitness-Level (physisch und mental) bis hin zum Finale einer der Schlüsselfaktoren.

Aber wie schafft man das?

## IPO – DER PERFORMANCE-MANAGER DER NATIONALMANNSCHAFT

Ich bin mir sicher: Während der WM 2030 werden zum Beispiel Trainingsumfänge und -intensitäten sowie physische und psychische Regenerationsstrategien von einem KI-gesteuerten Programm auf jeden einzelnen Akteur abgestimmt. Was sind „psychische Regenerationsstrategien"? Man unterscheidet hier zwischen individuellen Maßnahmen (zum Beispiel Selbstgesprächstraining, Emotionsregulation, Umgang mit Druck) und Teammaßnahmen: etwa Entwicklung kommunikativer Kompetenzen, von Führungskompetenz oder Verhaltenskontrolle.

Jeder noch so kleine Reiz während des Turniers ist exakt geplant und auf das tagesaktuelle Fitness-Profil eines Spielers zugeschnitten. Der Performance-Manager der Mannschaft überwacht alle Trainingspläne und optimiert sie im Bedarfsfall gemeinsam mit den Spielern. Heute existiert so ein Performance-Manager noch nicht. 2030, das ist meine Prognose, wird es so ein Programm geben. Nennen wir es IPO (Individual Performance Optimization). Entwickelt worden sein könnte es vom DFB in Kooperation mit einem namhaften globalen Player – der Stanford University zum Beispiel. Die Kosten lägen vermutlich im mittleren einstelligen Millionenbereich.

IPO macht 2030 das komplexe Spiel Fußball messbar. Das Programm erfasst tagesaktuell alle relevanten KPIs aus den unterschiedlichen Performance-Bereichen, und es entwickelt dank eines eigens dafür entwickelten Algorithmus automatisiert individuelle Trainingspläne für Spieler. Es verringert die (menschliche) Fehlerwahrscheinlichkeit und falsche Belastungen.

Wenn ich „tagesaktuell" schreibe, meine ich das nicht wörtlich. Denn auch die Nacht spielt eine zunehmend wichtige Rolle – hier kommt, siehe oben, die physische Regenerationsstrategie ins Spiel. 2030 ist ein ausgefeiltes Schlaf-Management für jeden Spieler während des Turniers normal – dazu die Analyse der ausgeatmeten Atemluft.

Heute ist das Zukunftsmusik. Schlafpläne für Spieler werden von einer Expertin erstellt. Ich glaube aber, dass es in sieben Jahren möglich sein wird, über den ausgestoßenen Atem eines Spielers dessen Herzrate zu bestimmen (ohne weiteres Wearable, das aktuell noch notwendig ist). An der Entwicklung dieser neuartigen Technik arbeitet das medizinische Zentrum der DFB-Akademie zusammen mit einem Partner aus dem Gesundheitssektor und einer internationalen Forschungseinrichtung.

Die Überwachung und individuelle Optimierung der individuellen Pläne erfolgt 2030 natürlich von IPO, dem Performance-Manager der Mannschaft. Und das Ganze basiert auf Spielerdaten, die die Vereine über die ganze Saison hinweg geliefert haben.

Natürlich werden auch meine Nachfolger beim DFB einen WM-Sieg 2030 nicht exakt vorausplanen können. Fußball bleibt ein komplexes Spiel, bei dem viele Komponenten und auch der Zufall eine große Rolle spielen: Springt der Ball vom Innenpfosten ins Tor – oder hoppelt er am anderen Pfosten vorbei Richtung Eckfahne? Steht der Stürmer zwei Zentimeter im Abseits?

Eine Abseitsstellung wird 2030 aber voll automatisiert ermittelt, was Linienrichter überflüssig werden lässt. Stattdessen sehen wir dann zwei weitere Co-Referees am Spielfeldrand, die eine VR-Brille tragen und den Hauptschiedsrichter in seiner Entscheidungsfindung in Echtzeit unterstützen. Den Faktor Zufall kann niemand steuern, doch man kann die Rahmenbedingungen so weit optimieren, dass der Zufall eine immer kleinere Nebenrolle spielt.

Das Jahr 2018 mit dem Vorrunden-Aus bei der WM stellt übrigens rückblickend eine Art Kehrtwende dar. Der herbe Rückschlag führte danach zu einer Vielzahl an Optimierungen und Innovationen in der Talent- und Eliteförderung, aber auch im Gesamtsystem Fußball. Wir wollten das Qualitätsniveau signifikant anheben, indem wir in allen Bereichen, die eine Rolle spielen, neue Wege gingen. Dazu gehörte selbstverständlich auch die Entwicklung und Nutzung modernster Technologien. Das war unsere Idee, als wir 2018 in der Startphase der DFB-Akademie Neurozentriertes Training in die Funktionsteams der Nationalmannschaften integrierten. Und zwar als einer der ersten Nationalverbände im Weltfußball. Der neurozentrierte Ansatz stellt das Gehirn und das Nervensystem in den Mittelpunkt des Trainings und optimiert die Bewegungsqualität und -kontrolle der Spieler.

Ausgangspunkt ist eine umfangreiche individuelle Diagnostik des Nervensystems. Sie besteht aus Tests, in denen die Bewegungssteuerung und Wahrnehmung des Spielers sowie der Prozess „Input-Interpretation-Output“ analysiert werden. Die wichtigsten Erkenntnisse werden dann über eine Bewegungsanalyse, Koordinationstests, Untersuchungen der sensorischen Wahrnehmung (Augen, Gleichgewicht, Fühlen und Spüren), Tests der Hirnnerven und in einem persönlichen Gespräch gewonnen. Diese ganzheitliche Analyse des Spielers erlaubt es, Ursachen einer sportlichen Limitierung zu finden und an der Gesunderhaltung zu arbeiten.

Die Torhüter trainieren heute bereits regelmäßig mit sogenannten Shutter-Brillen, die wahlweise das linke oder das rechte Auge abdunkeln, und „Near-Far-Tests“, um periphäres Sehen und Handlungsschnelligkeit zu erhöhen. Das verbessert die Strafraumbeherrschung und die Fähigkeit, gefährliche Spielsituationen frühzeitig zu erkennen. Darüber hinaus stärkt es die Vororientierung des Torhüters als erster Kernspieler der Spieleröffnung und seine Reaktionsfähigkeit auf der Linie.

**2030 WISSEN WIR JEDERZEIT, WELCHER SPIELER AUF WELCHEM LEVEL SEINER LEISTUNGSFÄHIGKEIT IST**

Das neurozentrierte Training ist schon heute fester Bestandteil jeder Trainingseinheit (zum Beispiel während des Trainings bei Torschussübungen oder danach zur Regeneration). Ein Großteil der Mannschaft setzt es zur Aktivierung unmittelbar vor dem Spiel ein. Und sogar in der Halbzeitpause werden von einzelnen Spielern bestimmte (geschwächte) Nervenkanäle neurozentriert angesteuert.

Neurozentriertes Training hat viele Vorteile: Es fördert die Leistung, ermöglicht schnellere Rehabilitation und effiziente Prävention. Bei der WM 2030 hat sich dieser Performance-Bereich als Leistungsoptimierer längst in der Nationalmannschaft etabliert – ein echter Wettbewerbsvorteil gegenüber der internationalen Konkurrenz.

Vor 2030 wurde dazu eine ausdifferenzierte technologische Infrastruktur installiert und schrittweise optimiert. Nur so kann man ständig auf aktuelle, valide und objektive Spielerdaten zurückgreifen – man nennt das auch „Smart Data“. Also permanentes Erfassen und Dokumentieren der Positionsdaten in Training und Spiel. Plus ständige Verfügbarkeit von Referenzdaten zu leistungsdiagnostischen, medizinischen und neuromuskulären Parametern.

Kurz: Der DFB verfügt bei der WM 2030 über ein System zur Belastungserkennung und -dokumentation von internationaler Klasse. Dank neuer Technologien weiß das Trainerteam jederzeit, welcher Spieler im Turnierverlauf auf welchem Level seiner Leistungsfähigkeit – oder, um es einmal in klassischer Sportlersprache auszudrücken: „wie gut in Form" er ist.

Ja, damit wird ein „gläserner Nationalspieler" geschaffen, wie es ihn noch nie gab. Aber im positiven Sinn, zum Nutzen der Trainer und Spieler. 2030 erkennt man Regenerationszeiten und -kapazitäten sowie alle Muster von Belastungsreaktionen exakt und in Echtzeit.

## 2030 ARBEITET DER DFB MIT EINER VERGLEICHSDATENBANK FÜR VERLETZUNGEN

Und sogar die lang erträumte individuelle Verletzungsprognose ist für jeden Spieler möglich. Und zwar empirisch fundiert und mit einer Trefferquote von über 99 Prozent.

Denn bis 2030 arbeitet der DFB mit einer Vergleichsdatenbank, die alle Verletzungen im Fußball der vergangenen 20 Jahre erfasst und kategorisiert. Anhand eines eigens dafür entwickelten Algorithmus und KI-gesteuerten Live-Trackings sämtlicher physiologischer und medizinischer Daten der Spieler (Abgleich mit den Erfahrungswerten der Vergleichsdatenbank) ist damit eine Verletzungsprognose in Echtzeit möglich. Dieses Tool wird gemeinsam mit internationalen Expert:innen aus anderen Mannschaftssportarten sowie mit dem Partner der DFB-Akademie, der Stanford University, entwickelt.

Das heißt also: Bei der WM kann der Bundestrainer stets auf einen fast kompletten, verletzungsfreien Kader zurückgreifen. Dieses Monitoring-System wird beim DFB von einem interdisziplinären Team von Fachexperten begleitet, das stets aktuelle wissenschaftliche Erkenntnisse berücksichtigt. 2030 repräsentiert der DFB hier absolute Weltspitze. Keine andere Mannschaft kann in Australien 90 Minuten (oder länger) ein derart intensives Pressing spielen wie die deutsche. Keine andere Mannschaft wirkt über das komplette WM-Turnier so fit und fokussiert. Weil die Spieler über die gesamte Vorbereitung eine optimale berechnete Belastungssteuerung erfahren haben.

Kern aller technologischen Lösungen, die ich genannt habe, ist ein datenbasiertes Spielermanagement-System für Trainer- und Funktionsstab. Das Tool exisistiert heute nur in einer Rohversion und wird fertig entwickelt. Ein (fiktiver) Name für die Zukunft könnte lauten: DSD (Dashboard for Smart Decisions) der DFB-Akademie.

Es filtert aus der schier endlosen Informationsflut an Spiel- und Trainingsdaten, leistungsdiagnostischen und medizinischen Daten, Video-Analysen, Scouting-Daten, psychologischen Daten und Spielerumfragen auf einem übersichtlichen Dashboard die wichtigsten und aussagekräftigsten Daten heraus und visualisiert sie.

In der Zukunft wird sich jeder Trainer oder Experte dieser Technologien bedienen müssen, um mit seiner Mannschaft wettbewerbsfähig zu bleiben. Es ist ein selbstlernendes und sich selbst verwaltendes System, das von KI gesteuert wird und von den Machine-Learning-Experten der DFB-Akademie mit weiteren Spezialisten aus der Digitalisierungsbranche entwickelt wurde. Das Tool bietet natürlich auch direktes Feedback, also Kommunikation mit und zwischen den Spielern über Tablets/Smartphones, über Chatrooms und virtuelle Team-Meetings. Das ermöglicht es, Kurzvideo-Clips zu Einzelspieler-, Positionsgruppen- oder Team-Analysen zu zeigen. Außerdem sendet das System (automatisiert!) individuelle Live-Analysen über sogenannte „Ear-ins" an die Spieler und Trainer der Mannschaft. „Connected Drive" bedeutet beim DFB bereits seit vielen Jahren „Connected Play".

Richtig gelesen: „Ear-ins". 2030 werden das keine herkömmlichen Kopfhörer mehr sein, sondern mit dem bloßen Auge kaum mehr sichtbare Devices. Erste Start-ups, die in diesem Bereich entwickeln, gibt es bereits. Ob das Tragen während der Spiele erlaubt sein wird, ist eine andere Frage: Das hängt in der Zukunft von den UEFA-und FIFA-Regularien ab.

Die Kommunikationstechnologien ermöglichen jedenfalls heute schon interaktives „Cyber-Training", also virtuelles Video-Training mit den Fitnesstrainern der Nationalmannschaft in der Urlaubsphase nach der kräfteraubenden Saison und vor dem Start der WM-Vorbereitung.

## DIE ZEIT VOR DER WM 2030: MIRO MÜLLER UND DAS TECHLAB

Schauen wir nun noch mal auf den fiktiven Stürmer Miro Müller, Top-Scorer der WM 2030 und Matchwinner des Endspiels. Seine Erfolgsgeschichte beginnt eigentlich viel, viel früher – sagen wir mal im Jahr 2022, als er nach einem DFB-Sichtungsturnier seine erste Berufung zur U15, der jüngsten Jugendnationalmannschaft, bekommt. Er ist beseelt davon, Tore zu schießen, und verwertet seine Chancen konsequent und effizient. Er weiß selbst, dass er noch einen extrem langen Weg zurücklegen muss. Dass es die wenigsten Spieler einer U15-Nationalmannschaft jemals zu einer großen WM schaffen.

Die große Herausforderung für den DFB besteht nicht nur darin, solch ein Top-Talent zu identifizieren und an den DFB zu binden. Sondern auch, es konsequent gemeinsam mit seinem Heimatklub in seiner individuellen Entwicklung zu begleiten und in den Genuss der neuesten technischen Errungenschaften kommen zu lassen. An erster Stelle steht weiterhin die Arbeit auf dem Platz mit seinen Trainern, im Verein wie im Verband, die ihn coachen und an seinen Stärken und Schwächen arbeiten. Aber zudem werden nun Spitzenspieler wie Müller von Experten mithilfe fußballspezifischer, sportmedizinischer und sportpsychologischer Tests und Analyse-Instrumentarien ganzheitlich erfasst, dokumentiert, bewertet, und dann werden für sie individuelle Programme zur Leistungsentwicklung und -optimierung erstellt.

Hier kommt das in den Frankfurter DFB-Campus integrierte TechLab ins Spiel. Dort identifizieren im sogenannten TechRadar Experten relevante

(Sport-)Technologien. Etwa zur Diagnose von Bewegungsmustern, anatomischer Risikofaktoren oder muskulärer Defizite, Dysbalancen oder Asymmetrien. Innovative Video-Analysesysteme und Messinstrumentarien werden hier durch ein weltumspannendes Benchmarking identifiziert, im Labor oder direkt in der Anwendung getestet, mit Praxis-Experten (weiter)entwickelt und eingesetzt. Der gleiche Qualitätsprozess betrifft auch innovative Technologien zur Förderung kognitiver Funktionen und Kompetenzen des Spielers, wie zum Beispiel der Einsatz Virtual-Reality-gestützter Diagnostik- und Trainingstools.

Miro nutzt diese Möglichkeiten. Nur: Das allein führt ihn noch längst nicht ins Ziel. Er arbeitet zusätzlich mit einem Stürmerprogramm, das die DFB-Akademie 2020 initiiert hat. (Auslöser war das bereits länger erkennbare Defizit an treffsicheren Mittelstürmern von Weltklasse-Format in Deutschland.) Kern des Programms ist ein positionsspezifisches Individualtraining. Es steuert zum Beispiel per Datenanalyse Statistiken und Fakten für Abschlussvariablen (Zonen, Aktionen etc.) mit hohen Effizienz- und Erfolgsquoten. Sprich: Der Stürmer lernt datenbasiert, wie er in welchen Drucksituationen auf dem Platz ideal handelt.

Das Programm bietet noch eine Besonderheit: die „Digitalen Kabinentalks“ mit DFB-Trainern und Nationalspielern für diverse Positionsgruppen bis zur U20. Hier werden Miro Müller statistische Analysen und kommentierte Spielszenen mit vielen technisch-taktischen Detailtipps gezeigt. Highlight des Tools sind digitale Live-Talks mit aktuellen Nationalspielern oder Nationalspieler-Legenden wie Miroslav Klose, Alexandra Popp, Nadine Kessler, Sami Khedira, Annike Krahn und Mats Hummels.

Von alldem hat Miro Müller profitiert, als er 2026 in seiner ersten Profi-Saison in der Bundesliga Stammspieler wird und sofort seine Tore schießt. Und dann hat es Miro eines Tages dank seinem Talent, Fleiß und unter Einsatz sämtlicher verfügbaren neuen Technologien des Fußballs geschafft: Er ist zum Weltklasse-Stürmer gereift und wird vom Bundestrainer für die WM 2030 in Australien und Neuseeland nominiert. Sein großer Traum geht in Erfüllung.

## DANK METAVERSE MONATE VOR DEM FINALE AUF DEM RASEN DES STADIONS STEHEN

Aber er ist nicht zu Ende. Als Miro Müller Wochen später den Rasen des Rectangular Stadiums betritt, fühlt er sich wieder bestens vorbereitet: Er hat sich nämlich schon mit den Gegebenheiten vor Ort auseinandergesetzt, ohne selbst dort gewesen zu sein. Dank Metaverse stand er Monate vor dem Finale immer wieder auf dem Rasen des Stadions in Melbourne, erlebte den Lärm, die Stimmung, gewöhnte sich an die Bedingungen.

Er spürt: Ich bin genau jetzt perfekt vorbereitet auf den Höhepunkt meiner Karriere. Kurz vor dem Anpfiff begibt er sich dann noch ein letztes Mal ins

Metaverse. Er zieht seine VR-Brille auf und reist zurück zu seinen Wurzeln. An seinen Lieblingsort auf dem DFB-Campus, der ihm immer innere Ruhe und Kraft gab: die Players Lounge. Wo er so viel gelernt hat, um als Stürmer auf dem Rasen, aber auch als Mensch neben dem Platz erfolgreich sein zu können. Er geht herum, schaut sich die WM-Pokale an, die deutsche Frauen und Männer 1954, 1974, 1990, 2003, 2007 und 2014 gewonnen haben. Er betrachtet den freien Platz in der Vitrine, der für den siebten WM-Pokal reserviert ist. „2030", steht davor auf einem Schild. Jetzt ist Miro Müller bereit. Er geht hinaus auf den Rasen. Ein Jahrzehnt der Ausbildung und Förderung auf allen Ebenen liegt hinter ihm. Er muss nun alles, was in ihm steckt und was ihm mit auf den Weg gegeben wurde – Talent, Wille, Ehrgeiz, Erlerntes –, in die Waagschale werfen.

Das entscheidende Tor im WM-Finale schießt nämlich keine Künstliche Intelligenz und kein Computerprogramm. Das muss er selbst erledigen.

*Oliver Bierhoff arbeitete von 2004 bis 2022 beim Deutschen Fußball-Bund. Zunächst als Manager der Männer-Nationalmannschaft, die 2014 den WM-Titel holte, zuletzt als Geschäftsführer „Nationalmannschaften und Akademie". Als Spieler gewann er mit Deutschland die EM 1996 und war 1999 italienischer Meister mit dem AC Mailand. 1998 wurde er Torschützenkönig der Serie A in Italien und Fußballer des Jahres in Deutschland.*

# HANDEL 2030

## Erlebniskauf ganz ohne Drohnen

**ALEXANDER BIRKEN,**
**Vorstandsvorsitzender der Otto Group, erklärt, warum die Zukunft des Handels längst begonnen hat. Sie ist digital, vielfältig und nachhaltig. Wer als Handelsunternehmen flexibel und agil ist, braucht sich vor den Herausforderungen nicht zu fürchten**

Wenn wir uns die Zukunft vorstellen, liegen wir oft daneben. Das ist auch bei Ideen zum künftigen Handel so, wie man am Schicksal der Belieferungsdrohnen sieht. Schon vor fast zehn Jahren wurde allseits die baldige Warenzustellung durch Drohnen angekündigt. Wie praktisch – innerhalb einer halben Stunde nach Bestellung sollten kleinere Pakete mit Flugrobotern ins Haus schweben. Inzwischen ist klar: In Europa wird das nichts; zu dicht sind die Städte, zu hoch die Sicherheitsrisiken. Und auch in den USA kam die Drohnenbelieferung über kleine Versuchsprojekte bisher nicht hinaus. Es ist sehr fraglich, ob mehr daraus wird.

Und noch eine weiteres Gedankenspiel über den Handel der Zukunft steht infrage. Same Day Delivery, die Lieferung am Bestelltag, wird von vielen Konzernen – auch von der Otto Group – nicht mehr als Ziel ausgegeben. In Ballungszentren wird sie möglich sein, auf dem flachen Land bleibt sie vorerst eine Illusion. Zu groß wäre der logistische Aufwand, der sich mit dem Ziel der Nachhaltigkeit auch nicht vereinbaren ließe.

Nun ist es überhaupt nicht meine Absicht, Zukunftsträume wie Seifenblasen platzen zu lassen. In unserem Unternehmen brennen wir für die Zukunft, seit Jahren machen wir uns fit für die Herausforderungen, die auf uns zukommen. Wir wissen jedoch auch, dass die Zukunft ein offener Prozess ist. Hanseatisch-nüchtern, wie wir nun mal sind, geht es uns aber nicht um abgefahrene Visionen – die oft nur durch spektakuläre PR-Arbeit gefütterte Wunschträume sind. Uns interessieren realistische Perspektiven, die schon in der Gegenwart sichtbar sind. Einige davon will ich im Folgenden vorstellen – und vor allem zeigen, welche Schlüsse wir daraus gezogen haben.

## PERSPEKTIVEN STATT VISIONEN

Der Handel, wie wir ihn heute erleben, ist aufgrund der Digitalisierung ein grundsätzlich anderer, als er es noch vor zehn Jahren war. Die Coronapandemie fungierte als Beschleuniger, und man muss davon ausgehen, dass die Veränderungen weiter rasant voranschreiten werden. Gerade in Deutschland betrachtet man das oft mit Sorge. Groß ist hierzulande die Angst vor IT-Giganten, die ihre Marktmacht ausnutzen könnten, vor Monopolen, vor der Manipulation gläserner Kund:innen und der Zerstörung des Einzelhandels.

Wir sind in diesen Fragen weniger ängstlich. Wir glauben nicht, dass die Konkurrenz monopolartige Strukturen ausbilden wird. Wir glauben vielmehr daran, dass sich inspirierende Shoppingangebote durchsetzen werden. Und wir haben einiges dafür getan, dass wir mit unseren Konzernfirmen in dieser Hinsicht gut dastehen. Das eröffnet tatsächlich ganz konkrete Perspektiven für die digitale Zukunft des Handels.

Einer unserer strategischen Schwerpunkte lautet „Customer-Centricity". Das bedeutet, dass die Kund:innen mit ihren Wünschen, aber auch mit ihren Sorgen immer und ohne Ausnahme im Zentrum all unserer Bemühungen stehen. Konkret heißt das etwa, dass wir jetzt schon smarte Tools anbieten, die den Kund:innen im Online-Shop das Produkt möglichst greifbar machen. Retouren werden auf diese Weise aktiv und nachhaltig reduziert, denn wenn etwas passt und den Erwartungen entspricht, wird es in der Regel nicht zurückgeschickt.

Das ist nicht nur im Sinne der Kund:innen und nachhaltig, es ist auch voll und ganz in unserem Interesse, denn die Kosten der Retouren tragen wir. Neue Digitaltechnologien bieten zahlreiche Möglichkeiten, den Kund:innen Produkte anschaulich vor Augen zu führen. Schon heute gibt es bei mehreren unserer Konzernunternehmen, etwa beim Fashion-Anbieter Bonprix, Liveshopping-Events, bei denen Moderator:innen in einem Livestream Produkte vorführen. Kleider, T-Shirts oder Blusen werden auf diesem den Kund:innen plastischer vermittelt als über bloße Bilder.

Vor allem eine Entwicklung verspricht in dieser Hinsicht ein ganz anderes Level an Produktinformation: Augmented Reality. Über sie lässt sich zum Beispiel darstellen, wie ein neues Sofa genau im heimischen Wohnzimmer wirkt. Schon heute wünschen sich ein solches Angebot zwei Drittel der E-Commerce-Kund:innen. Auch gibt es jetzt schon die Möglichkeit, neue Mode realistisch und detailgenau am eigenen Avatar, also dem digitalen Abbild, zu betrachten – eine Entwicklung, die in den nächsten Jahren boomen wird.

Von hier aus ist es nur noch ein kleiner Schritt ins Metaverse, in jene vollkommen digitale Welt, zu der man über eine VR-Brille Zugang bekommt. Hier kann man andere Menschen treffen, als wären sie im selben Raum. Uns als Otto Group ist klar, dass sich damit völlige neue Dimensionen des E-Commerce eröffnen.

Die Kund:innen sitzen dann nicht mehr vor einem Bildschirm, in dem das Shopping-Erlebnis auf eine zweidimensionale Oberfläche übertragen wird, sondern können tatsächlich mit Produkten, dem Personal und anderen Kund:innen interagieren. Denkt man diese Möglichkeiten durch, erscheint Digital Fashion, also virtuelle Mode, nicht mehr so skurril, wie sie heute oft dargestellt wird.

In den letzten Jahren machten vor allem Luxusmarken mit rein digitalen Kleidungsstücken von sich reden, die meist als virtuelle Unikate, sogenannte NFTs, verkauft werden. Die Kritik daran folgte schnell: Virtuelle Sneaker oder Ballkleider für Avatare seien lediglich Statussymbole. Aber ist das wirklich so?

Ein immer größerer Teil unseres Lebens findet heute virtuell statt – die regelmäßigen Online-Konferenzen, in denen sich viele von uns befinden, sind nur ein Anfang. User:innen werden zunehmend das Bedürfnis haben, in diesen Meetings nicht nur die Hintergründe zu formatieren, sondern auch in neuen, individuellen Outfits zu erscheinen. Digital Fashion bietet diese Möglichkeit.

Noch interessanter wird es für viele, wenn virtuelle Mode als „digitaler Zwilling" angeboten wird, wenn es also zusätzlich zum Kauf eines physischen Kleidungsstücks eine digitale Variante für den Avatar gibt. Schon heute würde laut einer Umfrage, die wir in Auftrag gegeben haben, ein gutes Drittel der User:innen sich dafür interessieren, je jünger, desto mehr – der Trend ist eindeutig. Mit Hypewear gründete das Otto-Group-Unternehmen About You ein eigenes Label für Digital Fashion – und uns ist klar, dass das erst der Anfang ist.

## DAS BESTE AUS BEIDEN WELTEN

Der unaufhaltsame Siegeszug von E-Commerce bereitet vielen Bürger:innen aber auch Sorgen. Natürlich, man schätzt die Schnelligkeit und die Auswahl des digitalen Shoppings – zugleich aber befürchten viele, dass der klassische Einzelhandel ausstirbt, dass Innenstädte und Einkaufszentren veröden. Aber auch in dieser Hinsicht blicken wir optimistisch in die Zukunft. Wir sehen Online- und stationären Handel nicht in Konkurrenz zueinander. Im Gegenteil: Beide Konzepte können sich perfekt ergänzen. E-Commerce ist in Hinblick auf Auswahl und auf einfaches, bequemes und zunehmend mobiles Shopping unschlagbar.

Beim stationären Handel hingegen kann und wird es um das Einkaufserlebnis an sich gehen, oder um es anders auszudrücken: um den Spaß. In dieser Hinsicht werden sich Ladengeschäfte noch mehr verändern müssen. Es reicht dann nicht mehr, Produkte zu versammeln und am Ausgang eine Kasse aufzustellen. Vielmehr muss stationärer Handel begeistern. Geschäfte werden dann ein Ort werden, um eine gute Zeit zu haben, um sich inspirieren zu lassen – oder auch, um andere Menschen zu treffen.

Denkt man dieses Szenario zu Ende, ist man weit entfernt vom Schreckgespenst der Verödung. In Innenstädten und Einkaufszentren werden dann vielleicht wirklich weniger physische Waren geshoppt – dafür stehen vielfältige lebensnahe Angebote zur Verfügung. Der stationäre Handel fügt sich so in ein vitales Mit- und Nebeneinander aus Gastronomie, Unterhaltung und Shopping ein. In unseren Augen ein sehr attraktives Szenario.

Letztlich werden sich digitaler und stationärer Handel noch weiter verschränken. Das Stichwort dafür ist Connected Commerce. Ein Großteil der Kund:innen schätzt es nach wie vor, Waren anfassen und anprobieren zu können. Schon 2019 gründete Otto zusammen mit der ECE-Group, die Einkaufszentren konzipiert und betreibt, das Joint Venture Stocksquare. Hierbei geht es um eine wirklich wegweisende Innnovation. Auf Otto.de können Kund:innen die Verfügbarkeit von Produkten in ausgewählten Geschäften prüfen, die sich in einem der rund 90 deutschen ECE-Standorte befinden.

Auf diese Weise können 60 Prozent der Bevölkerung innerhalb einer halben Stunde ein online gesuchtes Produkt physisch in den Händen halten – so gibt es einen echten Brückenschlag zwischen den Einkaufswelten. Und je mehr Händler mitmachen – und die Entwicklung von Stocksquare ist sehr vielversprechend –, umso bequemer und befriedigender ist der Service für die Kund:innen.

Aber das ist erst der Anfang: In Zukunft wird man im Laden zum Beispiel online nach weiteren Produkten suchen können, die dann in der Umkleide auf die Anprobe warten. Es geht also um das Zusammenspiel der verschiedenen Kanäle, um das perfekte Shopping-Erlebnis. Unserer Meinung nach wird der stationäre Handel auch im Jahr 2030 einen festen Platz haben – auch wenn die Läden dann anders aussehen werden. Wir glauben, dass man sich darauf freuen kann.

## DIE NEUE FREIHEIT: FIT FOR FUTURE

Wenn man den gewaltigen Umbruch des Handels durch die Digitalisierung, den ich hier nur skizzieren kann, von der Seite der Konsument:innen her begreift, kommt man schnell auf den Begriff Freiheit. Kund:innen haben sich schon immer die Freiheit genommen, alte und bekannte Konsumpfade zu verlassen. Und die neue Form des Einkaufens bietet ihnen große, vor einigen Jahren noch undenkbare Freiheiten. Es ist für uns völlig klar, dass sie nicht mehr auf diese verzichten werden – und der Handel muss darauf reagieren. Aber das ist nicht die einzige Herausforderung im Namen der Freiheit.

Unternehmen mussten in den letzten Jahren feststellen, dass auch die Mitarbeitenden neue Freiheiten einfordern. Die alte Arbeitswelt, die von Hierarchien und Anwesenheit geprägt war, verliert zunehmend an Plausibilität. Auch hier fungierte die Pandemie als Beschleuniger – der Trend zum Homeoffice, zur selbstständigen Tätigkeit, kurz: zur hybriden Arbeitswelt ist nicht umzudrehen. Aber auch in diesem Punkt begrüßen wir die Veränderung – und um ehrlich zu sein: Wir halten sie für mehr als notwendig.

Schon Ende 2015 haben wir den Kulturwandel 4.0 eingeläutet. Mit diesem fortlaufenden und partizipativen Prozess stellen wir unsere Haltung und bestehende Strukturen radikal infrage. Wir gehen den Wandel gemeinsam an, über Hierarchien und Rollen hinweg. Und an dieser Stelle kommen die beiden neuen Freiheiten, die der Konsument:innen und die der Mitarbeitenden, zusammen. Denn unserer Meinung nach kann man auf erstere am besten mit letzterer reagieren.

Um flexibel den umwälzenden Vorgängen wie der Digitalisierung im Handel begegnen zu können, ist Agilität gefragt. Hierarchien und „Dienst nach Vorschrift" mögen in der alten industriellen Arbeitswelt ihre Funktion gehabt haben. Heute ist die Kreativität aller Mitarbeitenden gefragt – und die entfaltet sich nur in einer gewissen Unabhängigkeit des Denkens und Arbeitens. Nur so können neue Ideen schnell ausprobiert und umgesetzt werden.

Führungskräfte werden in diesem Prozess zu Raumschaffenden, Enablern und Coaches. Das aber ist nur ein Aspekt unseres Kulturwandels. Andere, damit eng verzahnte, sind lebenslanges Lernen, der Einsatz digitaler Technologie in allen Bereichen der Wertschöpfung und schließlich: ein bedingungsloses Bekenntnis zu Diversity. Vielfalt entspricht nicht nur unserer Überzeugung. Sie ist heute eine schlichte Notwendigkeit. Einer der wichtigsten ökonomischen Trends der Gegenwart ist die starke Ausdifferenzierung der Kund:innen-Milieus.

Auf diese immer diverseren Lebens- und Geschmackswelten kann man als Unternehmen nur reagieren, wenn Vielfalt nicht bloß Lippenbekenntnis ist, sondern täglich authentisch gelebt wird. Um den Handel der Zukunft heute zu gestalten, brauchen wir kluge Köpfe und junge Talente. Mit dem Kulturwandel 4.0 machen wir uns fit für die Zukunft. Dazu gehört auch, dass wir uns auf die Reise begeben haben – aber nicht vorhaben, diese zu beenden. Denn wenn in der Zukunft eines sicher ist, dann das: Man muss in Bewegung bleiben. Und noch in einem anderen Punkt wagen wir eine Prognose. Der Handel ist im Jahr 2030 nicht nur digitaler und diverser, er muss auch nachhaltiger werden. Die Wirtschaft kann nicht mehr länger kurzfristige Profite über die Zukunft unseres Planeten stellen. Für uns ist Nachhaltigkeit kein neuer Trend, auf den man schnell aufspringen muss. Das Bekenntnis zu Umweltschutz ist vielmehr Teil unserer DNA, unser Aufsichtsratsvorsitzender Prof. Dr. Michael Otto stellte hierzu schon in seiner Zeit als CEO, genauer in den frühen 1980er-Jahren, die entscheidenden Weichen.

## NACHHALTIGKEIT WIRD ZUM VORTEIL

Uns ist klar, dass wir noch eine Menge zu tun haben. Wir müssen unser Geschäft noch weiter dekarbonisieren – über alle Sparten hinweg. Ein Anfang ist mit der Umstellung in der Logistik von Flugzeug auf Schiff und Schiene gemacht, aber es geht noch viel mehr. Als wichtiges Etappenziel fungiert hier just das Jahr 2030: Dann wollen wir in allen Kernprozessen klimaneutral sein. Aber auch hier wird die Reise nicht zu Ende sein. Das Ziel können nur zirkuläre Prozesse sein, bei denen – vereinfacht gesagt – bloß die Ressourcen verbraucht werden, die wieder regeneriert werden können. Dazu sind gewaltige Anstrengungen nötig.

Und hier kommt wiederum die Digitalisierung ins Spiel. Digitale Tools beschleunigen nicht nur den Handel, sie machen das Shopping-Erlebnis für die Kund:innen nicht nur bequemer – sie bieten Händlern auch die Möglichkeit, ihre Prozesse effektiver zu gestalten. Man kann schon in der Gegenwart erkennen, in welche Richtung die Reise gehen wird. Über eine digitale Tourenplanung kann jede Auslieferungsfahrt heute schon um etwa sieben Prozent reduziert werden. Mit Künstlicher Intelligenz lässt sich das Warenangebot so optimieren, dass der Anteil nicht verkaufter Ware drastisch reduziert wird.

Das ist alles erst der Anfang. Aber klar ist auch, dass die Digitalisierung selbst auch nachhaltig gestaltet werden muss, etwa über Datenminimalismus oder die Nutzung der Abwärme, die in Rechenzentren entsteht. Ein bedeutender Innovator ist hier etwa unsere Konzerngesellschaft Otto Group Solution Provider (OSP). Hier forscht man mit Hochdruck an der nachhaltigen, also zum Beispiel datenarmen Nutzung von IT-Systemen, etwa in der „Sustainable Programming Initiative". Deren Ergebnisse werden im Jahr 2030 längst in das operative Geschäft übersetzt sein.

Diese Transformation, die Umstellung auf noch mehr Nachhaltigkeit, kostet. Aber hier vollzieht sich gerade eine Trendwende, die so tiefgreifende Effekte haben wird wie die Digitalisierung: Immer mehr Verbraucher:innen fordern vom

Handel ein, endlich Verantwortung zu übernehmen, endlich auf Nachhaltigkeit umzustellen, endlich für faire Produktionsbedingungen in der gesamten Lieferkette zu sorgen.

Schon heute sprechen sich laut einer von uns in Auftrag gegebenen Studie über 80 Prozent der Konsument:innen dafür aus, den Weg von der Wegwerfgesellschaft zur Kreislaufwirtschaft mitzugehen, fordern eine längere Produktnutzungsdauer und eine höhere Materialeffizienz ein. Und fast 70 Prozent würden einen Anbieter boykottieren, der sich schlechte Arbeitsbedingungen für seine Mitarbeiter:innen leistet. Kurz: Immer mehr Menschen sind bereit, die tatsächlichen Kosten für nachhaltigere, klimafreundlichere Produkte zu zahlen. Und das ist der Stand heute.

Wir alle wissen, dass es eine neue, ungeduldige Generation gibt, die völlig zu Recht wütend ist auf die Verwalter des Status quo, auf die, die einfach so weitermachen wollen – und dabei die Zukunft verkaufen. Das sind die Konsument:innen von morgen. Deshalb rufen wir auch nicht nach Sonderabgaben für missliebige Konkurrenten, die weniger tun in Sachen Nachhaltigkeit. Wir sind der tiefen Überzeugung, dass spätestens im Jahr 2030 allen klar sein dürfte, dass wir nur diesen einen Planeten haben.

In diesem Sinne ist das ehrliche Bekenntnis zur Nachhaltigkeit längst kein Wettbewerbsnachteil mehr, sondern nicht weniger als eine ökonomische Daseinsberechtigung. Oder wie wir es nennen: unsere Licence to operate.

*Alexander Birken hat am 1. Januar 2017 den Vorstandsvorsitz der Otto Group übernommen. Zuvor war er als Konzern-Vorstand für die strategische Weiterentwicklung verschiedener Firmen verantwortlich.*
*Nach dem Betriebswirtschaftsstudium an der Wirtschaftsakademie Hamburg hatte er seine erste berufliche Tätigkeit bei Philips Medical Systems aufgenommen. 1991 stieg Birken im Controlling-Bereich der Otto Group ein, 1999 bis 2002 leitete er das weltweite Beteiligungscontrolling. Bis 2004 war er als Chief Operating Officer der Spiegel Group in Chicago, USA, tätig. Seit 2005 war Birken Mitglied des Vorstands der Otto Group und maßgeblich für die Expansion der Otto Group Russia verantwortlich. Zudem verantwortete er operativ die Bereiche Personal, Steuerung und IT von Otto, die 2012 an den Otto-Bereichsvorstand übergegangen waren.*

# WILLKOMMEN IM METAVERSE

## Die aufregende Zukunft des Internets

ANGIE GIFFORD,
Vizepräsidentin Europa, Naher Osten & Afrika bei Meta, beschreibt die Vision ihres Unternehmens: Wir werden bald alle überall sein können - ein 13-Billionen-Dollar-Geschäft

Vor Kurzem brach ich zu einer Reise auf. Ein Trip zu den Korallenriffen von Palau im westlichen Pazifik. Dort bin ich durch ein wahrhaftes Wunderland unter Wasser getaucht. Fischschwärme wimmelten um mich herum, während ich durch das Wasser glitt. Ich habe Mantarochen, Meeresschildkröten und Haie aus nächster Nähe gesehen und war schier überwältigt von der Schönheit und Vielfalt dieses Ökosystems, versteckt unter Wasser am anderen Ende der Welt.

Was Sie vielleicht überrascht: Bei diesem Tauchtrip trug ich meine normalen Bürokleider, und der Weg auf die Inselgruppe Palau dauerte nicht 36 Stunden und drei Flüge, sondern nur wenige Sekunden. Wie? Ich habe Virtual Reality (VR) genutzt. Mein Headset hat mich direkt aus meinem Büro in diese unglaubliche Unterwasserwelt gebracht. Keine teuren Langstreckenflüge, keine Zeitverschiebung, keine aufwendigen Hotelaufenthalte, nicht einmal ein Bade-Outfit war notwendig.

Ein:e VR-Entwickler:in hat stattdessen diese „Reise" programmiert und eine Welt geschaffen, die Palaus Korallenriffe so authentisch wie kaum zuvor erscheinen lässt. Damit kommt diese Anwendung der Idee eines Metaverse schon sehr nahe und ist ein kleiner Schritt in Richtung dieser nächsten Entwicklungsstufe des Internets insgesamt.

## FREUNDE LIVE AUF EINE BERGWANDERUNG IN DIE ALPEN MITNEHMEN

In den letzten Jahrzehnten haben wir miterlebt, wie Technologie fast alle Hindernisse für menschlichen Austausch und soziale Kontakte beiseite gewischt hat. Wir können unsere Freunde live auf eine Bergwanderung in die Alpen mitnehmen, binnen Sekunden eine Videokonferenz über drei Kontinente aufsetzen und Fotos, Videos, Erfahrungen, Meinungen und Ideen um den Globus schicken. Kurzum, digitale Tools haben die Möglichkeiten demokratisiert, überall und jederzeit miteinander in Verbindung zu treten, fast unbeachtet von Entfernungen und Kosten. Technologie hat viele und vieles näher zusammengebracht – und das Metaverse ist der nächste Schritt.

Entscheidend wird der Grad der Immersion sein: Wir werden das Gefühl haben, uns wirklich physisch im Internet zu befinden. Wir werden dieselben Dinge tun können, mit denen wir uns auch in der physischen Welt beschäftigen, zum Beispiel Spiele- oder Filmabende mit Freund:innen und Unterrichtsstunden über Geschichte und Biologie. Und eben auch Reisen wie die Erkundungstour ins Korallenriff von Palau. Unser heutiges zweidimensionales Internet entwickelt sich so zu einer dreidimensionalen Erfahrung weiter. Dabei soll das Metaverse aber keinesfalls eine reine Kopie unserer physischen Welt darstellen. Vielmehr wird es unsere Welt um 3-D-Landschaften, -Spiele und virtuelle Welten erweitern, ergänzen und sich stetig neu erfinden.

Das Metaverse ist kein einzelnes Produkt und kann nicht von einem Unternehmen allein erschaffen werden. Genau wie das Internet wird auch das Metaverse nicht über Nacht entstehen. Viele der technologischen Innovationen, die ein der Vision nahe kommendes Metaverse erst ermöglichen, können erst innerhalb der nächsten Jahre realisiert werden. Denn für hochqualitative Echtzeit-Inhalte braucht man flächendeckende, schnelle, stabile, einfache sowie kostengünstig zugängliche Netze, und die benötigte Hardware muss verfügbar und erschwinglich sein. Es braucht Rahmenparameter wie einen internationalen Datentransfer und einen regulatorischen, wirtschaftlichen und gesellschaftlichen Konsens bei Themen wie Sicherheit oder Datenportabilität.

## ALLE KÖNNEN KREATIVE, SPANNENDE INHALTE ERSTELLEN

Und zu guter Letzt braucht es Anbietende, die kreative Inhalte erstellen, vertreiben und kontinuierlich weiterentwickeln. Das können unter anderem große Konzerne sein, die ihren Content ins Metaverse integrieren (etwa Microsoft mit seiner Teams-Anwendung oder NBC Universal mit seinen ikonischen Film- und Serien-Inhalten; beide experimentieren mit Inhalten auf der VR-Brille Quest), aber auch Creator:innen, kreative Einzelpersonen oder Kleinunternehmer:innen, die sich eine gute Idee, einen spannenden Inhalt oder eine wertstiftende Anwendung ausdenken und sie im Metaverse anbieten. Damit würde die Welt einmal mehr näher zusammenrücken, und die Hürden für Kreativität und Erfindergeist würden dramatisch sinken.

Dass vieles davon heute noch nicht verfügbar ist – von Konnektivität über Hardware bis Software –, soll uns aber nicht davon abhalten, schon jetzt erste Erfahrungen mit dieser neuen Welt zu machen und darüber nachzudenken, wie das Metaverse aussehen könnte und sollte. Denn schon bis zum Jahr 2026 sollen 25 Prozent der Menschen weltweit mindestens eine Stunde pro Woche im Metaverse verbringen, folgt man zumindest Prognosen des auf Zukunftsforschung spezialisierten internationalen Marktforschungsinstituts Gartner.

Anstatt wie heute auf einen Bildschirm zu blicken, wird uns das Metaverse ermöglichen, echte Erfahrungen in einer virtuellen Welt zu sammeln. Auch Kommunikation und Interaktion werden viel einfacher und natürlicher sein als im heutigen Internet. Das Metaverse vermittelt uns das Gefühl, dass wir uns tatsächlich mit Freunden in einem Café, mit Arbeitskollegen in einem Co-Working-Space oder mit Familienmitgliedern zu Hause befinden. Keine andere Form der digitalen Kommunikation war bisher in der Lage, einen solchen Grad von Immersion und Authentizität zu erreichen.

Während man im heutigen digitalen Raum hauptsächlich über E-Mails oder

Textnachrichten kommuniziert, können Avatare im Metaverse unsere realen Körperbewegungen widerspiegeln. Sie ermöglichen es uns, ausdrucksvoller zu kommunizieren, unsere Hände zur Erschaffung und Bearbeitung digitaler Objekte zu benutzen und mit unserer virtuellen 3-D-Umgebung zu interagieren.

Auch Unternehmen werden sich durch das Metaverse verändern und vor allem nach vorne entwickeln. Ich glaube sogar, dass das Metaverse die größte Chance für die moderne Geschäftswelt seit der Erfindung des Internets bieten wird. Unternehmen werden künftig in der Lage sein, digitale Räume und Welten zu erschaffen, um sowohl physische als auch digitale Waren zu verkaufen. Dabei wird das Metaverse die physischen Beschränkungen aufheben, denen der Handel heute noch unterliegt, und völlig neue Geschäftsmodelle ermöglichen.

Beispielsweise könnte ein Unternehmen im Metaverse seinen Online-Shop in einen virtuellen Raum verwandeln, in dem Menschen Produkte und Marken genauso erleben können wie in einem physischen Geschäft. So könnten Autohändler:innen digitale Probefahrten anbieten oder Creator:innen Inhalte in Form von NFTs (Non Fungible Tokens) global vermarkten. Laut der US-Bank Goldman Sachs bot alleine der Markt mit NFTs schon im Jahr 2021 ein Marktvolumen von 17 Milliarden Dollar. Für die kommenden Jahre rechnet etwa Goldman Sachs mit einem Durchbruch auch in den weniger mit der Technologiebranche verzahnten Gesellschaftsschichten und -bereichen.

Bereits heute kann man beobachten, wie Unternehmen versuchen, im Metaverse ähnliche Erfahrungen für ihre Kund:innen zu erzeugen, und dieses Experimentieren, Pilotieren und Iterieren ist genau das, was wir brauchen. Ein gutes Beispiel unter vielen ist das MINIverse des gleichnamigen Automobilherstellers. Bis zu vier Personen können darin dem Reiz des Fahrens in einem MINI spüren, indem sie in der virtuellen Realität über eine aufregende, der Schwerkraft trotzende Strecke fahren. Das mag freilich noch nicht die Endausbaustufe eines Metaverse sein, aber darum geht es auch nicht. Sondern darum, dass Unternehmen Potenziale einer neuen Technologie wie der des Metaverse frühzeitig erkennen, mögliche Auswirkungen auf ihr Geschäftsmodell für sich ableiten und selbst proaktiv mit den technologischen Neuerungen experimentieren und sie verinnerlichen, bevor es andere tun. Denn diesen großen Potenzialen für Unternehmer:innen steht auch die Gefahr gegenüber, mit den sich schnell entwickelnden Innovationen eines Metaverse nicht Schritt halten zu können. Wie bereits bei der Etablierung des Internets kann eine so marktdurchdringende Innovation für Unternehmen, die sich nicht rechtzeitig mit den Chancen und Risken des Metaverse auseinandersetzen und ihre Wertschöpfungsketten und Marktpositionen entsprechend anpassen, zur Bedrohung werden.

## WIE WERDEN WIR IM METAVERSE ARBEITEN?

Stellen Sie sich vor, Sie könnten von überall aus und mit jeder und jedem zusammenarbeiten und hätten das Gefühl, gemeinsam in einem Raum zu sein. Genau diese Möglichkeit eröffnet das Metaverse und überwindet so die Grenzen von Geografie und physischer Zugänglichkeit. Wenngleich dies zu einem gewissen Grad bereits jetzt möglich ist – man denke an die 2-D-Videokonferenz –, wird das Metaverse dank Hologrammen und Avataren (einer Art digitalem oder animiertem Ich) ein Quantensprung auf diesem Gebiet sein: Wir werden realitätsnahe Arbeitserfahrungen kreieren können, die uns ein viel stärkeres Gefühl der Kollaboration geben. Subtile Handgesten, ein Augenkontakt zwischen Meeting-Teilnehmenden sowie menschliche Mimik werden sich in digitaler Kommunikation wiedergeben lassen.

Bei Meta kommen wir schon heute regelmäßig in unseren Horizon Workrooms zusammen. Das sind VR-Räume, in denen Teams zusammenarbeiten und gemeinsam Ideen entwickeln können. Durch das einfache Aufsetzen eines VR-Headsets wie der Quest 2 ist es möglich, sich als Avatar am Konferenztisch zu treffen und etwa gemeinsam am Whiteboard Projekte zu besprechen.

Die Orte für solche virtuellen Arbeitsräume können dabei ziemlich beeindruckend sein. Beispielsweise hatte ich ein solches Meeting auch schon auf dem Mond. Die Audiofunktion von Horizon Workrooms ist dabei bereits unglaublich authentisch, und man kann selbst mit geschlossenen Augen genau erkennen, wo im Raum eine Person sitzt, ob diese Person beispielsweise dem Whiteboard zugewandt spricht, wie sich die Äußerungen im Raum akustisch verbreiten und widerhallen.

## GANZE BRANCHEN KÖNNTEN UMGEKREMPELT WERDEN

Wie ich bereits erwähnt habe, ist das Potenzial des Metaverse für Unternehmertum und Arbeitswelt enorm. Ganze Branchen könnten auf der Grundlage neuer, innovativer Geschäftsideen umgekrempelt werden. Ein White Paper der unabhängigen Wirtschaftsberatungsfirma Analysis Group, welches von Meta in Auftrag gegeben wurde, schätzt, dass die globale Metaverse-Wirtschaft in einem Jahrzehnt mehr als drei Billionen Dollar wert sein könnte. Weiter könnten die Einnahmen, die das Metaverse generiert, ab 2030 jährlich bis zu 13 Billionen Dollar betragen; das ergeben Prognosen von Citi und KPMG.

Besonders vielversprechend scheinen dabei die Märkte in den USA und China. Während Morgan Stanley Einnahmen von bis zu acht Billionen Dollar erwartet, schätzt Goldman Sachs diese auf bis zu 12,5 Billionen Dollar. McKinsey prognostiziert fünf Billionen weltweit. Jensen Huang, Gründer und CEO von NVIDIA (einem der weltweit führenden Hersteller von Grafikkarten und Chips), erwartet gar, dass das BIP des Metaverse irgendwann das der „physischen Welt“ übersteigen wird.

Durch dieses wirtschaftliche Potenzial, unabhängig von seiner genauen Größe, wird das Metaverse auch ein Motor für die Entstehung von Arbeitsplätzen sein. Die stetige Entwicklung von Metaverse-Technologien wird nicht nur die Branchen beanspruchen, die die notwendige Infrastruktur herstellen (etwa Hardware, Software, Zahlungssysteme, Breitbandanbieter), sondern auch Sektoren wie

E-Commerce, Bildung und natürlich auch die Gamingbranche, die das Metaverse mit Leben füllen. Soziale Räume, die das Metaverse schafft, müssen schließlich verwaltet und organisiert werden, ganz ähnlich wie auch in der physischen Welt. Dabei sei noch mal betont, dass die angesprochenen Bereiche nicht nur für große Konzerne erschließbar sind; auch und vor allem Start-ups können von dieser Innovationswelle beflügelt werden und sie so selbst mit verstärken.

Die Arbeitsplätze, die diese Aufgaben abbilden, werden aufgrund der Dezentralität und der niedrigen Zugangsschwellen eines Metaverse auch keineswegs nur an einem Ort entstehen. Schon jetzt hat Meta die Schaffung Tausender neuer Arbeitsplätze in Europa angekündigt, um den Aufbau des Metaverse voranzutreiben. Und im Zuge der Ausweitung der wirtschaftlichen Möglichkeiten, die das Metaverse mit sich bringen wird, werden Menschen unabhängig von ihren Wohnorten dazu in der Lage sein, ihre Ideen und Angebote in einem Metaverse anzubieten oder gleich eigene Unternehmen von ihrem Wohnzimmer aus zu gründen – egal ob in Delhi oder Dresden. So werden sich weltweit die Wettbewerbsbedingungen und der Zugang zu wirtschaftlichen Chancen verbessern.

## UNTERNEHMEN VOM WOHNZIMMER AUS GRÜNDEN - EGAL OB IN DELHI ODER DRESDEN

Abseits der bereits diskutierten Vorteile, die eine nachhaltige und florierende Wirtschaft im Metaverse mit sich bringen wird, werden auch andere wichtige Gesellschaftsbereiche von der Entwicklung des Metaverse profitieren können. Dabei denke ich vorrangig an Sektoren wie Bildung und Gesundheit, aber auch beim Thema Nachhaltigkeit wird das Metaverse in der Zukunft Fortschritte ermöglichen: Das Bildungswesen etwa wird durch die Möglichkeit bereichert, Schulstunden anschaulicher, aktiver und zugänglicher gestalten zu können. So wird es einer Schülerin aus München möglich sein, kurzerhand eine Exkursion nach Stonehenge zu unternehmen, in einen Vulkan auf Island zu blicken oder ein kleines Museum am anderen Ende der Welt zu besuchen – und das alles innerhalb eines einzigen Schultages. Ebenso wird es laut einer Studie des Fraunhofer-Instituts für System- und Innovationsforschung (ISI) möglich sein, Menschen noch enger in aktive Bildungsarbeit einzubinden, und zwar unabhängig von ihrem Aufenthaltsort.

Auch das Gesundheitswesen könnte durch Innovationen im Metaverse grundlegend revolutioniert werden. Die Ausbildung von Fachkräften wie Pfleger:innen und Ärzt:innen, die momentan noch entweder an simplen Modellen oder echten Patienten durchgeführt werden, könnten durch VR-Technologien in ein digitales Umfeld gebracht werden. Übungen von Operationen würden so möglich sein, ohne Patienten dabei in Gefahr zu bringen.

In puncto Nachhaltigkeit (man denke etwa daran, dass man für einen Besuch des Korallenriffs von Palau keinen Flieger mehr nehmen müsste), birgt das Metaverse ebenfalls weitreichendes Potenzial. Beispielsweise müssten durch die hybride Gestaltung menschlicher Interaktion weniger Waren um den Globus geschickt werden und weniger Menschen physisch unterwegs sein. Technologien wie das Metaverse haben also eine geradezu transformative Kraft, wenn man bedenkt, dass wir etwa in Deutschland laut Digital-Branchenverband Bitkom alleine mit digitalen Tools die derzeit für 2030 prognostizierten $CO_2$-Emissionen um fast die Hälfte reduzieren könnten.

Augmented-Reality-Technologien (AR), die neben den VR-Anwendungen eine weitere wichtige Komponente des Metaverse darstellen, haben ebenfalls das Potenzial, transformative Effekte zu erzeugen. Damit sind Technologien gemeint, die die reale Bildgebung um eine digitale Ebene im Alltag erweitern. So könnte AR etwa Menschen mittels hybrider Hinweise in ihrem Sichtfeld in 3-D zeigen, wie Medikamente richtig eingenommen werden, oder Studierende in der Medizin bei der Visualisierung anatomischer Modelle unterstützen.

## WIRD DAS METAVERSE GEFÄHRLICH SEIN?

Bei all den scheinbar grenzenlosen Vorteilen, die das Metaverse mit sich bringen kann, kann und darf man eine solch fundamentale technologische Entwicklung nicht frei von Bedenken betrachten. So schlimm, wie einige Romane eine solche technologische Revolution allerdings zeichnen, wird es nicht sein. Dennoch sollten wir uns frühzeitig zu Standards und Rahmenbedingungen für das Metaverse austauschen.

Das Metaverse wird, genau wie unser Internet, sowohl positive als auch potenziell negative Erfahrungen mit sich bringen. Eine solche Technologie kann für sich allein weder als gut noch schlecht bewertet werden. Menschen nutzen diese, wie sie es für richtig halten, und Missbrauch gehört da leider zwangsläufig dazu. Deshalb müssen wir bereits im Zuge der Entwicklung Regeln im Vorhinein festlegen, um das Potenzial des Guten zu maximieren und das des Schlechten zu begrenzen.

Dabei wird, kann und darf der Prozess der Entwicklung eines Governance-Systems für das Metaverse nicht alleine durch Technologieunternehmen wie Meta gestaltet werden. Der Privatsektor insgesamt muss zusammenkommen und außerdem mit Gesetzgebern, der Zivilgesellschaft, der Wissenschaft und den Menschen, die diese Technologie nutzen, eng zusammenarbeiten. Besonders wichtig ist das auch deshalb, weil ein kluges Governance-System entscheidend für den Erfolg des Metaverse sein wird. So sollten schon jetzt Diskussionen geführt werden, um mögliche Ideen im Aufbau des Metaverse berücksichtigen zu können.

## WANN UND VON WEM WIRD DAS METAVERSE ERSCHAFFEN?

Wenngleich schon erste Schritte in Richtung Metaverse gegangen wurden, so wird das Erreichen eines Entwicklungsstadiums, das der zuvor beschriebenen Vision gerecht wird, noch Jahre in Anspruch nehmen. Dabei wird die reibungslose und ereignisgetriebene Zusammenarbeit zwischen den am Bau des Metaverse beteiligten Stakeholdern ganz essenziell sein. Denn das Metaverse als technologisches Konstrukt ist zu dezentral, zu umfangreich und zu vielschichtig, als dass es von einem einzelnen Unternehmen oder einer einzelnen Branche entwickelt werden könnte. Das Metaverse ist darauf angewiesen, dass sich Menschen, Entwickler, Unternehmen und Organisationen weltweit an seiner Entwicklung beteiligen und ihr jeweiliges Fachwissen einbringen. Metas Aufgabe auf diesem Weg wird sein, die Entwicklung der grundlegenden Technologien, Plattformen und kreativen Werkzeuge zu beschleunigen und das Metaverse mit unseren Social-Media-Anwendungen mit Leben zu füllen.

Dennoch hat das Metaverse, selbst wenn wir als Unternehmen ganz bestimmte Ziele in der Entwicklung verfolgen, keine einheitliche Roadmap. Wie bei der Entstehung des Internets ist vieles in Bezug auf die Entwicklung noch ungewiss, dadurch aber auch von uns allen gemeinsam bestimmbar und beeinflussbar, und das sollte unsere Aufgabe in der nächsten Zukunft sein.

Frei nach Abraham Lincoln: „Der beste Weg, die Zukunft vorherzusagen, ist, sie zu gestalten."

*Angie Gifford ist die Vizepräsidentin für Europa, den Nahen Osten und Afrika bei Meta und verantwortlich für die Geschäftsentwicklung der Dienste wie Facebook, Instagram, WhatsApp und Oculus. Bis 2020 war sie die Vizepräsidentin für Zentraleuropa. Vom „Manager Magazin" wurde Gifford als eine der 100 einflussreichsten Wirtschaftsfrauen benannt. Sie ist Vorstandsmitglied der Atlantik-Brücke und im Aufsichtsrat von Thyssenkrupp tätig.*

# SECHS THESEN ZUR BILDUNG 2030

## Schule, Hochschule und Weiterbildung müssen sich verändern

PROF. DR. ISABELL M. WELPE
und ihre Mitarbeiterinnen DR. SUSANNE FALK und DR. MAIKE REIMER skizzieren, wie unser eher starres Bildungssystem in sieben Jahren aussehen könnte

Das deutsche Bildungssystem steht vor einer enormen Aufgabe. Bildung ist schließlich ein zentraler Faktor, wenn es um Deutschlands wirtschaftlichen Erfolg geht – die hohe Qualität und Konkurrenzfähigkeit des Systems müssen deshalb erhalten bleiben. Dies ist auch wichtig, um den wachsenden Bedarf an gut ausgebildeten Fachkräften im MINT-Bereich (Mathematik, Informatik, Naturwissenschaften und Technik) zu stillen.

Angesichts der neuen technologischen Herausforderungen auf dem Arbeitsmarkt muss Deutschland aber noch viel mehr tun als nur „Niveau erhalten": Das Bildungssystem sollte bis 2030 deutlich weiterentwickelt werden.

Worin genau bestehen diese Herausforderungen? Zunächst einmal darin, dass es immer mehr Menschen gibt, die lernen. Das hat mit der Öffnung des höheren Bildungssystems für breite Bevölkerungsgruppen sowie mit Migration und Internationalisierung zu tun. Andererseits haben längst die geburtenschwachen Jahrgänge das Bildungs- und Berufssystem erreicht. Kurz: Es kommt mehr denn je darauf an, das Potenzial jedes Einzelnen optimal zu entwickeln.

Im Grunde haben sich aber deutsche Bildungsinstitutionen in den vergangenen 100 Jahren (trotz Digitalisierungsschub in der Coronapandemie) nur wenig verändert. Starre Lehrpläne, Frontalunterricht, Fixierung auf Prüfungen und strenge Selektionsprozesse erschweren Fortschritt. Vorgegebene einheitliche Lernziele müssen in immer demselben Tempo und in der stets gleichen Reihenfolge durchlaufen werden; wer nicht mitkommt, darf seine Wissenslücken im Selbststudium schließen.

Wir kennen die Folgen, die Ergebnisse internationaler Schulleistungsvergleiche sprechen für sich: Das deutsche Bildungssystem schneidet nur durchschnittlich ab – 2018 lagen beispielsweise die Kompetenzen von Schüler:innen in Lesen, Mathematik und Naturwissenschaften etwas über dem OECD-Durchschnitt, nicht in der Spitzengruppe. Alarmierend ist, dass etwa sechs Prozent der Schüler:innen in Deutschland überhaupt keinen Abschluss schaffen. Auch das deutsche Hochschulsystem bleibt unter seinen Möglichkeiten: Die Studienabbruchquoten sind hoch – und in MINT-Fächern am höchsten.

Einer der Gründe: Hochschulen tun sich mit unterschiedlichem schulischem Vorwissen und den Kompetenzdefiziten von Studienanfänger:innen speziell in Mathematik und Naturwissenschaften schwer. Und: Nicht zuletzt im Bereich des lebenslangen Lernens ist die Bereitschaft und Beteiligung nicht überall ausreichend, um den sich rasch entwickelnden Kompetenzanforderungen gerecht zu werden. Den Lernenden gelingt es darüber hinaus deutlich weniger als in anderen

Ländern, ihre Potenziale zu entfalten, wenn sie nicht durch das Elternhaus materiell und immateriell von Anfang an unterstützt werden. Wie müssen sich Schulen und Hochschulen also in der Zukunft aufstellen? Welche Veränderungen vollziehen sich gegenwärtig, und wie werden wir im Jahre 2030 lernen? Diese Fragen möchten wir anhand von sechs Thesen aufgreifen und beantworten – und dazu mit Beispielen aus Schule, Hochschule und Weiterbildung veranschaulichen, wie neue Wege des Lernens und Lehrens im Jahr 2030 aussehen.

## THESE 1: INDIVIDUALISIERTE LERNANGEBOTE ERSETZEN 2030 DAS „ONE SIZE FITS ALL"-PRINZIP

Noch vor wenigen Jahrzehnten war eine differenzierte, lernerorientierte Pädagogik aus Ressourcen- und Kostengründen nur begrenzt möglich. Und heute sind Schul- und Bildungssysteme, die allen Lernenden ungeachtet von Interessen, Vorbildung und Begabung die gleichen Lerninhalte in der gleichen Intensität im Unterricht vorsetzen, nicht mehr zeitgemäß. Sie gehen an den Bedürfnissen aller Beteiligten vorbei.

Das hat sich 2030 geändert. Inzwischen sind auf Künstliche Intelligenz (KI) basierende Lerntechnologien („Learning Analytics") so leistungsfähig und breit verfügbar, dass sie zielgenau und sinnvoll eingesetzt werden, um Lerninhalte, -formen und -geschwindigkeit optimal an die „Nutzer:innen" anzupassen.

Intelligent Tutorial Systems etwa bieten viele Möglichkeiten für individuellen, passgenau auf Bedürfnisse und Vorwissen zugeschnittenen Unterricht. Das Ganze unterstützt von Algorithmen, die Lern-Vorlieben berücksichtigen. Das neue System fördert nicht nur das selbstregulierte Lernen und erhöht den Lern- und Prüfungserfolg, es entlastet auch Lehrkräfte (siehe These 4).

*Beispiel Schule:* Fachkräfte für Pädagogik, Didaktik, Mathematik sowie Software haben die interaktive Mathematik-Lernplattform *bettermarks* entwickelt. Das adaptive Lernsystem für den Unterricht der Klassen 4 bis 10 stellt individuell Aufgaben für jedes Lernziel und jeden Lernstand zusammen, wertet diese automatisch aus und gibt Rückmeldung.

*Beispiel Hochschule:* Im Studienverlauf kommen adaptive, also anpassungsfähige Anwendungen zum Einsatz, beispielsweise Chatbots, Feedbacksysteme oder auch KI-basierte Lernplattformen. Außerdem können unter Rückgriff auf Daten aus Lernmanagementsystemen Learning Analytics gezielt eingesetzt werden. *U-Behavior* ist zum Beispiel eine an der Colorado State University entwickelte Lehr-/Lernmethode, die aufbauend auf dem *Canvas Quizz Tool* das Studienverhalten und die Lernpraktiken fördert. Über den Science-of-Learning-Ansatz werden Student:innen zum selbstregulierten Lernen angeleitet – sie können sich zwischen unterschiedlichen Lernstrategien entscheiden, und sie bekommen direktes Feedback (über visuell aufbereitete Learning Analytics).

*Beispiel Weiterbildung/lebenslanges Lernen:* Adaptives Lernen im Weiterbildungsbereich bietet die auf KI basierende Lernplattform *Area9*. Mitarbeiter:innen werden ganz nach ihrem persönlichen Wissensstand und in ihrem jeweiligen Lerntempo in kürzester Zeit für neue Aufgaben qualifiziert.

## THESE 2: FLEXIBLERE LEHRPLÄNE UND CURRICULA VERMITTELN IM JAHR 2030 ZUKUNFTSKOMPETENZEN

Die technologischen, gesellschaftlichen und wirtschaftlichen Entwicklungen sowie geopolitische Herausforderungen haben 2030 die Kompetenzanforderungen verändert. Fundiertes Fachwissen bleibt zwar relevant, wird aber durch Metakompetenzen nachhaltig ergänzt und zukunftsfähig gemacht. Komplexes Problemlösen, innovatives Denken, Eigeninitiative und eigenverantwortliches Handeln, aktives Lernen, unternehmerisches Denken, Quellenkritik und Empathie sind jetzt relevante Fähigkeiten. Es gibt beispielsweise das 4K-Modell, das die 4K-Skills (Kreativität, kritisches Denken, Kommunikations- und Teamfähigkeit) als zukünftige Zieldimensionen von Lehren und Lernen festhält.

Bildung 2030 greift diesen Paradigmenwechsel auf und nimmt Anpassungen an Lehrplänen und Curricula vor, durch die sowohl der Fächerkanon erweitert als auch Zukunftsskills durch veränderte Unterrichtsgestaltung gefördert werden.

*Beispiel Schule:* An einer Münchner Schule werden Kinder in der fünften und sechsten Klasse im Fach „Glück" unterrichtet. In dem eigens dafür eingerichteten „Glücksraum" lauten die Themen: Emotionen, Werte, Achtsamkeit oder Eigenverantwortung.

*Beispiel Hochschule:* Durch den Bologna-Prozess wurden die Studiengänge bereits stärker an Kompetenzanforderungen ausgerichtet. Hierzu gehen die Planer:innen von den Qualifikationszielen (Learning Outcomes) aus und wählen die geeignetsten Lehr- und Lernaktivitäten sowie Prüfungsformen aus.

*Beispiel Weiterbildung/lebenslanges Lernen:* Das US-Unternehmen *degreed* hat eine Methode zur Messung und Zertifizierung von Lern- und Wissensständen entwickelt, mit der Kunden individuell und passgenau Planungen zur Allokation und Weiterentwicklung ihrer Mitarbeitenden vornehmen können.

## THESE 3: RÄUMLICHE UND ZEITLICHE STRUKTUREN SIND 2030 FLEXIBEL UND ANPASSUNGSFÄHIG

Ob im altehrwürdigen Backsteingebäude, online oder im modernen Zweckbau – Bildungsangebote sind 2030 mehr denn je zeitlich und räumlich flexibel. Lernen findet nicht mehr ausschließlich vor Ort statt. Hybride Lernkonzepte und -räume nutzen den realen und den virtuellen Raum, Zugriff auf Lernplattformen und Open Access hat das klassische Lern-Setting vor Ort mit Büchern abgelöst. In den Gebäuden der Bildungseinrichtungen passen sich flexible Raumkonzepte an die jeweiligen Lernphasen an und bieten kollaboratives Lernen. Statt Stundenplänen gibt es jetzt modularisierte Angebote, projektbasiertes Lernen und die Möglichkeit, über asynchrone Lehreinheiten zeit- und ortsunabhängig Unterricht anzubieten und daran teilzunehmen.

*Beispiel Schule:* An der NuVu School in Cambridge/Massachusetts ist das problembasierte Projekt-Lernen primäre Unterrichtsform. Auch in Deutschland, an einem Münchner Gymnasium, werden innovative Raumkonzepte mit nutzungsneutralen Räumen angeboten, die durch eine Vielzahl von Verbindungen, Türen, beweglichen Trennwänden und Sichtbezügen je nach Zweck frei gestaltet werden können.

*Beispiel Hochschule:* An der Minerva University in San Francisco wird über Online-Seminare in einem festen Klassenverband studiert, der im Studienverlauf mehrfach den Ort wechselt und virtuelle Kurseinheiten mit Projektarbeit kombiniert.

*Beispiel Weiterbildung/lebenslanges Lernen:* Reteach ist eine cloudbasierte Lernplattform für individuelle Weiterbildungsangebote für mittelständische Unternehmen. Angeboten werden Blended Learning, Live-Training und On-Demand-Kurse in einem System. Beschäftigte können online auf Schulungen, Unterweisungen und Onboarding zurückgreifen.

## THESE 4: LEHRKRÄFTE WERDEN 2030 ZU MENTOR:INNEN

Lernen an sich ist ein individueller und sozialer Prozess: Der Dialog zwischen Lehrenden und Lernenden wird immer wichtiger. Wenn in Zukunft Lernsoftware und Bildungstechnologien die Aufgaben der Wissensvermittlung, des Einübens, der Dokumentation oder Rückmeldung von Lernfortschritten und der Beurteilung (mit) übernehmen, können sich Lehrende stärker darauf konzentrieren, die Lernenden durch die Vielzahl von Bildungsangeboten zu navigieren und Selbstlernprozesse zu steuern.

Blended Learning kombiniert Online-Selbstlernphasen mit Präsenz-Vertiefungsphasen. Lehrkräfte können so zu Mentor:innen werden und individuelle Unterstützung anbieten, themenspezifische Projektarbeiten entwickeln und organisieren und die Anwendung gelernten Wissens auf reale Herausforderungen begleiten. Das bedeutet ein neues Rollenverständnis der Lehrenden: vom „sage on the stage" zum „guide by the side". Relevant sind in diesem Zusammenhang Lernmanagementsysteme, in denen Lehreinheiten abgelegt und Übungen hinterlegt werden können. Und die auch Gelegenheit zum Austausch bieten.

*Beispiel Schule:* Am Daltongymnasium Alsdorf übernehmen Lehrer:innen von Klassenstufe 7 bis zu 11 Schüler:innen als Mentor:in. Einmal pro Woche wird über Lernsituation, -umfeld und -weg gesprochen. Aber auch persönliche Themen können behandelt und Lösungsstrategien entwickelt werden. Die Mentor:innen nehmen an den Notenkonferenzen teil und bringen sich dort mit ihrer zusätzlichen Kenntnis über die Schüler:innen, die sie betreuen, ein.

*Beispiel Hochschule:* An der Pädagogischen Hochschule Heidelberg bereiten sich Student:innen in einem „Inverted Classroom"-Kurs allein zu Hause mit einer

Online-Vorlesung vor. In einem Tutorium können Fragen geklärt sowie Aufgaben gerechnet werden, und einmal die Woche wird in einem Plenum mit der Professorin diskutiert. Die Lehrenden treten so in einen Dialog, anstatt ihre Zeit auf Instruktion und Übung zu verwenden.

*Beispiel Weiterbildung/lebenslanges Lernen:* Freiberufliche Coaches adressieren den zunehmenden Bedarf von Individuen und Unternehmen, die richtigen Angebote lebenslangen Lernens auch für den Nicht-Führungsbereich genau auszuwählen. Große Firmen, die mittlerweile über eigene Fachleute verfügen, lassen Unternehmensangehörige in Bezug auf Weiterbildung coachen.

## THESE 5: DIE RAHMENBEDINGUNGEN FÜR BILDUNG SIND 2030 AGIL UND GESTALTBAR

Eine agile, autonome Schul- und Hochschulpolitik reagiert 2030 zeitnah auf gesellschaftliche Veränderungen und passt ihre Strukturen, Prozesse und Erträge regelmäßig an. Auch Curricula und Learning Outcomes entwickeln sich, unter Einbeziehung von Expert:innen, immer weiter. Wichtig sind Schul- und Hochschulleitungen, aber auch Firmen und Gesetzgeber mit Gestaltungswillen und Innovationsfreude.

Dazu bedarf es aber auch häufiger Weiterbildung und Vernetzung der Schul- und Hochschulleitungen, Lehrenden und Dozierenden selbst. Eine agile, autonome Schul- und Hochschulpolitik reagiert 2030 zeitnah auf gesellschaftliche Veränderungen und passt ihre Strukturen, Prozesse und Erträge regelmäßig an. Auch Curricula und Learning Outcomes entwickeln sich, unter Einbeziehung von Expert:innen, immer weiter. Die Rahmenbedingungen von Wissens- und Kompetenzerwerb werden flexibilisiert und staatliche Einrichtungen in der Rolle der Leistungszertifizierung gestärkt.

Wichtig sind Schul- und Hochschulleitungen, aber auch Firmen und Gesetzgeber, mit Gestaltungswillen und Innovationsfreude. Führungskräfte, Lehrende und Dozierende bilden sich selbst häufig weiter und vernetzen sich, um voneinander zu lernen und sich zu unterstützen.

*Beispiel Schule:* Landesschulgesetze ermöglichen Versuche, bei denen im Rahmen einer Probephase unter Überwachung der Schulbehörde eine neue Organisationsform oder Unterrichtsmethode getestet wird. So erproben beispielsweise 17 Schulen und eine Einrichtung des zweiten Bildungswegs im Land Berlin „Hybride Formen des Lehrens und Lernens“. Unterstützt wird das Netzwerk von der learninglab gGmbH, die als Ausgründung der Universität Bochum seit vielen Jahren Schulen beim digitalen Wandel begleitet.

*Beispiel Hochschule:* Die Neugründung der Technischen Universität Nürnberg (UTN) zum 1. Januar 2021 vereint innovative Elemente und könnte für die deutsche Hochschullandschaft Signalwirkung haben. Denn: Die Idee der Universität wird hier neu gedacht. Die UTN will ein „Reallabor für die Erprobung von hochschul- und wissenschaftspolitischen Elementen werden" (Wissenschaftsrat, 2020). Kernelemente des Universitätskonzepts sind Interdisziplinarität, Internationalität und Digitalität in Lehre und Forschung sowie die Errichtung eines urbanen und nachhaltigen Campus.

*Beispiel Weiterbildung/lebenslanges Lernen:* In Deutschland sind Aus- und Weiterbildungssystem sehr stark entkoppelt und erschweren das lebenslange Lernen, während etwa Dänemark über ein landesweites modulares System verfügt, in dem Qualifikationen an mehreren Bildungseinrichtungen erworben und gegebenenfalls zu einem formalen Abschluss kombiniert werden können; weiterhin haben Arbeitnehmer:innen einen Rechtsanspruch auf ein Kompetenzfeststellungsverfahren.

## THESE 6: BILDUNG 2030 FINDET ÜBER STAATSGRENZEN HINWEG STATT

2030 ist Lehren und Lernen in internationalen, transnationalen Zusammenhängen möglich. Denn Schüler:innen und Student:innen müssen auf eine Welt vorbereitet werden, in der nicht nur Fremdsprachenkenntnisse, sondern auch interkulturelle Kompetenzen wichtig sind. Lehrende, Lernende und Beschäftigte müssen also international mobiler werden. Die Möglichkeiten der Kooperation zwischen Bildungseinrichtungen untereinander und mit externen Anbietern sind weltweit erweitert, personelle, finanzielle und vor allem strukturelle Ressourcen gebündelt. National oder international erbrachte Studienleistungen werden flexibel anerkannt und angerechnet.

*Beispiel Schule:* Wie Digitalisierung mit internationalen Austauschprojekten verknüpft werden kann, zeigt das Beispiel des Düsseldorfer Max-Weber-Berufskollegs. Gerade in Berufskollegs fehlt es oft an passenden Weiterbildungen im Bereich digitaler Unterrichtsgestaltung für Lehrkräfte. Im Rahmen von Erasmus+ entstand die strategische Partnerschaft „Changing Paradigm" mit vier Berufsschulen aus Italien, Österreich, Finnland und Deutschland: Digitale Unterrichtskonzepte werden ausgetauscht und Auslandspraktika für Schüler:innen ermöglicht.

*Beispiel Hochschule:* Viele Hochschulen weltweit kooperieren mit den großen Anbietern von *Massive Open Online Courses* (MOOCs), für die sogenannte Nanodegrees vergeben werden. US-Elitehochschulen wie Stanford, Princeton oder Yale, aber auch einige europäische Institutionen (zum Beispiel die TUM in München und die University of London) bieten Online-Kurse auf *Coursera* an, wo derzeit die Angebote „Machine Learning", „Learning How To Learn" und „Introduction To Mathematical Thinking" am beliebtesten sind. *Edx* wurde von den US-amerikanischen Universitäten Harvard und Massachusetts Institute of Technology als Non-Profit-Organisation gegründet und bietet viele kostenfreie Kurse an.

*Beispiel Weiterbildung/lebenslanges Lernen:* Internationale Lernplattformen bieten auch der Zielgruppe „Berufstätige" Online-Kurse an. Bei *Stanford Online* etwa, dem Lernanbieter des Stanford Center for Professional Development

(SCPD), gibt es ein umfangreiches Angebot mit anrechenbaren Kursen, die von den Lehrkräften der Universität Stanford entwickelt wurden. Und es ist kostenlos.

## DER COUNTDOWN LÄUFT

*Erst muß man Experimentalschulen errichten, ehe man Normalschulen errichten kann. (...) Man bildet sich zwar insgemein ein, daß Experimente bey der Erziehung nicht nöthig wären, und daß man schon aus der Vernunft urtheilen könne, ob etwas gut, oder nicht gut seyn werde. Man irrt hierin aber sehr, und die Erfahrung lehrt, daß sich oft bei unsern Versuchen ganz entgegengesetzte Wirkungen zeigen, von denen, die man erwartete. Man sieht also, daß, da es auf Experimente ankommt, kein Menschenalter einen völligen Erziehungsplan darstellen kann.* (aus: „Über Pädagogik", Immanuel Kant, 1803)

Bildung zählt zu den zentralen Wettbewerbsfaktoren. Deutschlands wirtschaftlicher Erfolg gründet auf Bildung. Angesichts der vielfältigen Herausforderungen und disruptiven Transformationen müssen die hohe Qualität und Konkurrenzfähigkeit des Bildungssystems hierzulande erhalten und gesteigert werden, indem sich Bildungsprozesse und -inhalte grundlegend wandeln.

Aktuell beobachten wir viele innovative Ansätze in Schule, Hochschule und auf dem Weiterbildungsmarkt. Digitale Bildungsinnovationen wie Learning Analytics, Virtual Reality, Gamification und Open-Source-Lehrmaterialien haben das Potenzial, das Lernen und Lehren in Schule und Hochschule grundlegend zu verändern.

Ehe wir den Idealzustand 2030 erreichen können, muss sich aber nicht nur auf gesellschaftlicher und politischer Ebene, sondern insbesondere auch auf der Ebene der Lernenden einiges verändern. Mehr Mut, Neues zu wagen, mehr Neugierde für innovative Ideen und weniger Beschränkungen in der föderalistischen Bildungslandschaft Deutschlands wünscht man sich für die nächsten Jahre, damit es zu einer echten Zäsur kommen kann.

*Prof. Dr. Isabell M. Welpe ist seit April 2009 Inhaberin des Lehrstuhls für Betriebswirtschaftslehre „Strategie und Organisation" an der Technischen Universität München (TUM School of Management). Sie studierte an der Universität München sowie dem Massachusetts Institute of Technology (MIT). Darüber hinaus erhielt sie einen Master of Science an der London School of Economics and Political Science.*

# THE FUTURE OF RETAIL

## Wie sieht der Einzelhandel von morgen aus?

**TINA MÜLLER,**
**Ex-Vorstandsvorsitzende bei Douglas und jetzt im Aufsichtsrat, ist felsenfest von der Notwendigkeit der Digitalisierung der Branche überzeugt - und davon, dass sich Metaverse und analoges Leben sehr gut vertragen werden**

Ich stelle mir vor, wie ich bei Dior im Metaverse-Shop einkaufen gehe: Unverkennbar mit dunklen Locken und rotem Lippenstift flaniert mein Avatar in der digitalen Parallelwelt durch die Fragrance-Abteilung. Vorbei an dreidimensionalen „Miss Dior"-Flakons in limitierten Sammler-Editionen. Alles ziemlich rosa, alles ziemlich magisch.

Oder ich schaue mir im Web bei Prada sogenannte Skins an; also virtuelle Kleidung, die ich mir über meine virtuelle Kleiderstange hänge. Oder ich lasse mich im „Pillow Talk Party Virtual Beauty Wonderland" inspirieren, der Metaverse-Boutique von Beauty-Pionierin Charlotte Tilbury.

Als CEO einer Premium-Beauty- und -Health-Plattform war es fünf Jahre lang mein eigener Anspruch, die Trends von übermorgen schon heute zu kennen. Und das fiel mir ehrlich gesagt nicht schwer, denn ich liebe Shopping und Fortschritt, und ich bin ein sehr neugieriger Mensch. Und ich bin felsenfest von der Notwendigkeit und Sinnhaftigkeit der Digitalisierung des Einzelhandels überzeugt. Jeder, der mich kennt, weiß, dass ich Transformation mit Energie und Konsequenz vorantreibe und verfechte. Das ist fast schon so etwas wie eine Lebensaufgabe für mich.

Aber ich führe auch ein analoges Leben. Für die Begrünung meiner Dachterrasse, für die ich als leidenschaftliche Hobbygärtnerin regelmäßig viel Geld ausgebe, gehe ich am liebsten ins Gartencenter. Höchstselbst, nicht die digitale Tina. Ich mag es, am Samstag in meinem Lieblings-Gartencenter zu stöbern und einzukaufen. Vor allem Obst- und Gemüsepflanzen und Samen – das ganze Programm.

Die Leute dort kennen mich schon und wissen, dass meine Pflanzen robust sein müssen, weil ich viel unterwegs bin und deshalb leider wenig Zeit für sie habe. Auf die Gärtner:innen meines Vertrauens und das reale Kauferlebnis will ich ungern verzichten, auch wenn es längst Gartenversandhäuser und Online-Biobaumschulen gibt, die übrigens ebenfalls erstklassige Einkaufserlebnisse und tolle Services bieten.

## VON AVATAREN UND SOWOHL-ALS-AUCH-EINKAUFSERLEBNISSEN

Für mich lassen sich aus diesen Episoden mindestens zwei wichtige Erkenntnisse für die Transformation beziehungsweise Digitalisierung des Handels ziehen.

Erstens: Jeder Mensch hat pro Einkauf eine individuelle Präferenzstruktur beim Shoppen. Während ich persönlich meine Pflanzen lieber im Laden kaufe, mir dafür aber zahlreiche andere Konsumgüter (und Dienstleistungen) ausschließlich im Internet besorge, halten es andere vermutlich genau andersherum. Und trotz rasanten Fortschritts sind im stationären Handel immer noch und auf unabsehbare Zeit Einkaufserlebnisse möglich, die online nicht machbar sind: Das physische Erleben der Produkte, der individuelle Moment, hautnahe Eindrücke und der persönliche Kontakt zu den Menschen vor Ort können virtuell bisher nicht vergleichbar abgebildet werden. Hingegen bietet der digitale Handel Möglichkeiten, die stationär kaum möglich wären – eine gigantische Auswahl, Preisvergleiche, Kund:innenbewertungen, Konfigurationen und natürlich: Lieferung nach Hause. Online bedeutet vor allem: 24 Stunden Convenience. Was sagt uns das alles? Für den Handel gibt es kein eindeutiges Entweder-oder, sondern nur ein Sowohl-als-auch!

Zweitens: Die Tatsache, dass derart sensible Waren wie Pflanzen heute mühelos online bestellt werden können und dass wir als Avatare im Metaverse herumstöbern, zeigt, was möglich ist – und lässt erahnen, was noch möglich sein wird, wenn man allein an Künstliche Intelligenz (KI) und Internet of Things (IoT) denkt. Oder um es frei nach Moore zu sagen: Die Lernkurve und Entwicklungsgeschwindigkeit der Digitalisierung vollziehen sich rasend schnell, nämlich exponentiell.

E-Commerce und alle virtuellen Begleiterscheinungen sind aus dem Kund:innenverhalten von heute nicht mehr wegzudenken, sie sind fester Bestandteil geworden, werden es bleiben und sich noch weiter entfalten. Auch tradierte Handelsunternehmen sollten sich darauf einlassen und diese Entwicklungen mitgehen, sonst werden sie links und rechts überholt oder besser: liegen gelassen. Erst recht dann, wenn die jungen, kommenden Generationen, die mit all dem digitalen Fortschritt von Kindesbeinen an aufwachsen, zu ihren Hauptzielgruppen werden.

Beide Punkte bergen für den Einzelhandel sowohl komplexe Herausforderungen als auch immense Chancen!

## E-COMMERCE BOOMT: KUND:INNEN GEBEN DIE SPIELREGELN VOR!

Der Einzelhandel von morgen wird genauso ein ganz anderer sein, wie der von heute es bereits gegenüber dem von gestern ist. E-Commerce boomt, spätestens mit der Pandemie haben wir den endgültigen Durchbruch erlebt. Im Grunde wurde durch Corona die Entwicklung nur beschleunigt, und so schmerzhaft diese Zeit war – und hoffentlich nie wieder zurückkommen wird –, so dankbar können wir für diese Katalyse sein. Warum? Weil sich eine unausweichliche Entwicklung Bahn gebrochen hat.

Im Jahr 2021 wurden im B2C-E-Commerce in Deutschland 86,7 Milliarden Euro umgesetzt, ein Plus von rund 19 Prozent im Vergleich zu 2020. Die Prognose für 2022 lag sogar bei 97,4 Milliarden Euro. Vor 20 Jahren noch waren es laut Statista gerade einmal 2,2 Milliarden Euro. Was für eine rasante Entwicklung! In nur zwei Jahrzehnten ist das Volumen um das fast 50-Fache gestiegen. Das kann man mit Fug und Recht Disruption nennen. Laut einer Prognose wird sich die Anzahl der E-Commerce-Nutzer hierzulande im Jahr 2025 auf mehr als 68 Millionen belaufen, also auf beinahe die gesamte Bevölkerung.

Die umsatzstärksten Warengruppen im deutschen Online-Handel 2021 waren Bekleidung und Elektronikartikel/Telekommunikation. Besonders hohe Zuwächse hatten die Warengruppen Lebensmittel, Medikamente sowie Do-it-yourself und: Blumen (!). Der Gesamtumsatz mit E-Food stieg um fast 50 Prozent gegenüber dem Vorjahr auf über 3,92 Milliarden Euro, dicht gefolgt von der Warengruppe „Drogerie“, wozu auch Kosmetik gehört, mit 3,73 Milliarden.

Die Zahlen bei Douglas bestätigen den Boom des E-Commerce eindrucksvoll: In den vergangenen zehn Jahren ist der E-Com-Umsatz um rund 1600 Prozent auf knapp 1,2 Milliarden Euro gestiegen! Seit Beginn der Pandemie hat sich das Volumen im Digitalgeschäft noch mal verdoppelt. Und auch nach Ende der Lockdowns ist der Online-Handel nicht wesentlich abgeebbt. Trotz ihres hohen emotionalen Charakters haben Produkte aus Beauty, Duft, Kosmetik und Köperpflege eine starke Online-Affinität entwickelt, und ich bin zutiefst davon überzeugt, dass andere Kategorien wie zum Beispiel Arzneien folgen werden – sobald regulatorische Hürden und Hemmnisse fallen.

Wir haben es mit einer neuen Art des Wettbewerbs und mit digitalen Kund:innen zu tun. Die Konsument:innen, denen sich der Einzelhandel heutzutage gegenübersieht, sind vernetzt, kennen ihre Bedürfnisse und Wünsche genau, sind gut informiert, wollen sich inspirieren lassen und verlangen rund um die Uhr nach einem einzigartigen Einkaufserlebnis. Diese Ansprüche werden sich vor allem deshalb als Norm etablieren, weil die „Millennials“ bald die Hauptkundengruppe mit einer großen Kaufkraft bilden werden. Dicht gefolgt von der „Gen Z“. Beide Generationen wuchsen und wachsen digital auf: mit Google, mit Smartphone, mit Instagram und TikTok – und vermutlich auch mit Avataren …

## CUSTOMER IS KING AND QUEEN – UND DIE NÄCHSTE WELLE KOMMT

Im Grunde ist durch die digitale Revolution nichts Geringeres passiert, als dass wir in einen rigorosen Nachfrage- oder Käufermarkt gekippt sind. Und das ist gut so, für uns alle. Denn bis vor 30 oder 40 Jahren noch hat der Händler oder „Kaufmann“ seine Waren ins Regal geräumt und gesagt: „Dies ist mein Angebot, dies sind meine Preise – friss oder stirb!“ Das Angebot dominierte die Nachfrage. Natürlich gab es schon immer Wettbewerb: Sonderangebote, Preis- und Qualitätsabstufungen oder verschiedene Formate wie Discount und Premium; aber der Einzelhandel war – mit Ausnahme der Versandkataloge – stark lokal geprägt. Und er hat sich lokal im Schwarm bewegt. Produkt- und

Preisvergleiche waren im Wesentlichen nur über Postwurfsendungen möglich – oder man klapperte die verschiedenen Läden in der Nachbarschaft ab. Diese relative Lufthoheit wurde durch das Internet komplett ausgehebelt.

„Quick Commerce“ – wie wir ihn seit der Pandemie zum Beispiel immer mehr im Lebensmittelbereich aufkeimen sehen – ist stark im Kommen und insbesondere im Bereich Konsumgüter für „beide Seiten“ höchst attraktiv. Aber dieses Segment muss sich erst noch beweisen, es ist ein sich wahnsinnig schnell bewegender Markt, und er könnte sich als weitere Brandungswelle der Disruption etablieren.

Das Meistern der „letzten Meile“ aus der Filiale heraus – bisher haben die Kund:innen diesen Job übernommen: Sie steigen in ihr Auto, in den Bus oder aufs Fahrrad, fahren zum Geschäft, nehmen sich einen Einkaufswagen oder -korb, gehen durch den Laden und wählen ihre Produkte aus, gehen zur Kasse, bezahlen und fahren wieder nach Hause. Dieses kurze, aber aufwendige Stück Lieferkette muss nun der Händler erledigen. Der Handel hat vor allem aus Profitabilitätsgründen lange am Quick Commerce geknabbert, und so richtig durchgebissen hat sich noch keiner, wir sehen bereits erste Anzeichen einer Konsolidierung.

Aber in den Ballungszentren werden sich Anbieter mit smarten Konzepten verschiedener Ausprägung für unterschiedliche Handelssegmente festsetzen – auch und vor allem dank digitaler Unterstützung. Lebensmittel, Medikamente, Bekleidung, Elektronik, Kosmetik, – vielleicht auch Pflanzen – wir werden das in den großen Städten in nicht allzu ferner Zukunft in wenigen Stunden oder gar Minuten geliefert bekommen.

In den USA hat sich das Start-up Instacart als On-Demand-Plattform für die Lieferung von Lebensmitteln etabliert. Bei diesem Geschäftsmodell werden persönliche Shopper losgeschickt; somit müssen Kunden nicht selbst zum Einkaufen in ihre örtlichen Supermärkte gehen. Ein Uber für Tomaten, Schinken, Toastbrot & Co.

**ICH BIN SICHER, DASS SICH EINIGE MODELLE DURCHSETZEN UND UNSER KONSUMVERHALTEN MASSGEBLICH BEEINFLUSSEN WERDEN**

Und in Deutschland fährt der Online-Supermarkt „Picnic“ mit seinen Elektro-Transportern nach dem „Milchmann-Prinzip“, andere setzen auf optimierte Fahrradtouren. Ich bin fest davon überzeugt, dass sich bis 2030 einige Modelle durchsetzen und unser Konsumverhalten in Zukunft maßgeblich beeinflussen werden.

Die Folgen der Transformation des Einzelhandels und des gewandelten Kundenverhaltens sind leider auch: Die Innenstädte verlieren zunehmend an Attraktivität und vor allem an Gesicht; manche Fußgängerzonen in strukturschwachen Regionen erinnern zunehmend an Geisterstädte. Auf einst belebten Einkaufsstraßen geben sich zunehmend Spielhallen, Schnellrestaurants, Ein-

Euro-Shops und verklebte Fenster ein Stelldichein. Warenhäuser, Boutiquen, Fachgeschäfte, spezialisierte Familienbetriebe und „Traditionshäuser" kämpfen um ihr Überleben. Diese Eintönigkeit bietet keine Nahversorgung und entfacht schon gar keine Magnetwirkung.

Boris Hedde, Geschäftsführer des Kölner Instituts für Handelsforschung (IFH), mahnte bereits 2020: „Mehr denn je sind wir im Handel jetzt gefordert, den Paradigmenwechsel vorzunehmen. Auf das Zeitalter der Perfektion von Prozessen rund um Beschaffung und Absatzoptimierung folgt ein neues Zeitalter, dass die persönliche Nähe in den Fokus setzen muss. Es geht in der Zukunft darum, Handel immer mehr als Freizeitgut zu verstehen und so in der Branche eine komplett andere Wertewelt und ein neues Leistungsversprechen zu erschaffen."

Erste Ansätze nach Corona sind bereits sichtbar und zeigen, dass bei wieder vernünftigen Mieten neue lokale Shops aufmachen, die sehr kuratiert und mit hoher Beratung ein innovatives Sortiment bieten. Darüber hinaus sehe ich die Chance der Innenstädte als Erlebnisraum für die ganze Familie mit Shopping, Freizeitangeboten, Gastronomie, Grünflächen, Kunst & Kultur. Ein ganzer Reigen an Attraktivität für soziale Zusammenkünfte, denn das hat die Zeit nach den Lockdowns auch gezeigt: Der Mensch will raus, um andere Menschen zu treffen.

## E-COMMERCE VS. STATIONÄRER HANDEL? STATIONÄRER HANDEL MIT E-COMMERCE!

Online-Handel steht für viele in erster Linie für „Convenience", stationärer Handel für „Erlebnis". Beides sollten wir verbinden. Wie ich oben bereits geschrieben habe: Der Handel muss sich vom Entweder-oder lösen und viel mehr in Sowohl-als-auch denken! Deshalb müssten sich alle klassischen, stationären Einzelhändler spätestens JETZT darauf ausrichten und auf das veränderte Kundenverhalten einstellen. Natürlich gehen damit auch schwierige Entscheidungen einher. Die Frage lautet: Wie viel stationären Handel kann ich mir noch leisten? Wie viel Frequenz bleibt?

Auch Douglas betreibt jetzt nicht mehr an beiden Enden der Fußgängerzone eine Filiale, sondern nur noch eine mitten in der Einkaufsstraße. Aber die bietet dann eine echte Erlebniswelt! Der stationäre Handel muss sich partiell neu erfinden, innovativ und kreativ denken, mutig sein, Allianzen und Koalitionen schließen, sich auf die Digitalisierung einlassen – auf gut Deutsch: den Stier bei den Hörnern packen! Jede Kundin und jeder Kunde braucht eine Antwort auf die Fragen: Warum soll ich in die Stadt gehen, wenn ich das auch bequem online erledigen kann? Warum soll ich einkaufen gehen, wenn der Einkauf zu mir kommt?

Gerade in unserem Beauty-Business ist stationärer Handel unersetzlich. Aus Umfragen unter den europaweit rund 50 Millionen Kundenkarten-Inhaber:innen wissen wir, was sie sich vom Filialgeschäft in Zukunft wünschen und warum sie weiter gern in den Store kommen: Es geht hier viel ums Ausprobieren, Sehen, Fühlen, Riechen, um Beratung und zusätzliche Services. Der persönliche Kontakt und die Nähe zum Menschen sind nur vor Ort möglich.

Douglas ist nicht ohne Grund Europas führende Beauty-Destination: Das meint einerseits die Online-Plattform und das Partnerprogramm mit fast 300.000 Artikeln – und bedeutet gleichzeitig ein einmaliges, inspirierendes und aufregendes Einkaufserlebnis vor Ort. Wir wollen „beide Welten" – online und offline – perfekt bespielen. Die Filiale wird zum Markenerlebnis und zum Showroom. Sie ist unerlässlich, um Produkte spürbar zu machen, das geht nicht mit Werbung allein. Sie soll ein Erlebnispunkt sein, der Kund:innen langfristig bindet.

Nun werden viele kleine Händler sagen: „Die Müller hat gut reden, woher soll ich das Geld nehmen?" Ja, Douglas ist ein großer Konzern, aber es geht auch im Kleinen! Selbst Mini-Boutiquen können Omnichannel! Das Internet ist keine Raketenwissenschaft mehr.

Also: Seid kreativ und mutig, bindet die Kund:innen über tolle Beratung und Services und bietet ihnen einen gut gemachten Webshop! Denkt in alle Richtungen: zum Beispiel Online-Bestellungen, die die Kund:innen dann im Laden abholen. Oder es wird per Taxi oder Fahrradkurier ausgeliefert. Wenn die Kund:innen Euch schätzen und loyal sind, werden sie auch Zusatzkosten für diesen Service tragen. Oder schließt Euch zusammen mit Kolleg:innen, verbündet Euch mit anderen Shops. Es gibt IMMER Wege, man/frau darf sich nur nicht verschließen und hinter tradierten Denkmodellen verschanzen.

## KEIN HANDELSKONZEPT KANN KÜNFTIG REIN STATIONÄR FUNKTIONIEREN, AUCH NICHT FÜR MEDIKAMENTE

Ich sehe das bei den Apotheken, die sich mit Macht gegen den Online-Versandhandel in ihrem Metier stemmen. Diese Energie wird an der falschen Stelle eingesetzt – kein Handelskonzept kann künftig rein stationär funktionieren, auch nicht für Medikamente, es ist nur eine Frage der Zeit. Wer jetzt nicht den Fuß in der Tür hat, wird morgen vor der verschlossenen Tür stehen.

Was wir also brauchen, ist eine gekonnte Kombination aus stationärem Handel und E-Commerce, die es den Kund:innen ermöglicht, nahtlos über verschiedene Kanäle so einzukaufen, wie es ihnen gefällt.

Worauf kommt es bei Transformationsprozessen an? Ich brauche Technologie und Know-how, um mich für die neue Welt aufzustellen. Ich brauche Mut, Vision, Strategie und Willen. Sprich: Ich brauche gute Köpfe in diversen Teams, die mutig und innovativ denken, schnell sind und entscheidungsfreudig. Was ich garantiert nicht brauche: Schwarz-Weiß-Malerei, die das eine verdammt und das andere vergöttert. Denkt holistisch, schaut von der Kundenseite her. Mehr Entrepreneur, weniger Kaufmann oder -frau.

Auch muss das Management der Zukunft durch den Wandel führen und die Mitarbeiter:innen mitnehmen; es bedarf eines Umdenkens. Mitarbeiter:innen im stationären Handel fürchten den E-Commerce oft als Konkurrenz und Bedrohung für den eigenen Arbeitsplatz. Wir müssen diese emotionale Hürde durchbrechen: Ohne Online-Geschäft hat auch der stationäre Handel keine Chance. Ohne E-Commerce hätte Douglas die Lockdowns nicht ansatzweise so gut überstanden – möglicherweise hätten wir sie gar nicht überstanden ...

So entscheidend wie Digitalisierung und Konzept ist dabei die Schulung des Personals. Es fehlt wie in anderen Branchen an Fachkräften. Im digitalen Entwicklungsland Deutschland bedarf es einer zeitgemäßen Ausbildung, das digitale Know-how steht für mich aber nicht an erster Stelle vor Mitarbeiterkompetenz im Transformationszeitalter. Es geht mir um Bereitschaft zum Wandel und auch um Persönlichkeit. Die Rolle des Verkaufspersonals wird sich mit Selbstbedienungskassen oder biometrischen Zahlungsverfahren komplett wandeln – hin zu Berater:innen mit Leidenschaft, die Emotionen wecken und Kunden binden.

Zum Abschluss möchte ich noch einen Ausblick geben – mit klaren Wünschen an die Politik. Der Einzelhandel wird sich bis zum Jahr 2030 auf sehr spannende Weise verändern, mit Big Data, KI, Augmented und Virtual Reality und vielleicht auch dem Metaverse. Spätestens jetzt muss jeder Einzelhändler auf den Zug aufspringen, um dabeizubleiben. Und auch die Politik auf allen Ebenen – bundesweit bis lokal – ist JETZT gefordert.

In meinen Augen brauchen wir dafür in erster Linie folgende Unterstützung der Politik:

### 1. INNOVATIONS- UND GRÜNDER:INNEN-FÖRDERUNG

In Lettland kann man angeblich ein Start-up in 20 Minuten online gründen, in Deutschland bedarf es dafür vermutlich Monate und zahlreicher Amtsgänge. Gründlichkeit und Akkuratesse sind lobenswerte deutsche Tugenden, aber wir müssen damit aufhören, unsere Vorsicht – oder gar „Angst" – in übertriebene Bürokratie, Regulierung und Kontrolle zu übersetzen.

Es gibt den alten Witz: „In Frankreich ist alles erlaubt, was nicht explizit verboten ist. In Deutschland ist alles verboten, was nicht explizit erlaubt ist."

Wir brauchen schnellere Genehmigungsverfahren sowie nachvollziehbare und pragmatische Vorschriften – das beginnt schon bei der Steuererklärung. Die digitale Revolution kommt einer tektonischen Plattenverschiebung gleich. Wenn sich der Handel hier neu ausrichten, orientieren und erfinden – und damit letztendlich überleben – soll, braucht er die Unterstützung der Politik! Sowohl im Digitalen als auch stationär. Allein das unerträgliche Gezerre ums E-Rezept lässt mich schier verzweifeln.

### 2. EINE ANDERE BILDUNG

Spätestens bei Lockdowns und „Home-Schooling" ist brutal offensichtlich geworden, wie technologisch rückständig das deutsche Schulsystem ist. Ich bin noch mit Overhead-Projektor, Matrizendruck und Mikrofiche aufgewachsen. So wahnsinnig viel scheint sich seitdem nicht getan zu haben, erst im Zuge der Lockdowns sind die Schulen notgedrungen in den digitalen Unterricht eingestiegen. Auch inhaltlich, also hinsichtlich des Lernstoffs: Fächer wie Digitalisierung, Unternehmensgründung, Business-Strategie, Innovations-, Change- und Risiko-Management sollten auf jeden Lehrplan höherer Stufen gehören. Mehr Realitäts- und Lebensnähe wäre wünschenswert. „Ihr habt nicht immer einen Taschenrechner dabei", hat mein Mathelehrer gesagt: Wie sehr er irrte ...

### 3. INFRASTRUKTUR, INNENSTÄDTE UND MOBILITÄT

Innenstädte müssen öffentlicher Raum für Begegnung werden, ein attraktiver Mix aus Shoppen, Kultur, Gastro, Wohnen, Co-Working-Spaces, Veranstaltungen und verschiedenen Milieus – und das sieben Tage die Woche, 365 Tage im Jahr! Miet- und Steuerbegünstigungen für kleine Händler:innen! Weniger Ordnungsamt – mehr Raum für Spontaneität, Freiheit und Improvisation! In diesem Sinne möchte ich mich an dieser Stelle erneut für Sonntagsöffnungen aussprechen.

Unter anderem dadurch könnten der stationäre Handel und die Innenstädte belebt werden. Das Internet, die Gastronomie und das Kulturprogramm haben schließlich auch am Wochenende geöffnet! Dafür lohnt ein neidvoller Schulterblick nach Skandinavien, zum Beispiel nach Kopenhagen mit seinen exzellenten Mobilitätskonzepten, durchmischten Milieus und Piazzas (oft am Wasser mit Badestellen), wie ich sie liebe ...

### FAZIT

Vieles vom hier Geschriebenen mag wie Wunschdenken oder Fantastik anmuten. Aber es gibt keine Macht, die den E-Commerce und dessen Voranschreiten im Handel aufhalten wird. Es war ja auch dereinst Wunschdenken, Pflanzen im Web zu kaufen. Oder sich Produkte in einem virtuellen, aber sehr plastischen Raum anzuschauen. Oder eine dringende Arztsprechstunde online vom heimischen Sofa auszumachen. Oder abends um zehn innerhalb von wenigen Minuten frische Tomaten fürs Kochen geliefert zu bekommen ...

Mir scheint immer mehr, dass die digitale Realität zusehends die gelebte Realität überholt. Digitalisierung ist keine Bedrohung, sondern Chance und Zukunft. Für uns alle. Vor allem aber ist sie: unaufhaltsam!

**THERE ARE THREE TYPES OF PEOPLE: THOSE WHO MAKE IT HAPPEN, THOSE WHO WATCH IT HAPPEN AND THOSE WHO WONDER WHAT HAPPENED.**

Diese Weisheit sollten wir alle verinnerlichen: insbesondere Handel und Politik. Nichts ist unmöglich. Wir haben es in der Hand, wir sollten uns nicht wundern. Wir müssen nur alte Denkmuster und gelernte Verhaltensweisen ablegen und offener und mutiger gegenüber Innovationen und neuartigen Konzepten werden ...

Und zum Schluss etwas Schleichwerbung:

Mein Lieblings-Gartencenter ist die Turkenburg in Hubbelrath. Unbedingt hingehen, ganz analog. Es lohnt sich – toller Laden!

*Tina Müller ist seit November 2022 Aufsichtsratsmitglied der Douglas Group. Zuvor war sie fünf Jahre lang CEO des Unternehmens. Sie wurde als Marketingvorstand und Geschäftsführerin bei Opel mit der Markenkampagne „Umparken im Kopf" bekannt.*

# BLICK VON AUSSEN II

## EINE GLOBALE WIRTSCHAFT, NEU VERDRAHTET

### Vertrauen, Intelligenz und KI im Jahr 2030

INHI CHO SUH,
President of Product and Technology bei DocuSign im Silicon Valley, sieht Künstliche Intelligenz im Zentrum eines tiefgreifenden Wandels. Ganz gleich, welchen Beruf man hat: KI werde schon bald dabei helfen, ihn besser auszuüben

Als der amerikanische Science-Fiction-Autor William Gibson verkündete, die Zukunft sei „bereits da, sie ist nur nicht sehr gleichmäßig verteilt", wies er lediglich darauf hin, dass einiges, was heute noch „Nische" ist, in naher Zukunft allgegenwärtig und populär sein wird. Early Adopter, die angetrieben sind von Neugier, Risikobereitschaft oder Ressourcenreichtum, können uns als Propheten dienen, wenn wir nur willens sind, genau hinzuschauen. In den kommenden zehn Jahren werden Künstliche Intelligenz (KI) und andere Technologien die Art und Weise, wie wir leben sowie gesellschaftlich und geschäftlich miteinander verkehren, radikal verändern.

Das Zusammenspiel von menschlicher Kreativität mit Technologie und neuen Erfindungen wird dazu führen, dass wir künftig Lösungen, die allen zugute kommen, schneller verbreiten können. Technologie versetzt uns dann in die Lage, einige der größten Herausforderungen unseres Planeten zu bewältigen – zum Beispiel Fortschritte in Sachen Kohlenstoffneutralität zu machen, die Gesundheitsversorgung zu verbessern, die Wirtschaft in Entwicklungsländern anzukurbeln und das Wohlstandsgefälle zu verringern. Neue digitale „Vertrauenssysteme" werden Unternehmen helfen, schneller zu handeln und Transaktionen mit größerer Sicherheit durchzuführen. Die Produktivität wird steigen, und die Weltwirtschaft wird expandieren.

**WIR NEIGEN DAZU, ZU ÜBERSCHÄTZEN, WIE VIEL WIR IN EINEM JAHR ERREICHEN KÖNNEN**

Natürlich sind Vorhersagen eine heikle Angelegenheit, aber eines habe ich nach fast drei Jahrzehnten in der Technologiebranche gelernt: Wir neigen dazu, zu überschätzen, wie viel wir in einem Jahr erreichen können – aber wir unterschätzen bei Weitem, wie viel in zehn Jahren erreicht werden kann. Bedenken Sie, was sich alles in den letzten zehn Jahren getan hat. Im Jahr 2012 gab es zum Beispiel schon Carsharing, aber die Wahrscheinlichkeit, dass Sie Uber oder Lyft 2012 auch nur einmal benutzt haben, liegt bei weniger als 1:100.000. Den meisten Verbrauchern waren diese Marken damals nicht einmal bekannt.

Auch Instagram wurde 2012 von weniger als 0,2 Prozent der Weltbevölkerung genutzt, und TikTok war noch nicht mal erfunden. Vor zehn Jahren ist das iPad gerade auf den Markt gekommen, Snapchat, Square, Pinterest und Slack hatten gerade ihre ersten Nutzer gefunden, und Oculus VR wurde in einer kleinen Garage in Irvine/Kalifornien entwickelt. In nur einem Jahrzehnt ist der weltweite elektronische Handel um 514 Prozent gewachsen, und die Art und Weise, wie wir leben, arbeiten und miteinander interagieren, hat sich grundlegend verändert.

Und sie wird sich weiter verändern. Überlegen wir einmal, wie etwa das Leben eines CEO der Bay Area im Jahr 2030 aussehen könnte: Der Tag beginnt mit einer kurzen Fahrt in einem eVTOL-Lufttaxi von Marin County nach San Francisco. Dabei bleibt gerade genug Zeit für einen kurzen Video-Check-in mit einem Kollegen in São Paulo, bei dem die Augmented-Reality-Brille der vierten Generation von Apple und die Übersetzungssoftware von Microsoft zum Einsatz kommen, die es jedem ermöglicht, in der eigenen Muttersprache zu reden. Das Taxi landet auf dem Dach des neuen Firmensitzes, der dank Algorithmen der KI und Tausenden von Sensoren, die ständig Daten sammeln und den Energieverbrauch optimieren, energieneutral ist – er erzeugt genauso viel Energie, wie er verbraucht. Die erste Sitzung des Tages ist ein Fortschrittsbericht einer Führungskraft, die die Einführung einer neuen Vertriebs- und Kundendienstorganisation leitet, die mit „digitalen Menschen“ besetzt ist, also mit Avataren, die Gespräche führen und die Bedürfnisse der Kund:innen verstehen können.

Wenn Ihnen das alles weit hergeholt vorkommt, sollten Sie sich klarmachen, dass all diese Technologien heute in unterschiedlichem Maße ausgereift sind und eingesetzt werden. Einige sind unerschwinglich teuer, aber wir alle wissen, wie diese Kurven aussehen.

Das in Bruchsal ansässige Unternehmen Volocopter testet seit 2021 eVTOL-Fahrzeuge (elektrisch angetriebene Fluggeräte, die senkrecht starten und landen können) und plant, seinen kommerziellen Lufttaxidienst bei den Olympischen Spielen 2024 in Paris zu starten. Ein in Kalifornien ansässiger Konkurrent, Joby Aviation, hat sich verpflichtet, im Jahr 2025 Lufttaxis in Betrieb zu nehmen. Gerüchten zufolge arbeitet Apple an einem AR/VR-Headset und einer AR-Brille, die 2024 auf den Markt kommen soll. Google, Meta und Microsoft arbeiten an der Entwicklung einer KI-gesteuerten Sprachübersetzung. Das in Austin/Texas ansässige Unternehmen Uneeq stellt „digitale Menschen“ her, die als Online-Vertriebsmitarbeiter:innen fungieren – die Deutsche Telekom setzt sie bereits ein und beherzigt den Rat von Uneeq, „eine digitale Belegschaft aufzubauen“.

**IM KOMMENDEN JAHRZEHNT WIRD KI BEI JEDER AUFGABE ZUM EINSATZ KOMMEN**

Doch bis 2030 wird sich ein noch größerer und tiefgreifenderer Wandel vollziehen, den Sie vielleicht nicht sehen, dessen Auswirkungen Sie aber definitiv spüren werden. Im kommenden Jahrzehnt wird KI bei jeder Aufgabe, jedem Arbeitsablauf und jedem Gerät zum Einsatz kommen.

Alles um uns herum ist dann mit Intelligenz durchdrungen. Das liegt zum Teil daran, dass man maschinelles Lernen, eine Form der KI, inzwischen kostengünstig und einfach nutzen kann. Unternehmen setzen maschinelles Lernen bereits ein, um Tausende von Stunden von Verkaufsgesprächen und Vorstellungsgesprächen zu analysieren sowie um Vertriebsmitarbeiter:innen und Personalverantwortlichen beizubringen, wie sie effektiver arbeiten können. Ganz gleich, welchen Beruf Sie ausüben, KI wird Ihnen schon bald dabei helfen, ihn besser auszuüben.

KI könnte uns sogar helfen, das Vertrauen in der Gesellschaft wiederherzustellen. Als wir das Web 2.0 entwickelten, stellten wir den einfachen Zugang und die gemeinsame Nutzung über die Notwendigkeit, die Identität zu schützen und die Sicherheit persönlicher Daten zu gewährleisten. Infolgedessen haben Menschen das Vertrauen in die meisten wichtigen Institutionen verloren: Regierung, Medien, Banken, Technologieunternehmen. In der nächsten Version des Internets, die manche als Web3 bezeichnen, können wir dies beheben, indem wir KI-gestützte digitale Vertrauenssysteme aufbauen, bei denen das Vertrauen nicht von Menschen, sondern von Softwarecode abhängt.

Bei DocuSign, wo ich die Produkt- und Technologieentwicklung leite, verfolgen wir ein ehrgeiziges und kühnes Ziel. Wir wollen mithilfe von KI das neu erfinden, was die Grundlage der Gesellschaft selbst ist: die Vereinbarung. Alles, was wir tun, vom Autokauf bis zum Management einer komplexen Lieferkette mit Hunderten von Partnern, beginnt mit Vereinbarungen, die wir als Verträge festhalten. In der Tat sind Verträge das „zentrale Nervensystem" einer Organisation und der globalen Wirtschaft.

## DAS ZENTRALE NERVENSYSTEM DER GLOBALEN WIRTSCHAFT ERNEUERN

Heute funktioniert dieses zentrale Nervensystem jedoch nicht mehr so gut. Es gibt zu viele unterbrochene Synapsen, Blockaden und Schwachstellen. Dies wirkt sich auf alles aus, was wir bei der Arbeit tun. Es dauert viel zu lange, Geschäfte auszuhandeln und Vereinbarungen zu treffen. Es ist schwierig, Vertrauen zwischen Partnern aufzubauen. Die Systeme, die wir für eine Welt mit wenig Vertrauen entwickelt haben, sind schwerfällig, fehlerhaft und ineffizient – und sie bremsen uns aus. Der Weg, das zu ändern und die Dinge zu beschleunigen, besteht darin, eine neue Art von Verträgen zu schaffen.

Heutzutage sind Verträge statische Dokumente – Papierstücke, die zu PDF-Dateien gescannt oder von Textverarbeitungsprogrammen direkt in PDF-Dateien ausgedruckt werden. Aber wir und andere erfinden Verträge, die aus Softwarecode bestehen. Diese „berechenbaren Verträge" werden dynamische digitale Werte sein, die „denken", sich anpassen, Entscheidungen treffen und sogar eigenständig verhandeln können. Die Verarbeitung natürlicher Sprache, eine Form der KI, kann den Vertragstext analysieren und seine Bedeutung extrahieren. Berechenbare Verträge können auch in ihre Bestandteile zerlegt werden, was die Anpassung von Verträgen für verschiedene Vereinbarungen ermöglicht. Dies wird unser Arbeitsleben erleichtern und die Art und Weise, wie wir auf globaler Ebene Geschäfte machen, beschleunigen. Dies wiederum hat Auswirkungen auf die Nachhaltigkeit, intelligente Lieferketten und die Erschließung des menschlichen Potenzials – Dinge, die weitaus mehr bewirken werden als fliegende Taxis. Diese Umgestaltung von Verträgen ist längst überfällig. Seit dem 17. Jahrhundert schließen wir sie auf die gleiche Art und Weise ab: Wir halten die Vereinbarung schriftlich fest und lassen sie von beiden Parteien unterschreiben. Welcher andere Vorgang in unserer Welt hat sich seit mehr als drei Jahrhunderten nicht verändert? Wir leben im Zeitalter von Hyperloops und Raumfahrt, aber wir schließen und verwalten Verträge immer noch auf die gleiche Weise wie zu Zeiten der Pferdekutschen. Sicher, heute unterzeichnen wir Verträge elektronisch, aber größtenteils fotografieren wir nur Papier und speichern diese Bilder auf Festplatten, anstatt sie in Aktenschränken zu verstauen.

**ES IST NICHT LANGE HER, DASS WIR PAPIERKARTEN IM HANDSCHUHFACH MITFÜHRTEN**

Berechenbare Verträge sind ein enormer Fortschritt. Ich vergleiche sie mit dem, was mit Landkarten passiert ist. Es ist noch gar nicht so lange her, dass wir Papierkarten im Handschuhfach unseres Autos mitführten. Dann kam MapQuest, ein Online-Dienst, der uns eine digitale Kopie dessen bot, was wir bereits auf Papier hatten. Mit MapQuest holten wir uns die Wegbeschreibung meist online, druckten sie dann aber aus, um sie mitzunehmen. Der große Durchbruch kam mit Google Maps und anderen modernen Kartensystemen, also dynamischen digitalen Daten, die nicht auf Papier, sondern auf Code basieren. Diese Karten sind intelligent. Ihre Karte kann das nächstgelegene Restaurant finden und Ihnen sogar helfen, einen Tisch zu reservieren. Ihre Karte kann in die Zukunft sehen und Sie warnen, dass Sie in zehn Minuten in einen Stau geraten werden, und eine alternative Route vorschlagen.

Die Verwaltung von Verträgen ist bis zu einem gewissen Grad durch Softwareprogramme automatisiert worden. Aber selbst mit den heutigen Tools erfordert das viel menschlichen Einsatz, und der Prozess ist langsam, kostspielig und fehleranfällig. Um das Ausmaß dieses Problems zu verstehen, muss man sich vor Augen führen, dass ein typisches Großunternehmen Zehntausende von aktiven Verträgen hat. AXA, eine der größten Versicherungsgesellschaften der Welt, beschäftigt mehr als 100.000 Mitarbeiter:innen, deren Hauptaufgabe die Verwaltung von Verträgen ist. Und das ist nur ein einziges Unternehmen. Stellen Sie sich vor, wie viel Zeit und Geld für die Verwaltung von Verträgen in der globalen Wirtschaft mit einem Wert von 100 Billionen Dollar aufgewendet wird. Stellen Sie sich dann vor, wie viel Wert wir freisetzen können, wenn wir das zentrale Nervensystem dieser Weltwirtschaft mithilfe des maschinellen Lernens neu verkabeln.

Das ist genau die Art von Problem, für dessen Lösung die enge KI geschaffen wurde. Bis zum Jahr 2030 werden berechenbare Verträge in der globalen Wirtschaft gang und gäbe sein. Unternehmen werden Lohnkosten sparen, durch schnellere und sicherere Transaktionen mehr Umsatz erzielen und durch Fehler verursachte Verluste ausgleichen. Algorithmen machen weniger Fehler als Menschen, und sie können lernen und mit der Zeit besser werden. Das bedeutet nicht, dass der Mensch ersetzt wird, sondern dass er für wichtigere Aufgaben frei wird. Ein Großteil des Wandels wird hinter den Kulissen stattfinden, aber die Beschleunigung wird überall zu spüren sein. Biotechnologie und Pharmazie werden neue Medikamente schneller auf den Markt bringen. Bauprojekte können in kürzerer Zeit und mit geringerer Kostenverschwendung abgeschlossen werden. Das Bildungs- und Finanzwesen, das Gesundheitswesen, die Fertigung und andere Branchen werden sich verändern.

Wenn wir das zentrale Nervensystem der Welt so umbauen, dass alles schneller geht, können wir vieles von dem, was wir heute tun, verbessern und sogar neu erfinden, auch die Art, wie wir arbeiten. Beispiele:

**DIE WELT WIRD KLEINER – WIEDER EINMAL.** Das Internet hat die Globalisierung in Gang gebracht, aber dieser Trend wird sich noch beschleunigen. Heute haben etwa zwei Drittel der Weltbevölkerung Internetzugang, aber bis 2030 werden weit mehr Menschen vernetzt sein. Und das Internet wird in der westlichen Welt wahrscheinlich bis zu 25-mal schneller sein. Unternehmen werden mit APIs (Application Programming Interfaces) arbeiten, das heißt mit Codeteilen, die es Programmen ermöglichen, miteinander zu kommunizieren, und sie werden sich mit Partnern über APIs verbinden, indem sie Netzwerke für Netzwerke und Systeme von Systemen aufbauen. Mehr Menschen werden Chancen haben, der Wohlstand wird weltweit breiter verteilt sein, und die sich entwickelnden Volkswirtschaften werden einen Aufschwung erfahren. Ihre Kolleg:innen werden aus viel mehr Ländern kommen als heute.

**SIE WERDEN ANDERE FÄHIGKEITEN BRAUCHEN.** Paradoxerweise werden Soft Skills immer wichtiger, weil ja der Arbeitsplatz immer stärker von der Technik bestimmt wird. Kreativität, Lese- und Schreibfähigkeit, fließende Sprachkenntnisse, Kenntnisse in Kunst und Musik sowie Einfallsreichtum, Intuition und die Fähigkeit zur Zusammenarbeit sind künftig der Schlüssel zum Erfolg. Kulturelle Kompetenz wird umso wichtiger sein, je vielfältiger Arbeitsplätze werden. Der Wandel geht so schnell vonstatten, dass vieles von dem, was man an der Universität lernt, schon bald nach dem Eintritt in das Berufsleben veraltet ist. Immer mehr von dem, was wir tun, wird automatisiert. Der Schlüssel, um der KI einen Schritt voraus zu sein, liegt in der Zukunft darin zu lernen, wie man immer weiter lernt.

**IMMER MEHR VON UNS ARBEITEN AUS DER FERNE.** Die meisten Unternehmen agieren heute nach dem Motto „Zuerst vor Ort, dann aus der Ferne", und die meisten werden dabeibleiben. Aber neue Unternehmen stellen dieses Modell künftig auf den Kopf und arbeiten nach dem Motto: „Zuerst aus der Ferne, dann vor Ort". Die Verbindungen zwischen Zeit, Ort und persönlicher Produktivität werden also lockerer. Neue Technologien erleichtern das asynchrone Arbeiten – wie etwa „Digital Headquarters" (DHQ), das Slack, ein Partner unseres Unternehmens, als Teil seiner Vision einer Zukunft entwickelt, in der das „Hauptquartier" aus Software und nicht aus Ziegeln und Mörtel besteht.

**UNSERE ARBEITSPLÄTZE WERDEN GESÜNDER SEIN – FÜR UNS UND FÜR DEN PLANETEN.** Wenn wir ins Büro gehen, arbeiten wir in Räumen, bei deren Bau Nachhaltigkeit oberste Priorität hatte. Das Ausschöpfen des Potenzials von Daten ermöglicht es uns, intelligente Gebäude wie IntenCity zu bauen, das Schneider Electric in Grenoble/Frankreich errichtet hat, um die Grenzen des Möglichen zu erweitern. IntenCity ist im Betrieb Net Zero und energieneutral – es erzeugt gerade so viel Energie, wie es verbraucht – und achtmal effizienter als ein durchschnittliches Gebäude in Europa. Diese Effizienz wird dank digitaler Systeme erreicht, deren Sensoren alle zwei Minuten Tausende von Datenpunkten sammeln und in Echtzeit analysieren, sodass sich das Gebäude anpassen und reagieren kann, fast wie ein lebender Organismus. Gebäude werden künftig neue Technologien einbinden – in dem Maß, in dem diese sich jeweils fortentwickelt haben.

**WIR ERLEBEN EINE KAMBRISCHE EXPLOSION VON START-UPS UND INNOVATIONEN.** Das schnelle Zentralnervensystem der globalen Wirtschaft wird die Eintrittsbarrieren senken und es kleinen Unternehmen ermöglichen, mit größeren Wettbewerbern zu konkurrieren und schnell zu skalieren. Es ist dann wahrscheinlicher, dass Sie für ein kleines Unternehmen arbeiten als für ein großes, und es ist wahrscheinlicher, dass Sie Ihr eigenes Unternehmen gründen, da die Kosten für die Gründung eines neuen Unternehmens viel niedriger sein werden als heute. Innovatoren, die Probleme in Bereichen wie Nachhaltigkeit und Energieeffizienz lösen, haben es künftig leichter, ihre Ideen auf den Markt zu bringen.

**ENGE KI WIRD SO VERBREITET SEIN WIE HEUTE TABELLENKALKULATION, UND MAN WIRD SIE GENAUSO EINFACH BENUTZEN KÖNNEN.** Aktuell braucht man eine spezielle Ausbildung, um Modelle für maschinelles Lernen zu erstellen, aber es entstehen sogenannte AutoML-Tools, die es jedem ermöglichen, ein sogenannter „Citizen Data Scientist" zu sein. Für maschinelles Lernen wird es eine Software geben, die Sie für Ihre Arbeit verwenden wie Microsoft Office und Google Workspace. Ich gehe davon aus, dass wir in den sieben kurzen Jahren bis 2030 Künstliche Intelligenz für fast alle Herausforderungen unseres Planeten und unserer Volkswirtschaften einsetzen werden.

Bevor ich 2022 aus dem Aufsichtsrat von DocuSign in die Leitung unserer Produkt- und Technologieabteilung gewechselt bin, hatte ich das Privileg, 20 Jahre lang bei IBM zu arbeiten, wo ich Organisationen leitete, die Watson-AI-Services, Big Data und Analytik bereitstellen. In diesen zwei Jahrzehnten hat sich die Welt so sehr verändert, dass sie kaum wiederzuerkennen ist. Doch auch heute beschleunigt sich der technologische Wandel immer weiter und gestaltet unsere Welt um. Bis 2030 werden KI und andere Technologien ganze Branchen verändern und neue Branchen schaffen.

Die Welt wird schneller, intelligenter, kleiner und vor allem besser. Wir werden einige unserer größten wirtschaftlichen Herausforderungen lösen oder zumindest beginnen, sie auf sinnvolle Weise zu lösen. Neue technologische Vertrauenssysteme setzen ungenutztes menschliches Potenzial rund um den Globus frei und verringern die Ungleichheit in Sachen Wohlstand, indem sie neue Möglichkeiten schaffen, die mehr Menschen zugänglich gemacht werden.

Ich glaube, dass wir im Jahr 2030 zurückblicken und erkennen werden, dass 2023 ein historischer Wendepunkt war, ein Moment, in dem wir den Atem angehalten haben, bevor wir uns in ein großes Abenteuer stürzten. Ich war noch nie so begeistert von der Zukunft der Arbeit und von den Möglichkeiten, die Technologie bietet, um unser Leben zu verbessern.

*Inhi Cho Suh übernahm 2022 die neu geschaffene Position der President of Product, Technology & Operations bei DocuSign. Davor durchlief sie in mehr als 20 Jahren bei IBM mehrere Führungspositionen. Unter anderem war sie für Watson AI verantwortlich.*

# 04
# DEEPTECH

# NEW SPACE

## Revolution über unseren Köpfen

DANIEL METZLER,
CEO und Mitgründer des Raumfahrtunternehmens
Isar Aerospace, nimmt uns auf eine spannende Zeitreise mit

Für die meisten Menschen ist Raumfahrt etwas sehr Spannendes, aber eben nicht richtig greifbar. Wir alle kennen zwar die Filme aus Kino und Fernsehen, haben vielleicht früher die Serie „Raumschiff Enterprise“ mit Captain Kirk und Spock gesehen, die faszinierenderweise vieles von dem vorwegnahm, was heute Realität ist. Wir wissen auch, dass eine Menge Satelliten unsere Erde umkreisen. Und wir haben irgendwann die alten Schwarz-Weiß-Aufnahmen der Mondlandung gesehen. Aber was heute alles im All passiert – und vor allem, was in naher Zukunft dort möglich sein wird –, das ist für die meisten Menschen vermutlich ebenfalls nur Science-Fiction.

Dabei ist schon unsere gegenwärtige Situation im Weltraum das Gegenteil von Science-Fiction. Viele aufsehenerregende und greifbare Entwicklungen zeichnen sich bereits jetzt ab, die Zukunft der Raumfahrt hat schon begonnen. Wir nennen das: New Space. Und es wird spannender sein als alles, was wir kennen.

Fakt ist: Die nächste technologische Revolution wird über unseren Köpfen stattfinden.

Dazu nur ein paar Zahlen: Insgesamt befanden sich im April 2022 knapp 5500 Satelliten im All; allein der Gesamtumsatz für ihre Herstellung, den Betrieb und die Wartung lag 2021 bei 279 Milliarden US-Dollar. 2030 werden es womöglich 50.000 Satelliten sein.

Warum so viele? Kurz gesagt: Weil New Space, also die Kommerzialisierung von Raumfahrt und ihre Verknüpfung mit der sogenannten Non-Space-Wirtschaft, immer mehr an Bedeutung gewinnt. Gerade für das Hightech- und Industrieland Deutschland. Dazu eine weitere Zahl: Bereits heute haben 76 Prozent der deutschen New-Space-Unternehmen Kunden außerhalb der Raumfahrtindustrie.

## DIE ZUKUNFT GEHÖRT DEN MINI-SATELLITEN

Wir werden uns also an den Gedanken gewöhnen müssen, dass die Raumfahrt im Jahr 2030 nicht mehr dieselbe sein wird wie früher, als Raketenstarts noch ganz bemerkenswerte, seltene Ereignisse waren, bei denen riesige Trägerraketen jedes halbe Jahr mal in den Weltraum gestartet sind. Die Zukunft gehört den vielen kleinen, womöglich nur fünf Kilo schweren Mini-Satelliten, die in großer Zahl und mit wenig Aufwand in den Orbit befördert werden können. Die wir vielleicht in Web-Shops bestellen. Und die, wenn sie Probleme machen, nicht verloren gehen, sondern die wir dann reparieren können. Es wird sogar möglich sein, das Ganze direkt an Ort und Stelle zu erledigen – schon heute arbeiten staatliche und private

Anbieter daran, Satelliten im Weltraum zu warten, sie zu reparieren oder kaputte zu „deorbiten".

Das geht weit über das hinaus, was viele Menschen heute unter Raumfahrt verstehen. Einer Raumfahrt, die seit langer Zeit eine wichtige und kritische Infrastruktur für unsere Industrie und unser aller Leben ist. Ohne sie hätten wir keine Services wie GPS oder Google Maps. Die Ortung von Schiffen und Flugzeugen wäre unmöglich, autonomes Fahren ein zu großes Risiko. Außerdem könnten wir ohne Satelliten nicht für Highspeed-Internet an jedem Ort Welt sorgen – ob in der Millionenmetropole oder irgendwo auf dem Land. Der Weltraum bot schon früh die Möglichkeit zu zahllosen Experimenten, mit Implikationen für verschiedenste Branchen. So reagieren etwa Kristalle, Proteine, Flüssigkeiten und menschliche Genome in der Schwerelosigkeit anders als auf der Erde. Das eröffnet ganz neue Innovationsprozesse für Medikamente und Impfstoffe.

Ein Beispiel: die Krebsforschung. Wissenschaftler:innen haben im Laufe der Zeit die Erkenntnis gewonnen, dass Astronauten seltener an Krebs erkranken. Deshalb werden heute Medikamente entwickelt, die Krebszellen so angreifen, als lebten Patient:innen gerade im Weltraum. Die notwendigen Zellkolonien können nicht auf der Erde gezüchtet werden, aber sehr wohl draußen im All.

Ich reise jetzt noch ein Stück weiter zurück in der Zeit: Das „Apollo"-Programm in den 60er-Jahren machte nicht nur die erste bemannte Landung auf dem Mond möglich – im Nachgang sehen wir auch, wie viele Erfindungen von damals mittlerweile Einzug in unterschiedlichste Branchen und in unsere Gesellschaft gefunden haben. Innovationen, die nicht mehr aus unserem Alltag wegzudenken sind – etwa Rettungsfolien, Handstaubsauger oder Klettverschlüsse. Auch die Fotovoltaik wurde in der Raumfahrt etabliert. Wir haben gelernt, dass die Entwicklung und Herstellung eines Produkts im Weltraum effizienter sein kann als auf der Erde: Glasfasern etwa, die in der Schwerelosigkeit produziert werden, sind 100-mal leistungsfähiger als herkömmliche. Selbst Wasserrecycling-Technologien gehen auf die Arbeit der Internationalen Raumstation (ISS) zurück.

## GLOBALE ERDERWÄRMUNG AUS DEM ALL KONTROLLIEREN

Wagen wir jetzt den großen Sprung zurück nach vorn. Ins Jahr 2030, von dem dieses Buch handelt. 2030 nutzen Telekommunikationsunternehmen, Automobilhersteller oder Versicherer eigene Satellitensysteme, um ihre Projekte umzusetzen. Hier spielen insbesondere die eingangs erwähnten kleinen und mittelgroßen Satelliten, die künftig etwa von einer Isar-Aerospace-Trägerrakete ins All gebracht werden können, eine zentrale Rolle. Wir werden also seltener die riesigen Satelliten von früher sehen, sondern viele, viele kleine, die in niedrigerer Höhe fliegen und quasi ein Netz bilden. Das ist eine der besonderen Veränderungen im Vergleich zu früher: Wir nutzen in der Zukunft vorwiegend sogenannte Kleinsatelliten unter 600 Kilogramm Gewicht.

Das hat viele Vorteile, und wir werden damit eine Menge mehr schaffen als heute. Wir können 2030 aus dem All die globale Erderwärmung noch genauer kontrollieren. Verspricht also ein Land Maßnahmen zur Eindämmung seines $CO_2$ Ausstoßes, sind wir in der Lage, am Bildschirm zu beobachten, ob es sich an sein Versprechen hält. Mithilfe von Satellitensystemen ist es dann möglich, die Luft- und Wasserqualität sowie den Zustand von Böden und Pflanzen zu messen und die Veränderung von Erdoberflächen, Meerespegeln und der Atmosphäre zu beobachten; wir können alles überwachen, um entsprechende Schutzmaßnahmen zu entwickeln. Wir werden die Möglichkeit haben, Wälder zu scannen, um nach dem Ausbruch eines Brandes den Ursprung schnell lokalisieren und entsprechend reagieren zu können. Und bei einer Überschwemmung übermitteln Satellitensysteme in Echtzeit Daten über das Ausmaß der Katastrophe.

Wir haben aber 2030 nicht nur New Space, sondern auch Responsive Space. Also die Möglichkeit, in (militärischen) Krisenzeiten Kleinsatelliten bis 600 Kilogramm Gewicht in kürzester Zeit zu starten. Bislang kann das noch keine Nation. Wir wissen heute leider besser als noch vor einem Jahr, wie wichtig das ist. Responsive Space ist künftig aber auch wichtig, um in kritischen industriellen Situationen, etwa bei Ausfall eines Satelliten, schnell Abhilfe schaffen zu können.

## PRIVATE WELTRAUMINDUSTRIE BEDEUTET TAUSENDE NEUE ARBEITSPLÄTZE

Wie schaffen wir das alles? Während heute die meisten Entwicklungsaufträge für Raumfahrtunternehmen in Europa von institutionellen Einrichtungen wie der ESA (European Space Agency) kommen, werden künftig Startdienstanbieter wie Isar Aerospace sowie die Hersteller von Satelliten und Satellitenkonstellationen durch Serviceaufträge aus der Industrie und öffentlichen Institutionen finanziert. Die private Weltraumindustrie wächst, private Investoren werden vermehrt in junge Unternehmen im Bereich SpaceTech investieren, verwandte Industrien durch Aufträge wachsen und Tausende Arbeitsplätze neu geschaffen – für internationale hervorragend ausgebildete Ingenieure und Techniker. Deutschland wird zu einem Innovations-Hub für Raumfahrt in Europa, Europas Raumfahrtindustrie in der internationalen Bedeutung wachsen und viele globale Kunden anziehen.

Stellen Sie sich dazu ein Telekommunikationsunternehmen vor, das mit kleinen Satelliten ein eigenes Telefonnetz aufbauen will. Oder einen Autohersteller, der ein satellitengestütztes Tool zum autonomen Fahren in Auftrag geben möchte. Im Idealfall vergehen 2030 von der Beauftragung der dafür benötigten Mini-Satelliten bis zum Start der Trägerrakete nur noch ein paar Wochen. Heute dauert es je nach Größe des Satelliten, der gestartet werden soll, ein bis zwei Jahre, um einen Platz zu bekommen. Bei einem aktuellen Preis von rund 6.000 Dollar pro Kilo (SpaceX).

Ich habe „Idealfall" geschrieben, weil bis dahin viel passieren muss, wenn wir in Europa nicht von den ohnehin führenden Raumfahrtgroßmächten USA, China und Russland uneinholbar abgehängt werden wollen. Aktuell fehlt es an grundlegenden Bestimmungen über die Vergabe von Plätzen in den Orbits – uneinheitliche Regulierung von Satellitenstarts und Weltraumtechnologie in Europa ist nach wie vor ein großes Hemmnis für Investitionen in diesem Bereich. Wir brauchen einheitliche gesetzliche Rahmenbedingungen, die insbesondere die Haftungsfragen bei Weltraummissionen definieren. Das schafft nicht nur Rechtssicherheit, sondern auch Sicherheit bei Investitionen in die Industrie.

Und ja, natürlich wird es 2030 weiterhin das geben, was Generationen seit Jahrzehnten beschäftigt und uns immer beschäftigen wird: astronautische Raumfahrt. Wir kennen die Unternehmen, die sie heute anbieten, die private Raumfahrtindustrie nimmt rasant an Fahrt auf. In den USA führen Elon Musks SpaceX oder Jeff Bezos′ Blue Origin bereits heute Starts im Auftrag privater und öffentlicher Institutionen durch und setzen zunehmend auf Weltraumtourismus. In Europa werden staatliche Institutionen wie die ESA private Startdienstleister für Satelliten durch die Vergabe von Serviceaufträgen als Ankerkunde stärker machen. Nur so kann die Souveränität Europas und der unabhängige Zugang des Kontinents zum Weltraum garantiert werden.

Wir werden also auch künftig Raumstationen bauen, wir besiedeln eines Tages Mond und Mars, weil wir uns für die Rohstoffvorkommen dort interessieren. Und wir schauen immer weiter, was hinter den unendlichen Weiten kommt.

Aber die Raumfahrt als konkreter, schneller Nutzfaktor unserer Industrie, zum Beispiel als Ersatz für den „Lastwagen“, der ein Produkt eben nicht auf der Straße von Norddeutschland nach Italien transportiert, sondern in eine Umlaufbahn – und das mit sauber verbrennenden Treibstoffen, wie Isar Aerospace sie mit der Trägerrakete „Spectrum“ schon heute nutzt: mit Propan und LOX (Flüssigsauerstoff) –, das alles kann/wird schon 2030 Tagesgeschäft sein.

Raumfahrt ist dann auch weniger individuell, aber im positiven Sinne. Strukturen und Antriebe von Trägerraketen, also all die spannenden neuen Technologien, können in Zukunft automatisiert und in Serie hergestellt werden – so wie heute die Motoren der Kraftfahrzeugindustrie oder die Antriebe von Flugzeugen.

Eine neue Zeit beginnt. Ich freue mich darauf.

*Daniel Metzler schloss sein Bachelorstudium in Maschinenbau an der TU Wien ab. 2016 kam der gebürtige Österreicher für den Masterstudiengang Luft- und Raumfahrttechnik an die TU München. Mit Josef Fleischmann gründete er 2018 das Start-up Isar Aerospace, das Trägerraketen mit kleinen und mittelgroßen Satelliten in den Orbit bringt. Mit über 300 Mitarbeitenden sowie 180 Millionen Dollar an Venturecapital ist Isar Aerospace eines der am besten finanzierten Space-Start-ups Europas.*

# MEHR ALS EIN QUANTENSPRUNG

## Wie Quantentechnologien Gesellschaft und Wirtschaft transformieren

MARKUS PFLITSCH,
Gründer und CEO von Terra Quantum, glaubt, dass die Quantenrevolution nicht nur unsere Computer unglaublich beschleunigen, sondern auch Einzug in Kommunikation, Medizin und Umweltforschung finden und unser Miteinander verändern wird

Die Quantenphysik bereitet Wissenschaft, Menschheit und Technik seit 100 Jahren gleichermaßen Faszination und Kopfzerbrechen. Ihrer Wirkungsweise liegen Fragen zugrunde, die – bis heute – naturwissenschaftlich nicht vollständig zu erklären sind: Welcher Logik folgen die Bewegungen und Kausalitäten auf atomarem und subatomarem Level? Was ist die letzte Antwort der Naturwissenschaft auf die Frage nach dem Ursprung des Lebens – und damit verbunden: Was ist in der Folge unser Streben?

Was in der Realität unsere Wahrnehmung von Materie bestimmt – Neutronen, Protonen, Elektronen –, widerspricht auf subatomarer Ebene den Gesetzen der Newton'schen Mechanik. Plötzlich zeigen diese kleinsten Teilchen neben ihren Eigenschaften auch solche Verhaltensweisen, wie wir sie nur dem Licht zuschreiben: Sie sind Teilchen und Welle zugleich. Wirklich spannend wird es, wenn wir die sogenannte „Superposition" und „Verschränkung" – zwei wesentliche Eigenheiten in der Quantenmechanik – hinzunehmen: Die Zustände der Teilchen auf der Quantenebene können sich überlagern und mehrere Zustände gleichzeitig annehmen. Sie lassen sich auch miteinander verschränken, sodass ein Teilchen immer die komplementäre Information zu seinem Zwillingsteilchen besitzt, egal wo es sich befindet.

Die wohl größte Faszination besteht bei ebendieser unerklärlichen, aber tatsächlichen Verbindung: Sobald man den Zustand eines Teilchens verändert, führt das dazugehörige Zwillingsteilchen eine sich deckende Veränderung in genau demselben Moment durch. Der Österreicher Erwin Schrödinger, Vordenker und Pionier der Quantenmechanik, ist Namensgeber des Phänomens der Verschränkung. Sein deutscher Kollege Albert Einstein sprach noch von „spukhafter Fernwirkung".

Heute wissen wir, dass diese uns noch fremd erscheinenden Eigenheiten der Quantenphysik wesentliche Grundlagen für die moderne Technologie und deren Anwendungen darstellen: Laser, noninvasive Diagnoseinstrumente in der Medizin, Verschlüsselungsverfahren in der Kommunikation und im Bankenwesen, zuverlässige Zahlungssysteme.

## DIE DISRUPTIVE GRAVITÄT DER QUANTENTECHNOLOGIEN

Doch kurz noch einmal auf Anfang – was sind Quantentechnologien, und warum haben sie das Potenzial, unsere Gesellschaft und Wirtschaft in wenigen Jahren grundlegend und nachhaltig zu verändern? Anfang des 20. Jahrhunderts gelang es, Quanteneffekte erstmals nutzbar zu machen, beispielsweise im Bereich der Halbleitertechnologien oder für Laserverfahren in der medizinischen

Diagnostik. Ausgehend von den Errungenschaften in der sogenannten ersten Quantenrevolution, gewinnen wir nun in der zweiten die Kontrolle über die Wellenbewegungen der einzelnen Objekte: Expert:innen sehen den Reifegrad der Quantentechnologien inzwischen ungefähr auf dem Entwicklungsstand des Internets der frühen 90er-Jahre. Die anbrechende Quantenrevolution verspricht aber, in ihrer Dimension noch disruptiver zu werden. Sie wird unser gesellschaftliches Miteinander verändern und Einzug in alle Industriebereiche finden.

Heute lassen sich Quantentechnologien und deren Anwendungen in diese Bereiche einteilen: Quantenkommunikation, Quantensensorik, Quantum-enhanced Imaging und Quantenmetrologie sowie Quantencomputing (und -simulation).

Die **Quantenkommunikation** (oder: **Kryptografie**) wird es möglich machen, Kommunikation und den zugehörigen Datentransfer durch die Verteilung von Quantenschlüsseln vollumfänglich zu schützen. Sie wird damit zum uneingeschränkten Muss für jeden privaten wie öffentlichen Akteur. Denn der künftig voll funktionsfähige Quantencomputer wird in der Lage sein, viele der heute verwendeten Verschlüsselungsalgorithmen zu knacken. Unternehmen richten deshalb schon heute ihre IT-Sicherheitsstrategie auf das Quantenzeitalter aus. Erste hybride Anwendungen kommen bereits in besonders sensitiven Branchen wie dem Bankwesen und der Telekommunikation zum Einsatz.

Mithilfe der **Quantensensorik** lassen sich Temperaturen sowie elektrische und magnetische Felder mit größter Präzision messen. In der medizinischen Diagnostik eröffnen derartige Anwendungen beispielsweise den Blick in die winzigen Magnetfelder von Gehirn und Herz. Nervenimpulse lassen sich mithilfe von Quantensensoren ebenfalls mit höchster Präzision erfassen. Eine wichtige Grundlage für die Diagnose von Erkrankungen wie Alzheimer, die eine Therapie zu einem frühen Zeitpunkt möglich macht.

Die **Quantenmetrologie** ist in Zeiten zunehmender Umweltkatastrophen und dynamischer Wetterschwankungen essenziell, zum Beispiel für lokale, wiederholbare, zuverlässige und robuste Kalibrierungen sowie Messungen. Die damit möglichen präziseren Wettermodellierungen erlauben dann entsprechend optimierte Präventivmaßnahmen.

**Quantum-enhanced Imaging** wird ebenfalls insbesondere im Bereich der diagnostischen Medizin eine herausragende Rolle spielen. Hier werden wir die Quanteneigenschaften des Lichts nutzen, um die optische Abbildung zu verbessern, sprich: die Bildqualität von Kameras und Mikroskopen erhöhen. Im Bereich der Röntgenaufnahmen und der Magnetresonanztomografie (MRI) erlaubt das große Fortschritte.

**Quantencomputing** zieht aktuell die größte Aufmerksamkeit auf sich. Denn im Unterschied zu klassischen Computersystemen, bei denen die kleinste Einheit, das Bit, nur die Werte 0 oder 1 annehmen kann, verwendet der Quantencomputer Quantenbits (kurz: Qubits). Sie können 0 und 1 gleichzeitig annehmen. Man spricht hier von der eingangs beschriebenen „Superposition“. Damit wird die Technologie für komplexe probabilistische Berechnungen relevant. Sobald wir die physische Quanten-Hardware in großem Umfang nutzen, wird ein Quantencomputer Berechnungen exponentiell beschleunigen und höchstakkurate Ergebnisse liefern. Rechenprozesse, die mit einem herkömmlichen Supercomputer Tausende von Jahren dauern, lösen wir dann in Bruchteilen einer Sekunde.

Das Quantenzeitalter verspricht einen immensen Innovationsschub, gerade im Bereich Computing. Gleichzeitig bleibt aber die Leistungsfähigkeit eines heutigen Quantencomputers noch hinter den Hoffnungen, die der Hype erzeugt, zurück. Dieses Defizit hat mit der Hardware und mit sehr anspruchsvollen Computing-Prozessen der neuen Technologie zu tun: Ein Qubit ist aufgrund seiner Beschaffenheit hochempfindlich, also leicht in seinem Zustand zu stören. Deshalb sind die Rechenprozesse fehleranfällig und aufwendige Korrekturschleifen nötig. Kurz: Unser wettbewerbsorientiertes Wirtschaftssystem ist auf Leistung und Perfektion getrimmt, die aktuellen Limitationen im Wirkungsgrad eines nativen Quantencomputers – auf Hardware-Basis – stehen gewinnbringenden Anwendungen in der Industrie noch im Weg.

Müssen wir uns also gedulden, bis der futuristisch anmutende Quantencomputer zur Perfektion gereift ist? Nein, das müssen wir nicht. Das sollten wir auch nicht, sonst verlieren wir im internationalen Wettbewerb den Anschluss.

Mit Terra Quantum möchte ich deshalb Quantentechnologie aus dem Labor in die praktische Anwendung bringen. Wir wollen das disruptive Potenzial der kleinsten Teilchen für die großen Herausforderungen der Menschheit einsetzen und für Gesellschaft und Wirtschaft nutzbar machen.

## DER HYBRIDANSATZ SCHLÄGT DIE BRÜCKE ZWISCHEN ALTER WELT UND ZUKUNFT DER QUANTEN

Erste Erfolge mit quantenbasierten hybriden Anwendungen in der Industrie feiern wir heute schon. Hybride Anwendung bedeutet: Wir verbinden klassische Hochleistungsrechner mit Quantenelementen. Diese entscheidende Schlüsseltechnologie wird auch „Hybrides Quantencomputing“ genannt, es ist eine Kombination aus klassischen Hochleistungsrechnern und simulierten wie physischen Quantenchips.

Dieser Hybridansatz schlägt die Brücke zwischen der alten Welt des Computing und der Zukunft der Quanten.

Grob skizziert, nutzen wir dabei zum einen physische Quantenhardware (native Quantenprozessoren) und simulieren darüber hinaus Quantumcomputing-Prozesse in der Cloud, getrieben durch einen klassischen Hochleistungsrechner – das sorgt schon heute für eine nie da gewesene Beschleunigung und Präzision der Rechenprozesse. Und damit Kund:innen diese Technologie für ihren speziellen Business-Case nutzen können, kommen hybride Quantenalgorithmen ins Spiel. Sie nutzen die Leistung der integrierten Quantenhardware und greifen bei Bedarf auch auf den Hochleistungsrechner zurück. Dieses Set-up führt mit der zugrunde liegenden Hardware – klassisch sowie quantenbasiert – immer größere Rechenoperationen fehlerfrei durch.

Wie eingangs erwähnt, basieren die Anwendungsfelder auf drei Säulen: der Optimierung hochkomplexer Datensätze, Simulation etwa von Chemie und Physik – und den Anwendungsmöglichkeiten im Bereich des maschinellen Lernens.

Die Zusammenarbeit mit Industriepartnern unterstreicht nicht nur das Potenzial von quantenbasierten Anwendungen, sie macht deren Erfolg in der Praxis sichtbar. Dazu jeweils ein Beispiel aus den Bereichen Finanz-, Automobil- und Energiewirtschaft.

## WO QUANTENBASIERTE ANWENDUNGEN HEUTE SCHON FUNKTIONIEREN

Mit einem Kunden aus der Finanzbranche haben wir an der Optimierung seines Sicherheitenportfolios (des sogenannten „Collateral Portfolio“) gearbeitet. Wir sprechen hier von Summen zwischen 100 Milliarden bis zu einer Billion Dollar, die verwaltet werden müssen. Die Zusammenstellung gestaltet sich komplex, da man nicht nur die verschiedenen Anlagekategorien (Staatsanleihen, Aktien, Cash und Devisen), sondern auch externe, oft unvorhersehbare Faktoren einrechnen muss.

All diese Variablen müssen nach internen Gesichtspunkten optimiert werden: Liquiditätserfordernisse, operative Bedarfe, Finanzierungsbedingungen, Risikokosten. In diesem Fall haben wir, unserem hybriden Quantencomputing-Ansatz folgend, einen Algorithmus entwickelt, der im Ergebnis die klassischen Optimierungsprozesse um sechs Basispunkte geschlagen hat: Übersetzt in die Finanzrealität sind das 200 Millionen Dollar an jährlich wiederkehrenden und damit dauerhaft wirksamen Kosteneinsparungen.

Oder ein Beispiel aus der Automobilindustrie: Hybride Quanten-Algorithmen können die automatisierte Fehlerkontrolle in der Produktion und Robotik signifikant verbessern. Gemeinsam mit der Volkswagen Group haben wir hier einen konkreten Anwendungsfall für die Qualitätskontrolle am Fließband entwickelt. Im Kontext selbstfahrender Autos eröffnet sich ein weiteres spannendes Anwendungsgebiet.

Ein letztes Beispiel aus dem Energie-Sektor: Wir haben mit einem der größten europäischen Energie-Unternehmen eine Lösung entwickelt, um den Ertrag von erneuerbaren Energien bestmöglich vorherzusagen und in das Versorgernetz zu integrieren. Gerade die Kapazitäten von volatilen Energieträgern wie Sonne und Wind müssen dabei möglichst präzise im Voraus berechnet werden – ein perfekter Anwendungsfall für quantenbasierte Algorithmik. Im Bereich Fotovoltaik beispielsweise beginnen wir bereits bei der Ausrichtung der Solarzellen: Dank intelligenter Berechnungen bestimmen wir die optimale Positionierung und Auslastung von Solarzellen. Später geht es darum, Sonnenenergie bestmöglich in das Netz einzuspeisen.

Alle Beispiele machen deutlich: Quantencomputing findet schon heute Anwendung in der Praxis. Die erfolgreiche Umsetzung bietet einen Vorgeschmack darauf, was wir von dieser Technologie in Zukunft erwarten können.

Der Markt verspricht enormes Potenzial. Bis 2035 erwarten Expert:innen einen Wert von einer Billion Dollar. Der Wettlauf um die Technologievorherrschaft hat damit längst begonnen: Die USA und China liefern sich einen engen Schlagabtausch an der Spitze. Aber wo stehen Deutschland und die Europäische Union im Vergleich? In Deutschland sind aktuell rund zwei Milliarden Euro für die Förderung von Quantentechnologien reserviert. In Bayern macht sich das Munich Quantum Valley sukzessive auch global einen Namen. Die Wissenschafts- und Forschungslandschaft befindet sich im internationalen Vergleich in einer guten Ausgangsposition.

Um im internationalen Wettlauf mithalten zu können, ist es allerdings unerlässlich, die Förderung der Technologie auf europäischer Ebene anzugehen und das Thema zur supranationalen Priorität zu machen. Europa muss hier mit einer Stimme sprechen. Politische Entscheidungsträger:innen sollten den europäischen Wissenschafts- und Forschungsstandort ausbauen helfen und weitere zielgerichtete Förderungen für die schnell wachsende Industrie auf den Weg bringen. Sonst verlieren wir den Anschluss.

Dabei sind die wirtschaftlichen Impulse, die von Start-ups ausgehen, von herausragender Bedeutung. Für die Industrie ist es notwendig, Quanteninnovationen frühestmöglich in den eigenen Prozessen zu verankern. Es kommt jetzt auf die konstruktive Zusammenarbeit und den kontinuierlichen Dialog aller beteiligten Akteure an: Industrie, Wissenschaft, Politik, Start-up-Szene und Kapitalgeber.

Neben den wirtschaftlichen Aspekten bedarf es eines breiten, öffentlichen Diskurses. In der Debatte sollte es auch um die ethischen Aspekte dieser Schlüsseltechnologie gehen, die Themen wie Datenschutz, Künstliche Intelligenz sowie Chancen und Risiken adressiert. Das ist längst überfällig, insbesondere um ein breites öffentliches Bewusstsein in der Gesellschaft darüber zu schaffen, was mit diesem Fortschritt auf uns zukommt. Das Thema stärker in unser Bildungssystem zu integrieren kann dabei eine zentrale Rolle spielen.

Quantentechnologien versprechen unserer Gesellschaft – fern aller Nationalitäten und Politik – unglaubliches Potenzial. Sie bieten uns die ersehnten Möglichkeiten, auf die drängenden Fragen unserer Zeit zu antworten – Stichworte: Klimawandel, Energiekrise, Medizintechnik.

Nutzen wir die Macht der kleinsten Teilchen für eine sichere und lebenswerte Zukunft!

*Markus Pflitsch ist Quantenphysiker sowie Gründer und CEO von Terra Quantum. Das Quantentechnologie-Unternehmen mit Sitz in St.Gallen/Schweiz entwickelt kommerziell nutzbare Quantenapplikationen und Verschlüsselungsprotokolle. 2022 konnte Terra Quantum eine der größten Finanzierungsrunden im DeepTech-Sektor abschließen.*

# QUANTENCOMPUTING: MYTHOS UND WAHRHEIT

## „Wir werden Probleme in Echtzeit statt in 20 Tagen lösen“

**PROF. DR. SABINA JESCHKE,**
**Co-Founderin des Start-ups Quantagonia und CEO des KI Park,** **räumt im *Next.2030*-Interview fünf weitverbreitete Vorurteile rund um das Thema Quantencomputing aus**

**FRAU PROFESSOR JESCHKE, ERKLÄREN SIE UNS DOCH BITTE, EHE WIR IN DIE MYTHEN EINSTEIGEN, DIE SICH UM QUANTENCOMPUTING-TECHNOLOGIEN RANKEN, IN EIN PAAR SÄTZEN: WAS IST EIGENTLICH DAS BESONDERE AN QUANTENCOMPUTERN?** Sie werden das Thema High-Performance-Computing auf eine völlig neue Ebene heben – und zwar bald. Darüber ist sich die Fachwelt einig. Das heißt, wir reden dann nicht mehr über das Mooresche Gesetz, also Verdoppelung der Geschwindigkeit „normaler" Rechenleistung in Computern alle 18 Monate, wie wir das bisher kannten, sondern von einer Explosion der Leistungsfähigkeit. Und damit von der Möglichkeit, Dinge zu berechnen und Szenarien zu simulieren, von denen es noch gar keine Modelle gibt, weil wir bisher immer davon ausgegangen sind: Das lohnt sich nicht, denn die Rechenzeiten würden 20 oder 200 oder sogar 2000 Jahre betragen!

**STARTEN WIR MAL MIT IHREM ERSTEN MYTHOS: „DIE ÄRA DER QUANTENCOMPUTER IST NOCH WEIT ENTFERNT." WARUM IST DAS FALSCH?** Weil wir Deep Temperature Quantum Computing, also die Rechner, die eine sehr tiefe Temperatur von etwa minus 273 Grad Celsius benötigen, in einer durchaus ernst zu nehmenden Form schon 2025 sehen werden – und Quantenrechner bei Raumtemperatur so in etwa 2028. Vielleicht noch nicht leicht bezahlbar, das sehe ich eher ein bis zwei Jahre später. Es gibt übrigens heute schon Quantencomputer mit noch wenigen Qubits, von IBM etwa, mit denen können Sie bereits Experimente durchführen, Proof of Concepts also. Auch wenn die Leistungsfähigkeit dieser Rechner derzeit noch gering ist, sie eine Art „Baby" zukünftiger Quantencomputer darstellen mit noch hoher Störanfälligkeit – sie funktionieren konzeptionell und entwickeln sich rasch weiter.

**DAS HEISST: WER DAS NICHT WEISS UND DEM MYTHOS VERFÄLLT, LIEGT SCHON IM RÜCKSTAND?** Ja. Und was viele Unternehmen noch nicht wirklich realisiert haben: Sie rechnen zum Beispiel Optimierungsverfahren in großen Rechenzentren, die dort im Laufe der Jahre von immer neueren Rechnern gelöst werden, ohne dass die Unternehmen auf diese Hardware-Veränderungen aktiv reagieren mussten. Das geschieht völlig abgeschottet und eher evolutionär, die Rechner verfügen über „backward compatibility". Als Nutzer stellt man nur erstaunt fest, dass das Problem immer schneller gelöst wird! Und jetzt kommt plötzlich die Quantenrevolution: Rechner, die physikalisch ganz anders aufgebaut sind und auf denen bestehende Codes nicht interpretiert werden können.

**DAS BEDEUTET?** Dass wir schon heute Codes entweder neu schreiben oder sehr, sehr intelligent „übersetzen" müssen, wenn wir an der Quantenrevolution partizipieren wollen. Anders als beim Leistungsanstieg der traditionellen Rechner kann ich nicht bis 2025 warten und dann einfach auf Quantencomputer umschwenken! Ich muss relativ viel vorbereiten. Wer das nicht tut, wird es besonders extrem zu spüren bekommen, wenn das Mooresche Gesetz zu einem Ende kommt, was etwa zeitgleich, also rund 2025, sichtbar werden wird. Das wird zum Beispiel für Simulationssoftware eine Art „Einfrieren der Leistungssteigerung" bedeuten. Gleichzeitig kommen dann andere Unternehmen, die ihre Produkte bereits jetzt auf die Quantenwelt optimieren, „born quantum companies" in Anlehnung an „born digital", und ziehen rechts und links an der etablierten Konkurrenz vorbei.

**MYTHOS ZWEI: „QUANTENCOMPUTER WERDEN SOWIESO NUR FÜR SPITZENLEISTUNGEN BENÖTIGT."** Viele Menschen glauben: So was brauche ich nicht, das ist vielleicht für Klimamodelle gut, für Proteinfaltung oder für DNA-Analytik. Also für Bereiche, von denen man weiß, dass die Berechnungen außerordentlich komplex und damit langwierig sind. Tatsächlich gibt es aber auch sehr „alltägliche" Anwendungsmöglichkeiten, und sie stellen sogar die Mehrheit dar. Nehmen wir das über 30.000 Kilometer lange Bahnnetz in Deutschland. Bei den heutigen Rechnerleistungen stoßen wir schnell an Grenzen, wenn zum Beispiel folgendes Problem in hinreichender Echtzeit gelöst werden soll: Zwischen Hannover und Bremen liegt ein Baum auf der Strecke. Wie wirkt sich das auf alle heute fahrenden Züge in Deutschland aus? Oder das Beispiel Fußball: Versuchen Sie mal, alle Spielpläne in Deutschland unter Berücksichtigung von Spielorten und Massen von Rahmenbedingungen, selbst solche wie „Karneval in NRW", perfekt und schnell zu erstellen. Und so weiter.

**VON WELCHEN DIMENSIONEN REDEN WIR HIER?** Wenn man solche Probleme komplett durchrechnen will, dann hat der Lösungsraum oft etwa so viele Punkte, wie unser Sonnensystem Atome hat. Das bedeutet in der Praxis, dass wir nicht den ganzen Lösungsraum durchsuchen können, weil in der Regel nur ein beschränktes, oft sogar sehr enges Zeitfenster zur Verfügung steht, um eine Lösung zu finden. Und doch werden wir mit Quantencomputern in diese Bereiche vorstoßen und dort, wo wir uns heute mit einer „Good-Enough-Lösung" zufriedengeben, optimale Lösungen finden. Wir werden, um zum Bahn-Beispiel zurückzukommen, keine Antwortzeiten von, sagen wir, 20 Tagen mehr haben, was nichts nützt, wenn innerhalb von zwei Minuten entschieden werden muss. Wir werden stattdessen Probleme plötzlich in Echtzeit lösen können. Das sind dann Spitzenleistungen, die auch dem Individuum sehr nützen.

**WIR KOMMEN ZU MYTHOS DREI: „ES GIBT JA NOCH KEINE QUANTENCOMPUTER, ALSO LOHNT ES SICH NICHT, MICH DAMIT ZU BESCHÄFTIGEN."** Zwei Jahre bis 2025 sind nicht viel, oder? Wenn wir über Fragen nachdenken wie: Welchen Use-Case habe ich in meinem Unternehmen? Wie kann ich mir hier einen Vorteil gegenüber meinen Wettbewerbern verschaffen? Wie kriege ich bis dahin die nötigen Talente an Bord, und wo kommen die her? Wenn ich also rechtzeitig Kompetenzen aufbauen und ein Ökosystem integrieren will – da kann ich doch fast schon von Glück sagen, dass die Rechner nicht bereits morgen kommen. Dann hätte ich nämlich ein ernsthaftes Thema und eine Entwicklung verschlafen. Ich kann mich ja schon heute mit der praktischen Seite beschäftigen. Ich kann schon jetzt auf bereits funktionierende Quantensysteme zugreifen, die sogenannten „Annealer". Diese können zwar nur bestimmte Problemklassen berechnen, sind also keine universellen Quantencomputer. Aber wenn Unternehmen Optimierungsverfahren haben, die durch Annealer gelöst werden können, dann können sie das bereits heute tun, mit teilweise sehr guten Resultaten. Und was den meisten Menschen auch nicht bewusst ist: Sie können heute schon sogenannte „quantum-inspired algorithms" verwenden.

**DAS HEISST?** Sie haben ein Optimierungsthema, für das Sie in Ihrer Organisation bisher noch kein Optimierungsverfahren entwickelt haben, also nehmen wir mal ein Beispiel wie das oben genannte der Bahn, oder: Wie kriege ich 60.000 Piloten und Pilotinnen und das Kabinenpersonal optimal auf die Flugzeuge der Lufthansa? Sie können dafür einen Optimierungsalgorithmus entwickeln, der vereinfacht gesagt so angelegt ist, als hätten Sie einen Quantencomputer. Sie lassen ihn dann vorübergehend auf klassischen Systemen rechnen, auf CPUs oder GPUs, und legen dann, wenn die Quantensysteme da sind, einfach den Schalter um. Sie schaffen sich also eine sogenannte „forward compatibility"', indem Sie einen Algorithmus bauen, dessen Modellierungen eigentlich für eine spätere Version von Computern bestimmt sind, den Sie aber in der Übergangszeit noch auf bestehender traditioneller Hardware laufen lassen können.

**MAN KÖNNTE MEINEN, DASS SOLCHE PROBLEME FÜR DIE HEUTIGEN RECHNER AUCH ZU LÖSEN SEIN MÜSSTEN.** Das Problem an sich klingt ja auch relativ einfach, aber es gibt eben eine unglaublich hohe Anzahl an Rahmenbedingungen: Flugzeiten, Verspätungen, Umsteigezeiten, Arbeitswege, Tages-Arbeitszeiten der Piloten und Pilotinnen und des Kabinenpersonals, ihre Wochen-Arbeitszeiten, Dienstantrittszeiten. Wenn Sie das alles mitplanen wollen, entsteht ein Lösungsraum, der so groß ist, dass Sie ihn in einer vernünftigen endlichen Zeit nicht untersuchen können. Sie nehmen also wieder die „Good-Enough-Lösung", die beste, die Sie aktuell finden können. Dabei: Wir können heute noch gar nicht abschätzen, wie weit wir in einzelnen Problemfeldern vom globalen Optimum entfernt sind. Das wissen Sie nicht, und das weiß ich nicht, weil wir nicht wissen, wo überhaupt das globale Optimum liegt.

**VON WIE VIELEN RECHENVORGÄNGEN SPRECHEN WIR ÜBERHAUPT, ALSO IM VERGLEICH HEUTE-MORGEN?** Das ist etwas schwer zu sagen. Wir können noch keine Messungen machen, weil es ja die Rechner noch nicht gibt. Die Hardwarehersteller und Quantumspezialisten sagen aber heute: Wenn ein herkömmlicher Computer zwei Wochen an einem Problem rechnet, dann dauert das künftig vielleicht eine Stunde oder eine Minute. Und zwar mit einem feinen Unterschied: In dieser Stunde oder Minute wurde der gesamte Lösungsraum durchsucht, nicht nur eine Teilmenge, wie das heute zwangsweise gemacht wird.

**UNTERNEHMEN MÜSSEN HEUTE SCHON BERÜCKSICHTIGEN, DASS SIE BALD PROBLEME WERDEN LÖSEN KÖNNEN, AN DIE SIE SICH HEUTE GAR NICHT HERANTRAUEN, WEIL DAS SOWIESO KEINEN SINN MACHEN WÜRDE?** Ja. Bis jetzt haben wir ja das Mooresche Gesetz, in den vergangenen 20 Jahren sind ganze Rechenzentren in meinem Smartphone gelandet. Aber das Mooresche Gesetz setzt eben bald aus.

**UND OBWOHL MAN DAS WEISS, LEBEN VIELE UNTERNEHMEN IN EINEM HENNE-EI-PRINZIP?** Nachdem wir Quantagonia gegründet hatten, habe ich eine Vielzahl von Interviews in sehr verschiedenen Branchen geführt, dafür in verschiedenen Unternehmen angerufen und gesagt: Gebt mir doch bitte mal euren besten Quantencomputing-Spezialisten. Da gab es interessante Reaktionen im Sinne von: Wen? Was? Aber das ist nicht überall so. Es gibt heute extrem viel Wissen in Bereichen, in denen Materialwissenschaft eine große Rolle spielt – also: Pharma, Chemie, Kunststoff, Medizintechnologien. Vielen CTOs dieser Bereiche ist schon ab 2015 klar geworden, wie nützlich Quantumcomputing für sie sein wird, welche massive Beschleunigung sie damit bekommen. Am anderen Ende der Skala stehen eher Infrastrukturprovider. Sie sind – Ausnahmen bestätigen die Regel, bitte! – tendenziell nicht die Allerstärksten in der Digitalisierung und auch nicht in der Cloudifizierung. Und der letzte Punkt spielt eine zentrale Rolle: Unternehmen mit breiter Cloudinfrastruktur können über diese perspektivisch auch bald auf Quantencomputer zugreifen, weil die Cloudanbieter diese Services bereits aufbauen. Diejenigen, die das nicht haben, müssen sich die Zugänge deutlich komplizierter beschaffen. Am interessantesten ist übrigens die Gruppe dazwischen: hochtechnologische Firmen, die schon 2019 über Use-Cases nachgedacht, mit Unis kooperiert, mal eine Studienarbeit betreut und kleine interne Fachcommunitys aufgebaut haben.

**STICHWORT UNI: GIBT ES ÜBERHAUPT GENÜGEND FACHKRÄFTE?** Es gibt einen absoluten War of Talents im Quantumcomputing-Umfeld. Und man muss sehen, dass sich jetzt die ersten Studiengänge aufbauen, die das Thema in seiner interdisziplinären Breite adressieren.

**ES GIBT KEINE?** Noch nicht. Wenn man auf dem Feld Quantencomputer richtig gut sein will, braucht man umfassende Informatik-, Mathematik- und Physikkenntnisse. Domänenkenntnisse wären auch hilfreich, um zu verstehen, bei welchen Problemen Quantumcomputing schnell einen Unterschied ausmachen könnte. Wir haben es heute also vorwiegend mit Menschen zu tun, die aus EINER der genannten Richtungen kommen und die ihre zusätzlichen Kenntnisse durch fachlichen Austausch in den Unternehmen oder selbst geleitet – durch Weiterbildung, aber auch YouTube und Co. – erwerben.

**WIR HABEN UNS ZU MYTHOS VIER VORGEARBEITET: „IST EH ALLES ZU TEUER."** Das K.-o.-Argument hören wir manchmal. Es gibt Menschen, die wenig wirkliche Kenntnisse von Quantumcomputing haben, aber pauschal dann solche Kommentare etwa in sozialen Medien hinterlassen. Sie haben vielleicht irgendwo gelesen, dass man die Systeme auf minus 273 Grad abkühlen muss, und vermuten lediglich, dass das dann doch wahnsinnig teuer und aufwendig sein muss. Solche Aussagen sind viel zu pauschal. Man muss ja zum Beispiel nicht den ganzen Quantencomputer bei so tiefen Temperaturen fahren, sondern nur einen kleinen Bereich – der, in dem tatsächlich gerechnet wird. Und außerdem: Ist das nicht immer so bei neuen Technologien? Wenn ich den Preis der ersten Batterie für ein Elektroauto genommen und versucht hätte, daraus abzuleiten, ob ich eines Tages E-Autos verkaufen kann, dann hätte die Antwort klar gelautet: Nein. Prototypen kosten immer extrem viel, und dann kommt der übliche Preisverfall. Schließlich: Durch die Cloudifizierung sind wir ja gar nicht gezwungen, für sagen wir mal 15 Millionen Euro einen Quantencomputer zu kaufen, wir mieten uns nur temporär „eine Scheibe" davon über entsprechende Lizenzmodelle.

**FÜR AKTUELL ETWA 11.000 EURO PRO MONAT, ZUM BEISPIEL BEI IBM, STAND 2022.** Und auch diese Lizenzgebühren werden mit der breiteren Verfügbarkeit weiter sinken. Hohe Preise sind also meiner Meinung nach ein vorgeschobenes beziehungsweise ein wenig durchdachtes Argument.

**WIR HABEN ÜBER TIEFKÜHLUNG DER GROSSEN QUANTENCOMPUTER UND IMMENSE RECHENLEISTUNGEN GESPROCHEN UND KOMMEN DAMIT ZU MYTHOS FÜNF: „QUANTENCOMPUTER SIND STROMFRESSER UND BESCHLEUNIGEN DEN KLIMAWANDEL."** Genau das Gegenteil ist voraussichtlich der Fall. Wieder der kleine Disclaimer – da die Rechner noch nicht existieren, können wir die Energiebilanz nur abschätzen, nicht messen. Aber wir erwarten, dass Deep-Temperature-Systeme etwa zehn Prozent der heute benötigten Energie verbrauchen werden. Und wir erwarten, dass die Systeme, die bei Raumtemperatur arbeiten, sogar noch deutlich darunter liegen, eher zwei Größenordnungen weniger im Vergleich zum heutigen Energieverbrauch. Wir müssen bei den Kosten das ganze System betrachten, und Energie-Nebenkosten werden ja das absolut dominante Thema der nächsten Jahre. Wenn also ein Quantenlaptop für zu Hause vielleicht das Doppelte kosten würde wie ein heutiges Modell, aber kaum noch Energie verbrauchte, wäre das möglicherweise trotzdem ein gutes Angebot. Wenn sich die Energiebilanzen so entwickeln, wie es die Fachleute heute voraussagen, haben wir eventuell bis 2030 eine Trendwende zu einer Art „quantum first".

**KÖNNEN SIE SICH VORSTELLEN, DASS WIR 2030 ALLE EIN QUANTEN-IPHONE IN DER TASCHE HABEN?** Das ist gut möglich. Vielleicht nicht primär, weil die Rechnerleistung notwendig wäre, sondern dann vor allem, weil die Gesamt-Energiebilanz eines solchen „Q-Phones“ viel, viel besser wäre und damit natürlich auch die Laufzeit länger und die Ladezeit kürzer.

*Prof. Dr. Sabina Jeschke ist Co-Founderin des Quantencomputing-Start-ups Quantagonia und CEO des KI Park, einer Initiative, die „visionäre Köpfe und mutige Gestalter:innen in einem einzigartigen Ökosystem zusammenbringt“ und zu deren Gründungsmitgliedern Firmen wie Deloitte, Schaeffler oder VW gehören. Sie saß von 2017 bis 2021 im Vorstand der Deutschen Bahn und war dort für „Digitalisierung und Technik“ zuständig.*

# ZWISCHEN-GEDANKE II

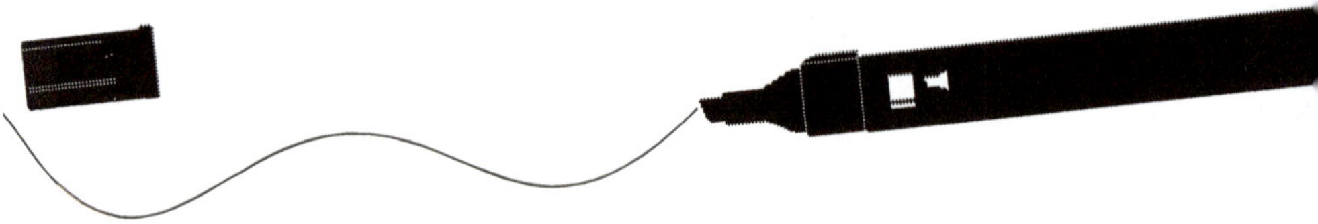

## AMBIGUITÄTSTOLERANZ

### Zweifeln - und trotzdem handlungsfähig bleiben

**DR. THOMAS LANGE,**
Senior Advisor bei Achleitner Ventures, beschäftigt sich mit der Frage, wie wir in turbulenten Zeiten handlungsfähig bleiben. Um mit Unsicherheiten und Mehrdeutigkeiten souveräner umgehen zu können, brauchen wir ein mentales Update

## „GERONIMO ID'D...GERONIMO EKIA."

Das sind die erlösenden Worte, auf die am Nachmittag des 1. Mai 2011 eine Gruppe von 14 Männern und zwei Frauen im Situation Room des Weißen Hauses gewartet hatten: *Enemy killed in action.* Hinter dem Codenamen Geronimo verbirgt sich Osama bin Laden, der Drahtzieher der Anschläge des 11. September.

Ein ikonisches Bild geht damals um die Welt: Präsident Barack Obama und seine Sicherheitsberater drängen sich in einem winzigen Konferenzraum zusammen und starren gebannt auf einen Bildschirm. Sie verfolgen live, wie Männer der Spezialeinheit Navy SEALs ein Anwesen in Pakistan stürmen. Was mag ihnen in diesem Moment durch den Kopf gegangen sein? Welche Überlegungen, Diskussionen und Entscheidungen gingen dem Ereignis voraus – welche Zweifel und inneren Konflikte?

Die CIA hatte dem Präsidenten einige Zeit zuvor von einer möglichen Spur zu bin Laden berichtet, konnte ihn aber nicht zweifelsfrei identifizieren. Nur mit einer Wahrscheinlichkeit von 60 bis 80 Prozent handele es sich um den Gesuchten. 40 bis 60 Prozent urteilten andere Analysten. Keine leichte Ausgangslage. Aber Obama entschied.

*„I know we're trying to quantify these factors as best as we can. But ultimately, this is a fifty-fifty call. Let's move on."*

Warum diese Geschichte? Sie soll eine Schlüsselkompetenz illustrieren, die in Zukunft für uns alle noch viel wichtiger werden dürfte: Ambiguitätstoleranz.

## AMBIGUITÄTSTOLERANZ: ZEIT FÜR EIN MENTALES UPDATE

Die Psychologie spricht von Ambiguität im Zusammenhang mit einem Zustand der Unsicherheit, der Ungewissheit und des Zweifels, den wir als unangenehm empfinden. Wir halten Schwebezustände, Widersprüchlichkeiten und Mehrdeutigkeiten einfach nicht gut aus. Deshalb neigen wir dazu, uns vorschnell in Überzeugungen und vermeintliche Gewissheiten zu flüchten. In einer zunehmend unbeständigen, unsicheren, komplexen und mehrdeutigen Welt gleicht dieses Verhalten jedoch immer mehr dem Versuch eines Kindes sich zu verstecken, indem es sich die Augen zuhält.

Zur Beschreibung der modernen Welt wird häufig das Akronym VUCA bemüht. Es steht für Volatility, Uncertainty, Complexity und Ambiguity. Um in dieser Welt bestehen zu können, brauchen wir ein Update unseres mentalen Betriebssystems. Es basiert auf der Einsicht, dass Beständigkeit kein Naturgesetz ist. Dass wir nicht alles wissen und nicht alles vorausberechnen können. Dass wir keine einfachen Antworten auf schwierige Fragen geben können. Dass es sich lohnt, Überzeugungen zu hinterfragen und Zweifel zuzulassen.

Besonders treffend auf den Punkt gebracht hat es der Schriftsteller F. Scott Fitzgerald. Seiner Ansicht nach sei es ein Ausweis erstklassiger Intelligenz, wenn man zwei entgegengesetzte Meinungen („*ideas*") gleichzeitig im Sinn haben könne – und trotzdem noch funktioniere.

Ambiguitätstoleranz heißt, der VUCA-Welt mit offenem Visier zu begegnen. Als Grundhaltung ermöglicht sie uns, den Durchblick zu behalten, gelassen zu bleiben, mit Zweifeln produktiv umzugehen, widerstrebende Werturteile zu akzeptieren und konstruktiv abzuwägen – und auf diese Weise auch eine lebenswerte Zukunft zu schaffen.

## DIE WELT VERÄNDERT SICH IN RASENDEM TEMPO: WIE GEHEN WIR ALS GESELLSCHAFT DAMIT UM?

Eine der Großfragen etwa wird bis 2030 lauten, wie wir unsere Gesellschaft und unseren Alltag in einer immer stärker technologisierten Welt gestalten wollen, in der der Mensch dank Künstlicher Intelligenz (KI), moderner Gentechnik und Gehirn-Computer-Schnittstellen in die Lage versetzt wird, förmlich über sich hinauszuwachsen – also vom Homo sapiens zum Homo deus (Yuval Noah Harari) zu werden.

Wie machen wir uns diese Potentiale zunutze und schützen gleichzeitig unsere individuellen Freiheits-, Schutz- und Selbstbestimmungsrechte? Wie bringen wir den Fortschritt mit den Ansprüchen an eine gerechte, offene und demokratische Gesellschaft in Einklang?

Und wie gehen wir damit um, dass in anderen Ländern andere Werturteile, Gesellschaftsbilder und politische Systeme vorherrschen – Ländern, mit denen wir im Wettbewerb um ökonomische, technologische, geopolitische, militärische und „moralische" Überlegenheit stehen. Mit denen wir gleichzeitig aber auch kooperieren müssen, um uns das Wissen der Welt für wissenschaftlichen und technologischen Fortschritt bestmöglich zunutze zu machen und globale Herausforderungen wie Klimawandel, Armutsbekämpfung und Friedenssicherung gemeinsam anzugehen.

Zurück zu Obama. Er hat es sich nicht leicht gemacht damals. Sein inneres Ringen, seine Zweifel, können wir nur erahnen. Dennoch blieb er handlungsfähig. Die wenigsten Menschen geraten glücklicherweise in solch extreme Situationen wie eine Terroristenjagd. Und doch enthält dieses drastische Beispiel einige interessante Lehren.

Denn wir alle – in unserem privaten und beruflichen Leben, aber auch insgesamt als Gesellschaft – müssen immer wieder Entscheidungen unter Unsicherheit treffen, können nicht sicher sein, welche Folgen unsere Entscheidungen haben, und sehen uns widerstreitenden Werturteilen ausgesetzt. Diese Urteile unterscheiden sich zwischen Personen, Kulturen, Regionen und

Generationen – und unterliegen nicht selten einem zeitlichen Wandel. Obama war nicht nur der Unsicherheit ausgesetzt, dass es sich bei der Zielperson gar nicht um bin Laden handelt. Darüber hinaus stellten sich ihm viele weitere Fragen. Ist die Tötung eines Terroristen moralisch vertretbar? Könnte es unschuldige Opfer geben – und darf man das in Kauf nehmen? Welche Gefahr geht von dem Einsatz für die eigenen Leute aus? Sind Vergeltungsaktionen und eine endlose Gewaltspirale zu befürchten? Welche politischen Folgen wird die Aktion haben?

Einen Höhepunkt erreicht das Drama im Weißen Haus, als im Beraterkreis die letzte Aussprache über den Einsatz in Pakistan ansteht. CIA-Chef Leon Panetta und zwei weitere Sicherheitsberater sprechen sich dafür aus; Außenministerin Hillary Clinton ist hin- und hergerissen, befürwortet ihn letztlich aber ebenfalls („51:49"); Vizepräsident Joe Biden und Verteidigungsminister Robert Gates dagegen raten von der Aktion ab.

Das Bemerkenswerte an dieser Entscheidungssituation ist nicht nur das Dilemma, in das Obama angesichts der gegensätzlichen Empfehlungen seiner engsten Berater:innen gerät. Mindestens genauso interessant ist, dass er eine Atmosphäre des offenen Austauschs um sich herum geschaffen hat, in der abweichende Meinungen nicht nur zähneknirschend akzeptiert oder in der Folge sogar sanktioniert werden. Im Gegenteil: Der Widerspruch hat sogar Methode. Gerade Vizepräsident Biden, so Obama, habe bei jeder wichtigen Entscheidung seiner Amtszeit immer wieder vorherrschende Meinungen infrage gestellt – *„often in the interest of giving me the space I needed for my own internal deliberations"*.

## MITTEL GEGEN FEHLSCHLÜSSE: SICH MIT BEOBACHTER:INNEN UMGEBEN

Sich ein gutes Umfeld zu schaffen ist heute für Entscheider auch aus anderen Gründen wichtig. So neigen wir insbesondere in Stresssituationen dazu, vorschnell unseren Intuitionen zu folgen – und dabei kognitiven Fehlschlüssen zu unterliegen. Auf diese Gefahr weist der Nobelpreisträger Daniel Kahneman in seinem Bestseller *„Thinking, Fast and Slow"* hin. Sein Rat: sich mit Beobachter:innen umgeben. Dass man in ein Minenfeld gerät, würden Außenstehende oft viel leichter erkennen als man selbst. Beobachter:innen stünden zudem weniger unter Stress als Entscheidungsträger:innen und seien offener für neue Informationen.

Und auch Stimmungen, die bekanntlich stark schwanken können, wirken sich auf die Qualität von Entscheidungen aus. Wir seien eben nicht durchgehend dieselbe Person, konstatieren Kahneman, Olivier Sibony und Cass Sunstein an anderer Stelle. Um Zufallseinflüsse (*noise*) bei Entscheidungen zu reduzieren, empfehlen sie, sich unabhängige Urteile von mehreren Beurteiler:innen einzuholen. Unabhängigkeit ließe sich vor allem dadurch erreichen, die Urteile schon vor der Diskussion aufzunehmen, um die gegenseitige Beeinflussung von Meinungen zu verhindern.

Weil der US-Präsident das Ergebnis angesichts der vielen Unwägbarkeiten schlecht vom Ende her optimieren kann, konzentriert er sich auf den Entscheidungsprozess. Am Anfang stehen ein klar formuliertes Ziel und eine Handlungsanweisung, die für Verbindlichkeit sorgt *(„I want to see a formal plan for how we're going to find him. I want a report on my desk every thirty days describing our progress")*. Sobald ausreichend Informationen vorliegen, werden Optionen entwickelt, die aus verschiedenen Blickwinkeln diskutiert werden, um den Entscheidungskorridor schrittweise einzuengen *(„every meeting [...] had helped confirm my instincts")*. Ab einem gewissen Punkt lässt Obama los und vertraut darauf, dass im Zuge der Umsetzung der Entscheidung auch andere Leute einen guten Job machen werden *(„I trusted that the SEALs would find a safe way out [...], even if some of our calculations and assumptions proved to be incorrect")*.

## FEHLENTSCHEIDUNGEN UND SCHWIERIGE SITUATIONEN IN DER VERGANGENHEIT: DAS BESTE TRAINING FÜR DEN KRITISCHEN MOMENT

Die Entscheidung, die er am Ende zu treffen hat, ist schwerwiegend. Und eine einsame. Aber er ist bereit, sie zu treffen. Er hat Chancen und Risiken sorgsam abgewogen und sich Rat geholt. Fehlentscheidungen und schwierige Situationen in der Vergangenheit seien das beste Training für diesen kritischen Moment gewesen – so beschrieb er es im Rückblick.

Vielleicht dachte er dabei an Robert F. Kennedy, in dessen Tagebuch sich der passende Denkspruch dazu findet. Demnach sei eine gute Entscheidung üblicherweise das Ergebnis von Erfahrung; und Erfahrung häufig das Ergebnis schlechter Entscheidungen.

*„And while I couldn't guarantee the outcome of my decision, I was fully prepared and fully confident making it."*

Zweifeln erfordert mentale Anstrengung, volle Aufmerksamkeit und vor allem: Zeit. Kahneman spricht daher vom „langsamen Denken". Der Philosoph Nassim Nicholas Taleb rehabilitiert in diesem Zusammenhang sogar die Prokrastination, also das Vor-sich-herschieben einer Entscheidung oder Tätigkeit.

Menschen seien einfach schlecht darin, kurzfristig Informationen zu filtern. Der Unwillen, den wir angesichts unangenehmer Entscheidungen oder Aufgaben verspüren, sei ein ganz natürlicher Instinkt und Abwehrmechanismus. Wir sollten ihn wirken lassen, ihn uns bewusst zunutze machen.

Aufschub schütze uns vor der Versuchung, hektisch auf alle möglichen kurzfristigen Informationen zu reagieren. Prokrastination erlaube, gewissen Entwicklungen auch einmal ihren Lauf zu lassen. Gerade die „Aktivist:innen" unter uns erhalten so die Chance, ihre Meinung auch einmal zu ändern, bevor sie unwiderrufliche Entscheidungen treffen. Und was zeichnet „Top-Beurteiler:innen" sonst noch aus? Sie sind aktiv selbsthinterfragend. Das ist vielleicht eine der wichtigsten Erkenntnisse von Kahneman und Kollegen.

Blicken wir weiter in die Zukunft. Eine immer drängendere Frage betrifft den Umgang mit autonomen Waffensystemen. Der KI-Experte und Bestsellerautor Kai-Fu Lee befürchtet: „Der Einsatz autonomer Waffen wird durch ein unvermeidliches Wettrüsten beschleunigt werden, das nicht durch die natürliche Abschreckungswirkung von Kernwaffen in Schach gehalten wird. Autonome Waffen sind die KI-Anwendung, die unseren ethischen Wertmaßstäben am deutlichsten und tiefgreifendsten zuwiderläuft und die den Fortbestand der Menschheit bedroht."

Experten und Entscheidungsträger stünden in der Pflicht, hier sehr sorgfältig alle möglichen Lösungsansätze abzuwägen und diese Gefahr frühzeitig zu bannen. Kai-Fu Lee spekuliert auch über ein Abkommen, das womöglich bis 2041 geschlossen werden könnte (KI 2041 lautet der Titel eines seiner jüngsten Bücher): Wie wäre es, wenn die internationale Gemeinschaft sich verpflichtete, künftige Kriege ausschließlich mit Robotern zu führen – also Menschenopfer von vornherein auszuschließen? „Diese [Idee lässt] sich heute noch nicht praktisch umsetzen, aber vielleicht [inspiriert] sie schon bald Konzepte, die bessere Chancen haben, realisiert zu werden."

2030 wäre kein schlechter Zeitpunkt dafür.

Ambiguitätstoleranz gehört zu den Schlüsselkompetenzen des modernen Menschen. Nicht nur, um bessere Entscheidungen zu treffen. Sondern auch, um vor den Gefahren der Ambiguitäts-in-toleranz gefeit zu sein. Der Schweizer Psychoanalytiker Mario Gmür etwa warnt, dass übersteigerte Überzeugungen krank machen können: Depression, Schizophrenie, Wahn, Sektenabhängigkeit – die Liste der Überzeugungskrankeiten ist lang. Die „Unfähigkeit zu zweifeln" sei aber auch ein gesellschaftliches Übel, weil sie Extremismus und Terrorismus Vorschub leiste.

## DER MODERNE MENSCH ZWEIFELT – UND DAS IST GUT SO

In ein ähnliches Horn bläst der Islamwissenschaftler Thomas Bauer, der den Drang zur „Vereindeutigung der Welt" für eine Ursache der vielfach beklagten „Spaltung der Gesellschaft" hält. Die Diskrepanz zwischen den eigenen Wünschen, Idealen und Überzeugungen und denen unserer Mitmenschen zu akzeptieren – also Ambiguitätstoleranz im besten Sinne – sei der einzige Weg, diese Spaltung zu überwinden.

Die gute Nachricht ist: Ambiguitätstoleranz lässt sich trainieren. So rät Gmür zu mehr kindlichem Staunen: „Zweifeln […] hat seinen Ursprung im Staunen, einer entspannten, nicht urteilenden Neugier, deren Aufgabe es ist, alles möglichst unbefangen wahrzunehmen." Es irritiere unsere selbstverständlichen Sicht- und Lebensweisen und schütze uns so vor der Gefahr, aus lauter Sehnsucht nach Sicherheit auf reine Scheinlösungen hereinzufallen. Bauer empfiehlt die ernsthafte und respektvolle Beschäftigung mit Kunst, Religion, Wissenschaft, Politik und Natur. Schließlich zeichneten sich alle diese Felder durch ein hohes Maß an Mehrdeutigkeit aus. „Nur dann, wenn [sie] ernsthaft bestellt werden, kann eine Welt der Bedeutungsvielfalt gedeihen, eine Welt, in der Ambiguität als Bereicherung und nicht als Makel empfunden wird."

Und auch die Philosophie kann uns als praktische Lebenshilfe dienen. Bertrand Russell, der bedeutendste britische Philosoph des 20. Jahrhunderts, sah genau darin ihren größten Wert:

*„To teach how to live without certainty, and yet without being paralysed by hesitation, is perhaps the chief thing that philosophy, in our age, can still do for those who study it."*

Lernen wir also zu zweifeln – und trotzdem handlungsfähig zu bleiben. Und schätzen wir Ambiguitätstoleranz als das, was sie ist: eine Schlüsselkompetenz des modernen Menschen.

*Dr. Thomas Lange engagiert sich seit über 15 Jahren für Innovations- und Zukunftsthemen – zunächst als Wissenschaftler, später als Politikberater und beim Aufbau einer nationalen Innovationsagentur nach dem Vorbild der amerikanischen DARPA. Diverse Expertengremien suchten seither seinen Rat; seit 2022 ist er Sherpa für den Zukunftsrat des Bundeskanzlers. Bei Achleitner Ventures investiert Dr. Lange unter anderem in Technologie-Start-ups. Er ist promovierter Volkswirt und Certified Private Equity Analyst.*

# 05
# VOLLE KRAFT VORAUS

# ENERGIETRANSFORMATION

## „Ohne neues Wir-Gefühl wird es kaum gehen“

**DR. MARTIN BRUDERMÜLLER,**
**der Vorstandsvorsitzende der BASF SE, spricht im Interview mit *Next.2030* über Maßnahmen und Hemmnisse im Kampf gegen den Klimawandel, über den Vorsprung Chinas und den Wandel in der Chemieindustrie**

**UN-GENERALSEKRETÄR ANTÓNIO GUTERRES HAT „ALARMSTUFE ROT FÜR DIE MENSCHHEIT" AUSGERUFEN. WENN NICHT SOFORT UND UMFASSEND GEHANDELT WERDE, STEIGE DIE WELTTEMPERATUR IN DEN NÄCHSTEN 20 JAHREN UM MEHR ALS 1,5 GRAD GEGENÜBER DER VORINDUSTRIELLEN ZEIT - UND DAMIT ZEHN JAHRE FRÜHER ALS 2018 PROGNOSTIZIERT. „ALARMSTUFE ROT" HEISST AUSNAHMEZUSTAND. FINDEN SIE, DASS DIE WELTGEMEINSCHAFT ANGEMESSEN REAGIERT?** Ich glaube, viele haben bei dieser Aussage das Rot noch als Orange interpretiert. Wir brauchen aber nur auf die Wetterkapriolen im Sommer 2022 zu schauen, um zu erkennen, dass gerade ein massiver Umbruch stattfindet. Und dass es vermutlich noch schlimmer wird. Insofern glaube ich, dass die Aussage „Alarmstufe Rot" eine klare und die richtige Botschaft ist. Die Energietransformation muss dramatisch beschleunigt werden. Wenn wir das nicht hinbekommen, haben wir ein wirkliches Problem als Menschheit – und viel Zeit ist nicht mehr. Dennoch wurde meiner Meinung nach bisher viel zu vorsichtig reagiert. Es gibt viel zu viele Diskussionen und Ambitionen, statt zu priorisieren und das Thema mit Vollgas anzugehen. Ich hätte sehr gern bereits noch mehr Projekte zum Klimaschutz angestoßen, Windparks für erneuerbare Energie zum Beispiel. Aber es gibt keine Projekte.

**KLIMAWANDEL UND NACHHALTIGKEIT BEHERRSCHTEN 2022 MEHR DENN JE DIE SCHLAGZEILEN.** Bei mir persönlich haben die Alarmglocken schon früher geläutet. Ich habe mir schon lange Gedanken darüber gemacht, welche Konsequenzen unser eigenes Handeln hat. Ich habe zehn Jahre in China gelebt, bin viel in der Region und zwischendurch auch immer wieder nach Europa geflogen. Dabei habe ich mich oft gefragt: Was ist eigentlich mit meinem eigenen $CO_2$-Fußabdruck? Ich habe daher auch privat mein Verhalten angepasst – ein kleines Beispiel dazu: Ich habe zu Hause schon vor sieben Jahren Geothermie installiert. Was ich sagen will: Ich gehe nicht mit Scheuklappen durch die Welt und verschließe die Augen nicht vor den Problemen. 2018 gab es dann für BASF ein einschneidendes Ereignis, als der Pegel im Rhein erstmals ungewöhnlich lange und weit herunterging. Wasser aus dem Rhein ist in zweifacher Hinsicht eine Lebensader für uns. Einerseits brauchen wir es für den Transport und außerdem, mindestens so wichtig: als Kühlwasser. Wenn es davon nicht genügend gibt oder das Temperaturlevel zu hoch ist, müssen wir bei BASF Anlagen runterfahren. Wir haben sehr viel gelernt aus 2018, als wir innerhalb von ein paar Wochen 250 Millionen Euro Ergebnisverlust hinnehmen mussten. Ich glaube, das war ein Ereignis, bei dem jedem in der BASF, vor allem auch hier am Hauptsitz in Ludwigshafen, klar wurde:

Wir dürfen keine Zeit mehr verlieren, die Energietransformation in eine andere Dimension und Geschwindigkeit zu bringen. Die Dekarbonisierung ist für mich eine Herzensangelegenheit. Und ich bin sehr froh und stolz, dass das bis tief in die Mannschaft hinein mitgetragen wird. Unsere Mission in Sachen Nachhaltigkeit treibt die Teams jeden Tag an.

**WO STEHEN WIR ALS GESELLSCHAFT 2030 BEIM THEMA KLIMANEUTRALITÄT UND ENERGIETRANSFORMATION?** Wenn es weitergeht wie bisher, werden wir in Europa unser Ziel deutlich verfehlen, bis 2030 mindestens 55 Prozent des Treibhausgasausstoßes im Vergleich zu 1990 zu reduzieren. Unsere riesigen Ambitionen und das, was für die Umsetzung getan werden muss, passen nicht zusammen. Ich fürchte, Wetterkapriolen werden massiv zunehmen. So wird vermutlich Wasserknappheit ein großes Thema in Europa. Die Politik muss endlich handeln. Schluss mit Beruhigungspillen durch einen ständigen finanziellen Ausgleich von strukturellen Belastungen von allem und jedem. Wir verpassen eine große Chance, wenn wir immer nur die Symptome bekämpfen.

**WELCHE CHANCE?** Die Chance, den Bürgern zu sagen: Du musst deinen Lebensstil ändern, damit dein $CO_2$-Fußabdruck kleiner wird. Die Chance, das Momentum zu nutzen, um Verhaltensänderungen auch wirklich anzugehen. Der Mut voranzugehen muss sich lohnen! Beispielsweise müssen Produkte mit niedrigerem $CO_2$-Fußabdruck auch ihren Preis haben. Nur dann rechnet sich für Unternehmen wie BASF die Investition in den Klimaschutz. Wettbewerbsfähigkeit und Klimaschutz müssen Hand in Hand gehen. Das bedeutet: Unser Konsum und unser Leben müssen sich bis 2030 sehr stark verändern.

**BRAUCHEN WIR EIN NEUES WIR-GEFÜHL?** Ohne das wird es kaum gehen! Unsere Gesellschaft ist zu viel zu stark auf das Individuum ausgerichtet. Einzelne können alles lahmlegen, was auf das Gemeinwohl einzahlt. Wie sollen wir zum Beispiel beim Ausbau der erneuerbaren Energien vorankommen, wenn weiterhin einzelne Menschen Projekte stoppen können, weil sie sich beim Fahrradfahren durch summende Leitungen und Rotoren von Windanlagen gestört fühlen? Das muss sich dringend ändern. Das Gemeinwohl muss wieder stärkeres Gewicht gegenüber dem Individuum bekommen. Das ist bei uns aus der Balance geraten. Unser Wohlstand ist massiv gefährdet, wenn wir keine neuen Kräfte für wirkliche Veränderungsprozesse wecken können. Wir brauchen ein neues Verständnis über die Bedeutung des Gemeinwohls. Ich bin diesbezüglich zwar sehr skeptisch, hoffe aber natürlich, dass wir das hinbekommen, denn ohne gesellschaftlichen Konsens darüber wird es nicht gelingen.

**WENN SIE FRÜHER UNTERNEHMENSSTRATEGIE GEMACHT HABEN ...** ... waren die Rahmenbedingungen deutlich klarer und förderlicher. Ein Beispiel dazu: Wir haben als energieintensives Unternehmen unsere Energieproduktion immer selbst in die Hand genommen. Hocheffiziente gasbasierte Kraftwerke mit direkter Integration in die Verbundproduktion vor Ort haben uns Wettbewerbsvorteile gebracht. Jetzt werden wir dazu gezwungen, Energieverbrauch und Energieproduktion räumlich voneinander zu trennen, denn die erforderlichen großen Mengen an erneuerbarer Energie für die Dekarbonisierung des Standorts Ludwigshafen können wir nur offshore im Norden erzeugen. Wir bauen deshalb mit unseren Partnern Vattenfall und Allianz gerade den größten Offshore-Windpark der Welt in der Nordsee. Wir brauchen aber nicht nur schnell weitere solcher Windparks, sondern sind damit auch ungewollt plötzlich von der öffentlichen Infrastruktur für die Stromverteilung abhängig geworden. Realität ist aber, dass der Infrastrukturausbau viel zu langsam ist und es nicht genug Windparkprojekte gibt. Das klingt jetzt seltsam, aber zum ersten Mal sind wir in einer sehr starken Abhängigkeit von Politik und öffentlicher Hand, wenn es um unsere Klimaschutzziele geht.

**SIE WAREN ZEHN JAHRE IN CHINA. WERDEN WIR IN ENERGIEFRAGEN ÜBERHOLT, BEVOR ES RICHTIG LOSGEHT?** China schaltet um auf Dekarbonisierung. Dort entstehen im Moment so viel Windenergie und Solarenergie wie im Rest der Welt zusammen. Die Chinesen wollen das Gebiet Greentech zum Wachstumstreiber machen und uns vermutlich abhängen. Ich habe schon lange befürchtet, dass die Chinesen das am Ende viel schneller machen als wir in Europa.

**WAS HEISST DAS FÜR UNS?** Wenn das passiert, werden in Europa Produkte aus China angeboten, die $CO_2$-frei und gleichzeitig billiger sind. Dann wird es wirklich schwierig für uns, denn welchen Vorteil haben dann noch Produkte „made in Europe“? In China kann die Regierung jederzeit sagen: Wir bauen jetzt 5000 Windräder. Keiner widerspricht – es wird gemacht. Verstehen Sie mich nicht falsch. Ich will hier keine Laudatio auf China halten, aber das ist Benchmark im Wettbewerb. Auch in einigen demokratisch geführten Ländern um uns herum, zum Beispiel in den Niederlanden oder in Dänemark, werden wichtige Infrastrukturprojekte als Gesetz über das Parlament beschlossen. Das beschleunigt den Planungsprozess ungemein. Ich glaube, dass wir solche Wege auch in Deutschland gehen müssen. Wir können uns den Luxus nicht mehr leisten, Projekte zu zerreden und dass Genehmigungsprozesse eine Dekade dauern.

**WARNUNGEN, DASS UNS DIE BLÖCKE USA UND CHINA ABHÄNGEN, GIBT ES SEIT JAHREN. TROTZDEM GEHT ES UNS RECHT GUT. WARUM MÜSSEN WIR UNS JETZT ERNSTHAFT SORGEN MACHEN?** Wir haben in der Vergangenheit viel geschafft. Dafür hat uns die Welt bewundert. Mittlerweile sagen meine Kontakte in Asien aber ganz offen: „Von Europa kann man nichts mehr lernen.“ Auch in den USA sind die technologischen Möglichkeiten breiter und die Strategien zur Implementierung viel pragmatischer. Denken Sie bei der Dekarbonisierung zum Beispiel an CCS, Carbon Capture and Storage, das wird dort viel stärker und schneller vorangetrieben und jetzt mit dem Inflation Reduction Act noch stärker steuerlich gefördert. Wir stehen vor einem neuen Zeitalter, in dem unsere

Wettbewerbsfähigkeit herausgefordert wird. Deshalb müssen wir uns fragen: Wie können wir das, was bisher gut funktioniert hat, so anpassen, dass wir unseren Wohlstand erhalten?

**DIE GROSSEN PROBLEME DER MENSCHHEIT KANN NUR TECHNOLOGIE LÖSEN. DAS GLAUBT ETWA MICROSOFT-GRÜNDER BILL GATES. MÜSSEN WIR ETWA ANGESICHTS DES KLIMAWANDELS AUCH ÜBER THEMEN WIE KERNFUSION NEU NACHDENKEN?** Technologie ist zweifellos der wichtigste Hebel zur Veränderung. Und weil wir die richtigen technologischen Lösungen noch nicht kennen, müssen wir offen sein. Denkverbote etwa bei Kernfusion helfen nicht weiter. Die Politik schreitet heute zu früh ein und beschränkt Forschung und Entwicklung. Ein Beispiel: Sie weiß schon heute etwa bei Wasserstoff, was richtig und falsch ist, ohne dass sich die Technologie wettbewerbsfähig durchgesetzt hat. Wir brauchen keine Regulierung, die bestraft, sondern eine Regulierung, die belohnt und ermutigt. Neue Technologien machen vieles möglich, bei uns in der Chemiebranche testen wir beispielsweise viele spannende Ideen in Pilotprojekten, etwa zur Elektrifizierung unserer Produktionsanlagen. Mit den richtigen Rahmenbedingungen können wir mit diesen neuen Technologien weit kommen. Aber natürlich müssen wir auch unser Konsumverhalten und unseren Lebensstil überdenken und anpassen – das muss mit den technischen Fortschritten einhergehen.

**SIE HABEN EINMAL GESAGT, DASS DIE CHEMIE-INDUSTRIE AUCH „TEIL DES PROBLEMS" SEI, WEIL SIE EBEN SO VIEL ENERGIE VERBRAUCHT.** Gleichzeitig ist sie auch integraler Bestandteil der Lösung. Ohne Chemieprodukte wird Dekarbonisierung nicht funktionieren. Sie können ohne Chemie kein Windrad bauen und ohne den chemischen Reaktor „Autobatterie" nicht elektrisch fahren. Sie brauchen einfach überall Chemie. Unsere Produkte ermöglichen mehr Nachhaltigkeit in nahezu allen nachgelagerten Teilen der Wertschöpfungskette. Die Herausforderung liegt in der Energie-Intensität bei der Herstellung insbesondere von Basischemikalien. Viel Energie brauchen Sie immer, wenn bei der Stoffumwandlung chemische Prozesse im Spiel sind, beispielsweise auch in der Stahl- oder Zementerzeugung. Und wir werden immer besser dabei, das in der Chemie mit weniger $CO_2$-Ausstoß zu tun. Dekarbonisierung liegt uns am Herzen. BASF hat, ähnlich wie die gesamte europäische Chemieindustrie, seit 1990 den $CO_2$-Ausstoß um rund 50 Prozent gesenkt. Dennoch bleiben wir selbstkritisch und sagen: Wir müssen in Zukunft noch viel mehr beitragen.

**WIE SIEHT IHRE ZUKUNFT AUS?** Zusätzlich zur Dekarbonisierung wird das Thema Kreislaufwirtschaft und erneuerbare Rohstoffe immer wichtiger. Wir werden uns langfristig als Menschheit nicht erlauben können, aus fossilen Rohstoffen nur einmal ein Chemieprodukt herzustellen, das zu nutzen und es dann zu entsorgen. Wir müssen künftig den Kohlenstoff aus Produkten, die nicht mehr gebraucht werden, in den Kreislauf zurückholen. Das kann man bei Kunststoffen durch den Einsatz von thermischer Energie relativ gut schaffen, und so kommen wir langfristig in die Kreislaufwirtschaft. Sie sehen: Wir stehen gleich vor zwei großen Herausforderungen – der Energietransformation und der Rohstofftransformation. In meinem Zukunftsbild gelingt uns beides, sodass wir unseren Kindern einen lebenswerten Planeten hinterlassen.

*Dr. Martin Brudermüller studierte von 1980 an Chemie an der Universität Karlsruhe und machte 1985 seinen Abschluss. Nach der Promotion, die er 1987 ebenfalls in Karlsruhe abschloss, absolvierte er einen Postdoc-Aufenthalt an der University of California, Berkeley/USA. Dr. Brudermüller ist seit 2018 Vorstandsvorsitzender der BASF SE. Er sitzt seit 2021 im Aufsichtsrat der Mercedes-Benz AG und der Mercedes-Benz Group AG.*

# DER WEG DER TRANSFORMATION

## Wirtschaft und Gesellschaft vor dem Jahrzehnt der Entscheidung

**STEFAN B. WINTELS,**
**Vorstandsvorsitzender der KfW, zeichnet ein zuversichtliches Bild unserer Zukunft: Wir schaffen den Wandel zu einer nachhaltigen Gesellschaft, wenn wir drei Handlungsfelder in den Mittelpunkt stellen**

In diesem Beitrag geht es um das Jahrzehnt der Entscheidung und um meine Überzeugung – am Silvesterabend 2030 werden wir zurückblicken und sagen: Hinter uns liegen gute und erfolgreiche Jahre. Erfolgreich, weil wir die Weichen an den richtigen Stellen gestellt haben und in Deutschland und Europa deutlich besser dastehen, als viele es für möglich hielten.

Die Prognose klingt nach dem Krisenjahr 2022 vielleicht mutig, denn zu Beginn dieses Jahrzehnts stehen wir vor Herausforderungen von historischem Ausmaß: Populismus und Autokratie fordern das Modell der liberalen Demokratie, also unsere Art zu leben, seit Jahren heraus. Der Überfall Russlands auf die Ukraine erschüttert eine über Jahrzehnte bewährte Sicherheitsarchitektur und markiert einen epochalen Wendepunkt für Deutschland, Europa und die Welt. Die Coronapandemie hat weltweit viel menschliches Leid sowie enorme wirtschaftliche und soziale Schäden verursacht.

Auch die Spannungen zwischen den großen wirtschaftlichen und politischen Machtzentren wachsen, und mit ihnen schwindet die politische und wirtschaftliche Stabilität. Tiefgreifende gesellschaftliche Umbrüche und rasante technologische Veränderungen erhöhen das Potenzial für soziale und politische Konflikte. Und als wäre das nicht genug, schreitet der Klimawandel ungebremst voran und bedroht die Lebensgrundlagen von Milliarden Menschen weltweit.

Angesichts dieser Situation bin ich davon überzeugt: Wir befinden uns im Jahrzehnt der Entscheidung. Der Entscheidung darüber, unter welchen Bedingungen unsere Kinder und Enkelkinder leben werden.

Unser Handeln in den nächsten Jahren hat enorme Folgen für die kommenden Generationen und entscheidet schließlich darüber, ob sich auch für sie das Wohlstandsversprechen der Demokratie erfüllt. Insofern ist das Jahrzehnt der Entscheidung auch ein Jahrzehnt der Umsetzung sowie der internationalen Zusammenarbeit. Das Ziel muss sein, bis zum Ende des Jahrzehnts den Wandel zu einer nachhaltigen Gesellschaft zu beschleunigen und gleichzeitig Deutschland bzw. Europa als Industrie- und Technologiestandort zu stärken. Hierbei müssen drei Handlungsfelder in den Mittelpunkt gestellt werden:

**KLIMA & UMWELT:** 2030 hat der Schutz unserer natürlichen Lebensgrundlagen sowie der Biodiversität Priorität in Wirtschaft und Politik.

**DIGITALISIERUNG & INNOVATION:** 2030 spielen Zukunftstechnologien, Innovationsfähigkeit in der Breite der Wirtschaft sowie digitale Bildung in Deutschland eine zentrale Rolle.

**RESILIENZ & SOUVERÄNITÄT:** 2030 liegt der Anteil erneuerbarer Energien an der Bruttostromversorgung in Deutschland bei etwa 80 Prozent und unterstützt somit Deutschlands Unabhängigkeit in Bezug auf die Energieversorgung.

## PERSPEKTIVE 2030 – HANDLUNGSFELD KLIMA & UMWELT: WICHTIGE WEICHEN SIND GESTELLT, DOCH WIR MÜSSEN UNSERE ANSTRENGUNGEN BESCHLEUNIGEN

Große Fortschritte im Klimaschutz können gelingen, wenn die Weltgemeinschaft ihre Beschlüsse der Klimakonferenz COP 26 konsequent umsetzt und die Erderwärmung auf 1,5 Grad Celsius begrenzt. Wie sehr die Zeit drängt, zeigt die Warnung des Weltklimarates vom 9. August 2021, wonach sich die Erde bereits im Jahr 2030 um 1,5 Grad gegenüber dem vorindustriellen Zeitalter erwärmt und damit zehn Jahre früher als noch 2018 prognostiziert.

Deshalb müssen alle Anstrengungen unternommen werden, die Nutzung fossiler Energieträger bis zum Ende des Jahrzehnts drastisch zu reduzieren und in den folgenden Jahren ganz zu beenden. Wenn Deutschland bereits 2045 klimaneutral sein will, ist es unabdingbar, den Treibhausgasausstoß wie geplant bis 2030 um mindestens 65 Prozent zu senken. Dies ist eine gesamtgesellschaftliche Aufgabe, und drei Bereiche stehen dabei – neben der Landwirtschaft – aufgrund ihres hohen Energiebedarfs im Mittelpunkt:

1. Im **Gebäudesektor** müssen der Energieverbrauch drastisch gesenkt und fossile Energieträger ersetzt werden. Schon heute nutzt fast jeder vierte Haushalt klimafreundliche Technologien wie etwa Photovoltaikanlagen, Solarthermieanlagen oder Wärmepumpen. Um die Klimaziele zu erreichen, muss sich die Sanierungsrate bei Bestandsgebäuden von derzeit 0,85 auf 1,9 Prozent pro Jahr mehr als verdoppeln. Ein Beispiel und Leuchtturm über die Grenzen Deutschlands hinweg ist die Gartenstadt Potsdam-Drewitz, die von der „DDR-Platte“ zur emissionsarmen Gartenstadt wurde. Unter energetischen und sozialen Aspekten wurde der Kiez in einen Niedrigenergie-Stadtteil umgewandelt.
2. Im **Verkehr** stellt die Elektromobilität einen zentralen Baustein dar, ergänzt durch synthetische Kraftstoffe im Schwerlast-, Schiffs- und Flugverkehr. Zugleich bedarf es intelligenter Konzepte zur Verlagerung und Vermeidung von Verkehr, etwa durch Stärkung des öffentlichen Personennahverkehrs sowie des Fuß- und Radverkehrs.
3. Der **Industriesektor** steht vor grundlegenden Umstellungen der Produktionsprozesse. Das betrifft insbesondere die energieintensiven Grundstoffindustrien wie Stahl und Chemie. Für sie ist der Einsatz erneuerbarer Energien, insbesondere von grünem Wasserstoff, sowie zum Beispiel die Stärkung einer kreislauforientierten Wirtschaft zukunftsentscheidend.

**Erneuerbare Energien machen 2030 den größten Teil unserer Energieversorgung aus.** Eine Folge der Loslösung von fossilen Energieträgern wird ein deutlich höherer Strombedarf sein. Dieser liegt nach Einschätzung von KfW

Research im Jahr 2030 um bis zu 40 Prozent höher als heute. Um ihn zu decken, müssen bis 2030 die Kapazitäten von Windenergie an Land verglichen mit heute verdoppelt, die von Windkraft auf See und Photovoltaik nahezu vervierfacht werden. Bei Solarenergie müssen wir insbesondere das große ungenutzte Potenzial von Photovoltaik-Dachanlagen erschließen – derzeit nutzen nur rund zehn Prozent der Haushalte in Deutschland eine Photovoltaikanlage auf ihrem Dach. Dies muss und wird sich bis zum Jahr 2030 grundlegend ändern. Ich bin sicher: Erneuerbare Energien wie Wind und Sonne machen bis zum Ende des Jahrzehnts den größten Teil unserer Energieversorgung aus, Windkraft und Photovoltaik-Dachanlagen sind dann Standard.

Ebenfalls stark zunehmen wird der Anteil an „grünem", also nachhaltig erzeugtem, Wasserstoff. Die Chancen, dass grüner Wasserstoff in den 2030er-Jahren erstmals wettbewerbsfähig sein könnte, stehen sehr gut. Jedoch sind bis zur industriellen Nutzung im großen Maßstab noch erhebliche Investitionen notwendig, zum Beispiel in die gesamte Infrastruktur.

## 2030 IST DIE NUTZUNG NATÜRLICHER RESSOURCEN UND MATERIALIEN WESENTLICH EFFIZIENTER

Neben der Erzeugung von „grüner" Energie müssen bis 2030 auch ihr Einsatz sowie die Nutzung natürlicher Ressourcen und Materialien wesentlich effizienter sein als heute. Auch für dieses Ziel engagiert sich die KfW bereits seit einigen Jahren mit anderen europäischen Förderbanken. In der gemeinsamen Initiative für Kreislaufwirtschaft „Joint Initiative on Circular Economy" (JICE) haben die beteiligten Partner bereits sehenswerte Erfolge erzielt.

Ein Beispiel ist die Geschichte des Unternehmens Rebuy, das sich seit seiner Gründung 2004 auch mithilfe der KfW zu einem der größten Marktplätze für wiederverwertete Medien und Elektronikartikel entwickelt hat und weiter dynamisch wächst. Beeindruckend ist auch das Geschäftsmodell von Circunomics, dem Sieger des „KfW Awards Gründen 2021", in dem die Lebenszyklen von Batterien vor allem in der E-Mobilität optimiert werden.

## DEUTSCHLAND MUSS BIS 2045 FÜNF BILLIONEN EURO IN KLIMANEUTRALITÄT INVESTIEREN

Der Weg zur Klimaneutralität ist mit enormen Investitionsbedarfen verbunden, die nicht allein durch die öffentliche Hand gestemmt werden können. KfW Research geht allein für Deutschland von einem Investitionsbedarf in Höhe von rund fünf Billionen Euro bis 2045 aus. Die Transformation von Wirtschaft und Gesellschaft kann daher nur erfolgreich sein, wenn es gelingt, hierfür privates Kapital zu mobilisieren, nicht zuletzt an den internationalen Kapitalmärkten.

Der Bedarf an umweltfreundlichen Investitionen steigt weltweit, Experten rechnen mit einem anhaltenden Wachstum des globalen Green-Bond-Marktes, dessen Gesamtvolumen 2021 erstmals die Schwelle von einer Billion Euro überschritten hat.

Für die KfW hat das Thema Nachhaltigkeit daher auch bei ihren Aktivitäten am Kapitalmarkt einen hohen Stellenwert. Sie gestaltet seit Jahren die Entwicklung des Marktes für ökologisch nachhaltige Finanzanlagen maßgeblich mit. So machten die „Green Bonds – Made by KfW“ im Jahr 2021 in Höhe von 16,2 Milliarden Euro rund ein Fünftel des gesamten Refinanzierungsvolumens der KfW aus. Zugleich investiert die KfW seit 2015 ihrerseits in Green Bonds, um die Marktentwicklung bei „grünen Anleihen“ zu unterstützen. Mit diesem Engagement trägt die KfW langfristig zur Entstehung einer Infrastruktur zur Finanzierung von Klima- und Umweltschutzprojekten am Kapitalmarkt bei.

## PERSPEKTIVE 2030 – HANDLUNGSFELD DIGITALISIERUNG & INNOVATION: EIN DIGITALER AUFBRUCH FÜR DEUTSCHLAND

Neben der Bewältigung des Klimawandels ist die nachhaltige Stärkung des Industrie- und Technologiestandorts Deutschland die zweite epochale Herausforderung dieses Jahrzehnts. Die aktuelle Energiekrise verstärkt diese Herausforderung, da langfristig ausreichend (grüne) Energie zu wettbewerbsfähigen Preisen ein kritischer Inputfaktor und somit auch ein kritischer Wettbewerbsfaktor ist. Zentrale Erfolgsfaktoren sind Digitalisierung und Innovation.

Die Coronapandemie hat einerseits zu einem Digitalisierungsschub geführt: Zahlreiche kleine und mittelständische Unternehmen haben die Schnittstellen zu Lieferant:innen und Kund:innen sowie ihre Vertriebswege digitalisiert, die Arbeit im Homeoffice ist inzwischen für viele Menschen selbstverständlicher Alltag geworden.

Andererseits hat uns die Pandemie gelehrt, wie weit der Weg ist, den Deutschland bei der Digitalisierung noch vor sich hat – von der Modernisierung der digitalen Infrastruktur bis zur Nutzung digitaler Verfahren etwa in der öffentlichen Verwaltung. Bis 2030 wird es darum gehen, eine leistungsstarke digitale Infrastruktur aufzubauen und die digitalen Kompetenzen der nächsten Generation massiv weiterzuentwickeln. Auf diese Weise ist sichergestellt, dass Deutschland international Anschluss hält. Die KfW unterstützt den umfassenden digitalen Aufbruch in Deutschland in den kommenden Jahren intensiv.

Die Zukunftsfähigkeit und der Wohlstand Deutschlands basieren auf technologischer Innovation und Digitalisierung. Im Zentrum stehen drei Schwerpunkte:

1. Ein **innovativer und digitaler Mittelstand** für konkrete Vorhaben zur Entwicklung und Markteinführung von Zukunftstechnologien. KfW Research bestätigt immer wieder, dass der Fachkräftemangel sowie der mangelnde Abbau von Bürokratie zwei wesentliche Hemmnisse darstellen. Zudem spielt Venturecapital eine entscheidende Rolle zur Förderung innovativer Unternehmen.

2. Die **innovative und digitale Aus- und Weiterbildung** zur Stärkung der Digitalisierungs- und Innovationsfähigkeit der Wirtschaft und der Verwaltung. Ziel ist, die Breitendynamik für Innovation und digitale Transformation bei Investitionen sowie Gründungen durch Bildung und die entsprechende Fachkräfteentwicklung zu unterstützen. Ein Beispiel ist das TUMO-Lernzentrum für digitale Bildung in Berlin. Wöchentlich können mehr als 1000 Jugendliche digitale und kreative Technologien wie 3-D-Modellierung, Robotik, Programmierung, aber auch Film, Musik und Fotografie erlernen.
3. Eine **innovative und digitale Infrastruktur und Verwaltung** zur Schließung der verbleibenden Lücken in der Versorgung mit leistungsfähigen Breitband- und Mobilfunkverbindungen und zur Beschleunigung der Digitalisierung in der Verwaltung.

**Deutschland muss jährlich 100 bis 150 Milliarden Euro in Digitalisierung investieren, um im europäischen Wettbewerb aufzuschließen.** Der Finanzbedarf für einen solchen digitalen Aufbruch ist immens, die öffentliche Hand allein kann das nicht stemmen. Insofern ist die Mobilisierung von privatem Kapital auch in diesem Handlungsfeld ein wesentlicher Erfolgsfaktor.

Die Ende 2018 gegründete Tochtergesellschaft KfW Capital stärkt hier die Finanzierung innovativer, junger Technologieunternehmen durch ihr Engagement in Venturecapital-Fonds. Zugleich koordiniert KfW Capital seit 2021 den Zukunftsfonds, über den die Bundesregierung in den kommenden Jahren zusätzlich zehn Milliarden Euro für Beteiligungskapital bereitstellt. Mit diesen Mitteln sollen bis zu 30 Milliarden Euro Kapital für wachstumsstarke junge Technologieunternehmen gehebelt werden.

## PERSPEKTIVE 2030 - HANDLUNGSFELD RESILIENZ & SOUVERÄNITÄT: ZEITENWENDE MIT STRUKTUR

Der Krieg in der Ukraine hat Deutschland und Europa vor Augen geführt, dass es seine Souveränität und Resilienz stärken muss, um gegen Krisen und Konflikte besser gewappnet zu sein und damit auch den Erfolg der Transformation sicherzustellen. Im Mittelpunkt stehen hier insbesondere die Bereiche Energie und Rohstoffe, Technologie, aber auch Sicherheit und Verteidigung.

Der Angriff Russlands auf die Ukraine hat die Verwundbarkeit der deutschen Energieversorgung aufgezeigt. Bis zum Ende dieses Jahrzehnts wird es eine wesentliche Aufgabe sein, die Energie- und Versorgungssicherheit in Deutschland aufrechtzuerhalten und die Abhängigkeit von fossilen Energieträgern und damit von autoritären Staaten als Lieferanten weiter zu verringern. Die Attraktivität des (Industrie-)Standorts Deutschland wird auch zukünftig davon abhängen, inwieweit wir (grüne) Energie in ausreichender Menge und zu wettbewerbsfähigen Preisen zur Verfügung stellen können.

Die Verteilung von Ressourcen und der Zugang zu ihnen ist ein kritischer Faktor für das Gelingen der Transformation. Der Fokus liegt hierbei unter anderem auf:

1. **Diversität von Energiequellen.** Denn dies verringert einseitige Abhängigkeiten auch von autoritären Staaten. Eine Schlüsselrolle für Deutschlands Energiesicherheit kommt dem Flüssigerdgas LNG zu, das mittelfristig den Import von russischem Pipelinegas ersetzt. Die KfW unterstützt den Aufbau der hierfür notwendigen Infrastruktur und beteiligt sich im Auftrag des Bundes, zum Beispiel am Bau des ersten deutschen LNG-Terminals in Brunsbüttel. LNG gilt als Brückentechnologie bei der Transformation zur angestrebten Treibhausgasneutralität 2045. Deshalb wird auch die Weiterverwendung des Terminals für den Import von Wasserstoff-Derivaten von Beginn an bei der Planung des Terminals berücksichtigt. Ich bin zuversichtlich, dass in den 30er-Jahren über diese Terminals in substanziellem Umfang grüner Wasserstoff in die deutsche Energieversorgung eingespeist wird.
2. **Verringerung des Ressourcenverbrauchs und Erhöhung der Energieeffizienz.** Denn der schonende Umgang mit natürlichen Ressourcen ist eine tragende Säule der Transformation. Wenn wir die Lebensqualität künftiger Generationen erhalten wollen, müssen wir massiv in Verfahren zur Abfallvermeidung und Wiederwertung von Material und in die Effizienz unserer Energienutzung investieren. Dies ist aber nicht nur ökologisch geboten. Angesichts steigender Energiekosten, knapper werdender Rohstoffe sowie Störungen der globalen Lieferketten und Handelsbeziehungen wird Ressourcen- und Energieeffizienz in den kommenden Jahren zu einem wesentlichen Wettbewerbsfaktor.
3. **Forcierung des Ausbaus der erneuerbaren Energien.** Das ist national und international eine weitere Säule der Energiesicherheit. Offshore-Windenergie ist im Jahr 2030 eine feste und wichtige Säule der Energieversorgung in Deutschland. Sie müssen wir in der Nord- und Ostsee in den kommenden Jahren massiv ausbauen. Die KfW ist über ihr Programm „Offshore Windenergie“ schon seit dem Jahr 2011 an der Finanzierung einer ganzen Reihe von Windkraftanlagen beteiligt. Europaweit wurden 2021 vier Gigawatt (GW) Offshore-Windkraft zugebaut – in Deutschland sind bis 2025 derzeit 3,1 GW geplant. Für eines der jüngsten Projekte, Arcadis Ost 1 (Ostsee), ist vor Kurzem der Startschuss gefallen.

Die Sicherheit der Energieversorgung ist eine Aufgabe, die im nationalen Alleingang kaum lösbar ist. Die KfW engagiert sich deshalb bei der Finanzierung zahlreicher zukunftsweisender Projekte zur Erzeugung von Energie aus Sonne, Wind und Wasser innerhalb und außerhalb Europas. Das gigantische Solarkraftwerk in marokkanischen Ouarzazate, der schwimmende Windpark EFGL im Golf von Lyon oder das Nordlink-Kabel zur Übertragung von Strom aus Wasserkraft aus Norwegen sind hier nur drei prominente Beispiele.

**Für alle drei Handlungsfelder brauchen wir eine leistungsstarke Netzinfrastruktur.** Für den Transport von grüner Energie – sei es Strom oder Wasserstoff – müssen entsprechende Leitungen modernisiert oder gebaut werden. Der digitale Aufbruch gelingt nur mit ausreichenden Rechen- und Verbindungskapazitäten. Ein klimaschonender Verkehrssektor ist auf den Ausbau des Schienennetzes ebenso angewiesen wie auf eine dichte und leistungsstarke Ladeinfrastruktur. Deshalb ist die Förderung des Auf- und Ausbaus unserer Infrastruktur auch für die KfW eine der zentralen Zukunftsaufgaben.

## PERSPEKTIVE 2030: AUCH WIR VERÄNDERN UNS

Wir als KfW können die Transformation nur wirksam begleiten, wenn wir uns selbst weiterentwickeln. Der rasante technologische Fortschritt, weiterhin hohe regulatorische Erfordernisse, veränderte Erwartungen von Kund:innen sowie Stakeholder:innen wie auch neue Anforderungen des Bundes als Eigentümer und Auftraggeber prägen das Umfeld, in dem sich die KfW in diesem Jahrzehnt bewähren muss.

Hieraus hat die KfW eine neue Strategie, die Transformationsagenda „KfWplus" abgeleitet, deren übergeordnetes Ziel es ist, die KfW zur digitalen Transformations- und Förderbank weiterzuentwickeln. In den kommenden Jahren wird sich die KfW dynamisch verändern und anpassungsfähiger, effizienter und wirksamer werden. Dabei ist die KfW mit einem Paradigmenwechsel auf zwei Ebenen konfrontiert, den wir als KfW in unserem künftigen Handeln berücksichtigen werden:

1. Zum einen werden wir unsere Maßstäbe neu justieren und unseren Erfolg künftig stärker an der Wirkung unserer Förderung bemessen müssen. Entscheidend ist dabei die Frage: Welche Wirkung können wir mit einem Euro Förderung erzielen?

2. Zum anderen wird die Mobilisierung von privatem Kapital zu einer wesentlichen Voraussetzung für das Gelingen der Transformation. Bereits jetzt gibt es wegweisende Ansätze, die in den kommenden Jahren weiter ausgebaut werden. Um – wie geplant – mehr privates Kapital für Transformationsprojekte zu gewinnen, wird die KfW kapitalmarktnahe Beiträge zur Risikoabfederung leisten und sich noch stärker als Co-Wagniskapitalgeber engagieren.

Teil der Transformationsagenda „KfWplus" ist der Anspruch, als „leistungsstarke KfW" auf der operativen Ebene die notwendigen Voraussetzungen zu erfüllen. Dies umfasst die Themen Digitalisierung sowie ein modernes Operating & Governance Model und nicht zuletzt auch Aspekte wie Förderung von Mitarbeiterpotenzialen und Agilität.

## GESAMTGESELLSCHAFTLICHE AUFGABEN SOWIE VERANTWORTUNG WACHSEN GLEICHERMASSEN

**Deutschland und Europa stehen in diesem „Jahrzehnt der Entscheidung" vor Aufgaben in einer äußerst großen Dimension. Es gilt, die Grundlagen unseres gesamten Wirtschaftsmodells neu zu gestalten.** Dabei sind mir zwei Aspekte besonders wichtig: Dieses „Jahrzehnt der Entscheidung" ist eine gesamtgesellschaftliche Aufgabe. Insofern sollte jede:r einen Beitrag leisten und

Verantwortung übernehmen. Das „Jahrzehnt der Entscheidung" ist zudem eine nationale und globale Aufgabe. Die Welt schaut auf Deutschland, ob die Transformation als erfolgreiche Industrienation gelingt. Gleichzeitig benötigen viele Entwicklungs- und Schwellenländer unsere Unterstützung für eine erfolgreiche nachhaltige Gestaltung der eigenen Wirtschaft und Gesellschaft. Dieser Aufgabe wird ein leistungsfähiges Deutschland in einem vereinten Europa am besten gerecht.

Die KfW bringt all ihre Erfahrung und ihr Know-how ein, um diesen Prozess wirkungsvoll zu unterstützen. Sie blickt im Jahr 2023 auf eine 75-jährige Geschichte zurück. Ihre Gründung ist mit der Entwicklung der sozialen Marktwirtschaft und unserer Demokratie eng verbunden. Seither hat die KfW immer wieder dazu beigetragen, epochale Herausforderungen zu bewältigen, und sich dabei selbst an diese Herausforderungen angepasst und verändert. Die KfW weiß, wie Wandel geht.

Dieser Erfahrungsschatz lässt uns selbstbewusst und zuversichtlich in die Zukunft blicken. Und an der Schwelle zu einem neuen Jahrzehnt sehen wir dann 2030 markante Fortschritte bei der Transformation von Wirtschaft und Gesellschaft, zu der die KfW wirkungsvoll beigetragen hat.

*Stefan B. Wintels ist seit Oktober 2021 Vorstandsvorsitzender der staatlichen Förderbank KfW, der größten nationalen Förderbank der Welt. Sie unterstützt Privatpersonen, Unternehmen und Kommunen mit zinsgünstigen Krediten und Zuschüssen bei Investitionen u. a. in den Bereichen Klima- und Umweltschutz, Gründung und Innovation, Digitalisierung und Infrastruktur sowie im Bereich Bildung. Auch international spielt sie eine wichtige Rolle bei der finanziellen Zusammenarbeit Deutschlands mit Entwicklungs- und Schwellenländern oder der europäischen Export- und Projektfinanzierung und ist in rund 80 Ländern vertreten. Mit einem Eigenkapital von rund 36 Milliarden Euro und einer Bilanzsumme von mehr als 585 Milliarden Euro (2022) zählt die KfW auch zu den drei größten Banken in Deutschland.*

# FORTBEWEGUNG 2030

## Wie sind wir morgen mobil?

**ANDRÉ SCHMIDT,**
**der Deutschland-Chef von Toyota,**
**über eine Antwort auf viele Fragen**
**dieser Zeit: Wasserstoff**

Vor Kurzem traf ich einen Bekannten, den ich schon lange nicht mehr gesehen hatte. Während wir ins Gespräch kamen und uns über Familie und Freunde austauschten, sagte er mir, er habe das Gefühl, Autofahrer:innen blickten heute gerade noch bis zu den Grenzen des eigenen Gefährts. Sie könnten sich anscheinend überhaupt nicht mehr in die Situation anderer hineinversetzen, jeder sehe nur noch sich selbst, und die Verkehrssituation im Allgemeinen werde zu einem immer größeren Albtraum.

Unser Gespräch wurde dann grundsätzlicher.

Wie, fragte mein Bekannter, können wir auch in Zukunft mobil bleiben, ohne dass solches Verhalten überhandnimmt und das Zusammenleben der Gesellschaft negativ beeinflusst? Wie verhindern wir, dass Menschen aus Verunsicherung, regionalen oder Kostengründen ihre Mobilität verlieren? Wie können wir uns gleichzeitig aus unserer Abhängigkeit von Öl, Gas (und anderen fossilen Energieträgern) befreien?

Zur letzten seiner zahlreichen und berechtigten Fragen fiel mir spontan ein Interview mit Professor Achim Kampker ein. Der Universitätsprofessor an der Fakultät für Maschinenwesen der RWTH Aachen beantwortete dem Fachmagazin „Edison“ die Frage nach dem einen Antrieb der Zukunft so: „Wir werden alles brauchen, um unsere Klimaziele zu erreichen.“ Und: „Warum gehen wir die Dinge nicht parallel an? Stattdessen verzetteln wir uns in Glaubenskriegen und versuchen, das jeweils andere kaputt zu argumentieren (...). Wir brauchen jetzt eine Aufbruchstimmung.“ Auf seiner Universitäts-Website findet sich dazu diese Handlungsmaxime: „Wer aufhört, besser zu werden, hat aufgehört, gut zu sein.“

## EFFIZIENT, GUT ZU BEFÖRDERN, HINREICHEND VERFÜGBAR: WASSERSTOFF

Im Grunde kann man die Strategie von Toyota kaum besser zusammenfassen. Bereits seit Jahrzehnten verfolgen wir parallel alle Ansätze, die helfen, Mobilität nachhaltiger und final $CO_2$-neutral zu machen. Aus unserer Sicht müssen dazu – neben vielen anderen Aspekten – sowohl Hybrid- als auch reine E-Antriebe wie auch Wasserstoff und Brennstoffzellen beitragen.

Unser erstes Hybridmodell war der selbstladende Prius, den wir vor mehr als einem Vierteljahrhundert eingeführt haben. Mittlerweile liegt bei uns der Hybridanteil in Deutschland bei über 60 Prozent. Weltweit haben wir bereits mehr als 20 Millionen Hybridfahrzeuge verkauft und dadurch über 160 Millionen Tonnen $CO_2$ oder 65 Milliarden Liter Benzin eingespart. Der Bedarf an weiteren neuen Energiequellen war noch nie so groß wie heute. Unsere Welt braucht ein nachhaltiges, hinreichend verfügbares Medium, um fossile Brennstoffe zu ersetzen. Eine Antwort lautet: Wasserstoff.

Wasserstoff lässt sich leicht auf bestehende Strukturen für fossile Brennstoffe aufsetzen, was hilft, Kosten und Auswirkungen der Umstellung zu reduzieren. Das erhält Arbeitsplätze und Kapitalwerte. Mit Wasserstoff kann man Energie effizient speichern. Aus erneuerbaren Quellen gewonnener Wasserstoff lässt sich zudem relativ leicht dorthin befördern, wo er benötigt wird.

Das macht Wasserstoff zu einem höchst zukunftsfähigen Energieträger. Die Wasserstofftechnologie hat damit das Potenzial, den Verkehr komplett zu dekarbonisieren – Automobile und Lkw ebenso wie Züge, Schiffe und Flugzeuge. Wasserstoff eignet sich aus unserer Sicht aber auch als Energielieferant für Industriebetriebe, Unternehmen und Wohngebäude. Da der Energiemix in Europa zunehmend auf erneuerbaren Quellen basieren muss, wollen die Europaabgeordneten daher Speicherlösungen wie Wasserstoff stärken.

## BRENNSTOFFZELLEN IN JAPAN GIBT ES SOGAR FÜR EIGENHEIME

Die „heimische" Produktion ist bereits real: In Japan fertigen diverse Hersteller seit mehr als zehn Jahren Brennstoffzellen für Eigenheime. Seit 2009 wurden 400.000 dieser „Ene-Farm" getauften kleinen „Blockheizkraftwerke" verkauft. Die technische Entwicklung in Japan ist schon so weit fortgeschritten, dass das Geschäft mittlerweile komplett unabhängig von staatlichen Subventionen ist. Auch Brennstoffzellen-Systeme für Bahnhöfe, Hotels und Baseballstadien finden langsam Verbreitung, und erste Exporte in ausländische Märkte haben begonnen.

Ein Grund für diesen Erfolg: Japan war 2017 das erste Land weltweit, das eine nationale „Basic Hydrogen Strategy" verabschiedete und sich als 100 Prozent nachhaltige „Wasserstoffgesellschaft" etablieren will. Der inländische Wasserstoffmarkt könne laut einer Studie (Fuji Keizai, 2019) bis zum Jahr 2030 um das 56-Fache wachsen.

Bis dahin sollen allein in Japan bis zu 800.000 Fahrzeuge mit eingebauter Brennstoffzelle unterwegs sein, dazu mindestens 1300 Busse und Lkw sowie 14.600 Gabelstapler eingeführt werden. Um das zu erreichen, sieht die Roadmap bis 2025 eine deutliche Reduzierung des Kostennachteils von Brennstoffzellen-Fahrzeugen gegenüber klassischen Hybridfahrzeugen vor. Die von Toyota bereits angestoßene Massenproduktion von Brennstoffzellen, nicht nur für den Pkw-Markt, ist ein Schlüssel dazu.

Parallel wird erwartet, dass die Anzahl der Wasserstofftankstellen in Japan von derzeit 166 – übrigens schon heute das größte Netz weltweit – bis zum Jahr 2025 auf 581, bis 2030 sogar auf 1321 steigt. Toyota hat in Erwartung eines Anstiegs der Nachfrage nach Gabelstaplern mit Brennstoffzelle bereits

2020 in seinem Werk in Motomachi erste kompakte solare SimpleFuel-Wasserstoffgeneratoren in Betrieb genommen. Sie können pro Tag sieben bis acht Fuel-Cell-Gabelstapler betanken.

In öffentlichen Verkehrsmitteln testen bereits zahlreiche Länder den Einsatz von Wasserstoff. Er lässt sich schnell tanken, seine Energie reicht länger, sodass Busse länger fahren können, ohne neu betankt zu werden. Außerdem senkt Wasserstoff – wie auch reiner Elektroantrieb und Hybride – in hohem Maße Emissionen und Umweltschäden in Städten. Und das alles, ohne die Transportqualität zu beeinträchtigen.

Selbst im Motorsport schiebt sich das alternative Antriebskonzept in den Vordergrund. Im Rahmen der Rallye-Weltmeisterschaft startete im August 2022 erstmals unser neuer, wasserstoffbetriebener GR Yaris H2 zu Demonstrationsfahrten. In dem Konzeptfahrzeug wird ein Verbrennungsmotor direkt mit Wasserstoff angetrieben. Die Hochdrucktanks und der Betankungsprozess sind jedoch identisch mit denen unseres Brennstoffzellen-Modells Mirai.

Wir haben bereits 1992 mit der Entwicklung eines Brennstoffzellen-Fahrzeugs begonnen. 2015 kam die erste Serienversion des Mirai mit Brennstoffzellen-Elektroantrieb in Europa auf den Markt. Dieser Durchbruch basierte auch auf unserem weltweit führenden Know-how mit Hybridsystemen, die eine Schlüsseltechnologie für viele elektrifizierte Antriebsstränge bilden.

Die Reichweiten (aktuell bis zu 650 Kilometer) übertreffen das Niveau der meisten rein batterieelektrischen Fahrzeuge. Im Mai 2021 erreichte ein serienmäßiger Mirai in Frankreich sogar die magische Marke von 1000 Kilometern mit nur einer Tankfüllung Wasserstoff.

Volltanken gelingt dabei in weniger als fünf Minuten. Und der Wagen funktioniert auch bei minus 30 Grad. Das Einzige, was er emittiert: Wasser in Form von Dampf. Mehr noch: Die angesaugte Umgebungsluft für die chemische Reaktion in den Brennstoffzellen wird so stark gereinigt, dass sie das System deutlich sauberer wieder verlässt – man fährt so, mit grünem, $CO_2$-neutral produziertem Wasserstoff betrieben, unserem Slogan entsprechend tatsächlich: „Beyond zero".

## ERNEUERBARE ENERGIEQUELLEN WIE SOLARSTROM FÜR MEHRERE 1000 TONNEN WASSERSTOFF PRO JAHR

Aber woher soll all der grüne Wasserstoff kommen? Ein Beispiel für grüne Wasserstoffproduktion ist das Fukushima Hydrogen Energy Research Field (FH2R), das im Frühjahr 2020 fertiggestellt wurde und seither eine der weltweit größten Anlagen zur Herstellung von Wasserstoff aus erneuerbaren Quellen ist. Mittelfristig soll die Kapazität auf bis zu 100 Megawatt (MW) wachsen. Unter Verwendung erneuerbarer Energiequellen wie Solarstrom sollen so bis zu mehrere Tausend Tonnen Wasserstoff pro Jahr produziert werden.

Elektrolyseure sind inzwischen so weit ausgereift, dass sie in größerem

Umfang hergestellt und eingesetzt werden können, um die Kosten deutlich zu senken. Drei aufeinanderfolgende Jahre – 2018, 2019 und 2020 – mit installierten Rekordkapazitäten belegen das. Trotz der Auswirkungen der Covid-19-Pandemie wurden 2020 fast 70 MW Elektrolyseure in Betrieb genommen, was die installierte Gesamtkapazität auf fast 300 MW erhöhte.
Anfang der 2010er-Jahre lagen die meisten Projekte noch im Kilowattbereich, während die größten der Jahre 2017 bis 2019 bei sechs MW lagen. In diesem Sinne war 2020 ebenfalls ein Rekordjahr, weil die zweit- und drittgrößten Elektrolyseure der Welt in Betrieb genommen wurden. Eines war die 25-MW-Anlage Industrias Cachimayo in Peru, ein anderes ein mit Wasserkraft angetriebener 20-MW-Elektrolyseur in Kanada, der im Dezember seine Tests abschloss und im Januar 2021 den Betrieb aufnahm.

## WIR STEHEN AN DER SCHWELLE ZUM GIGAWATT

Der Ausbau der Elektrolysekapazitäten dürfte sich dank der vielen in Entwicklung befindlichen Projekte in den kommenden Jahren beschleunigen. So konnte bereits jetzt die Schwelle von einem Gigawatt (GW), das entspricht etwa 170 Kilotonnen Wasserstoff, überschritten werden. Mit allen derzeit in der Planung befindlichen Projekten könnte die gesamte installierte Elektrolysekapazität bis 2030 zwischen 54 und 91 GW betragen, wobei die Produktion von Elektrolysewasserstoff zwischen 4,9 und 8,3 Milionen Tonnen liegen würde.

Zwischen heute und 2050, so eine gemeinsame Studie von Hydrogen Council und McKinsey im November 2021, könnte der Einsatz von grünem Wasserstoff sage und schreibe 80 Gigatonnen an kumulativen $CO_2$-Emissionen verhindern. Das wäre das Achtfache dessen, was ganz China im Jahr 2019 emittiert hat, und entspräche in etwa elf Prozent der Reduktion, die erforderlich ist, um die globale Erwärmung auf 1,5 bis 1,8 Grad zu begrenzen.

Die Nutzung sauberen Wasserstoffs könnte also helfen, bis 2050 jährlich etwa 20 Prozent der von Menschen verursachten Emissionen zu vermeiden. Das wäre gleichbedeutend mit der Stilllegung sämtlicher Pkw, Lkw und Busse sowie der Einstellung des gesamten Luftverkehrs oder der jährlichen Vermeidung der Nettoemissionen der USA, Japans und Deutschlands.

Der größte Teil dieses Potenzials entfiele laut den Studienautoren auf die Mobilität und die Industrie, wo bis 2050 mehr als sechs Gigatonnen $CO_2$ jährlich vermieden werden könnten, was einer kumulierten $CO_2$-Reduzierung von 70 Gigatonnen bis 2050 entspricht. Für den Luft- und Schifffahrtssektor sind wasserstoffbasierte Kraftstoffe die einzige praktikable Option zur Dekarbonisierung im großen Maßstab, wobei Wasserstoff ein erhebliches Potenzial zur Minderung von 13 Gigatonnen $CO_2$ bis 2050 böte.

Chemie und Stahl könnten bis 2050 ein weiteres Drittel des gesamten Wasserstoff-Minderungspotenzials bereitstellen und 20 beziehungsweise 35 Prozent der $CO_2$-Emissionen im Jahr 2050 dekarbonisieren.

Was wird künftig noch zu lebenswerteren Städten und besserer Mobilität beitragen? Im Grunde sind das drei Instrumente, die die Entwicklung der Menschheit schon immer maßgeblich vorangetrieben haben: Vision, Kommunikation und Vernetzung.

Ein Beispiel: Der kleine Auslieferungsroboter Micro Palette kann heute schon selbstständig, zuverlässig und bedarfsgerecht Waren an Menschen liefern – auf der berühmten letzten Meile.

Oder autonomes Fahren. Neben dem physischen Transport von einem Ort zum anderen soll neue Technologie Passagiere in jedem Alter und fast jedem Gesundheitszustand dabei unterstützen, mobil zu bleiben und auch weiter ihren Hobbys nachzugehen.

Ich könnte ewig über die Zukunft weiterreden. Der Fahrgemeinschaftsdienst e-Trans etwa bringt Menschen auch abseits der Ballungszentren zusammen: In geräumigen Fahrzeugen können sowohl Personen als auch Güter transportiert werden. Und im Krankenwagen der Zukunft, dem Toyota e-Care, sprechen Patient:innen schon auf dem Weg zum Krankenhaus ausführlich mit dort behandelnden Ärzt:innen, die erste Untersuchungen vornehmen können.

Die Zukunft der Mobilität soll nicht nur nachhaltig und nützlich sein, sondern auch Spaß machen und Stress abbauen helfen. Also all das auflösen, was meinem besorgten Bekannten zu schaffen macht.

Wenn er dann eines Tages, vom wasserstoffbetriebenen Auto autonom gesteuert und ohne Streitigkeiten mit anderen Verkehrsteilnehmern, zur Arbeit fährt, wird er sich deutlich besser fühlen als heute – und dabei auch noch Gutes für unseren Planeten tun.

## DIE WASSERSTOFFSTADT DER ZUKUNFT

Visionen, Erfindergeist und Spaß am Neuen, Unbekannten beflügeln Menschen seit jeher und lassen bisweilen Science-Fiction Realität werden. Und damit komme ich zum letzten Beispiel: der Stadt, in der Wasserstoff als Energieträger eine zentrale Rolle spielt.

In Japan lässt Toyota diese Stadt der Zukunft entstehen. Auf einem ehemaligen Fabrikgelände am Fuße des Mount Fuji wird zurzeit für Einwohner:innen und Forscher:innen ein vollständig vernetztes, nachhaltiges Ökosystem geschaffen: Woven City, die verwobene Stadt, in Anlehnung an den Ursprung unseres Unternehmens, das einst als Webstuhlhersteller begann.

In Woven City werden neueste Technologien wie autonomes Fahren, Robotik, Smart Home und Künstliche Intelligenz getestet und miteinander verbunden. Anfangs werden hier 360 Menschen leben – vorwiegend Senior:innen, Familien mit Kindern und Projektentwickler:innen. Später soll die Bevölkerung auf 2000 Einwohner anwachsen. Science-Fiction? Nein, der Grundstein ist schon gelegt, spätestens 2025 ziehen die ersten Menschen ein.

Ich werde dann wohl meinen Bekannten auf einen Besuch dorthin mitnehmen. Schon damit er im Glauben an unsere Zukunftsfähigkeit bestärkt wird. Denn Mobilität (lat. Mobilitas = Bewegung, Beweglichkeit) wird für den Menschen immer wichtig bleiben, aber in Zukunft anders aussehen. Deshalb streben wir weiter danach, noch effizienter zu sein, noch fortschrittlichere Technologien und noch nachhaltigere Lösungen zu entwickeln.

*André Schmidt ist seit 2021 Präsident der Toyota Deutschland GmbH. Er arbeitete zuvor als Direktor Marketing des Unternehmens, dann für Toyota Schweden, im Anschluss daran übernahm er die Leitung für das Marketing in Europa. Zuletzt war Schmidt General Manager Marketing bei Toyota Motor Nordamerika.*

# DIE GRUNDLAGE VON ALLEM

## WASSER

„Wir müssen ein Bewusstsein dafür schaffen, den Wert von Wasser zu realisieren“

**CAROLIN STÜDEMANN,**
**geschäftsführende Vorständin von „Viva con Agua“, spricht im *Next.2030*-Interview über eine der größten Bedrohungen der Zukunft: Wassermangel**

**FRAU STÜDEMANN, WIR HIER IN EUROPA HABEN WASSER IMMER FÜR EINE SELBSTVERSTÄNDLICHKEIT GEHALTEN. DENN ES KOMMT JA AUS DEM WASSERHAHN, WANN IMMER WIR DAS WOLLEN. WARUM SOLLTEN WIR EIGENTLICH AUF EIN PROBLEM ZUSTEUERN?** Man überschätzt das manchmal. Unser Planet ist zwar zu über zwei Dritteln mit Wasser bedeckt, aber nur drei Prozent sind Süßwasser. Davon steckt ein Großteil in Gletschern, ist als Trinkwasser also auch nicht verfügbar. Nur 0,3 Prozent der gesamten Wasserreserven sind frei zugänglich und trinkbar. Das ist ein richtig kleiner Anteil und doch Grundlage unseres ganzen Lebens.

**DABEI BRAUCHEN WIR VIEL WASSER.** Ja, unglaublich viel, vor allem in den Industrienationen. Wir verwenden es ja in allen Bereichen des Lebens, also nicht nur zum Trinken, sondern zur Produktion von Nahrungsmitteln, Kleidung, technischen Geräten und Strom. Das heißt: Der Fußabdruck jedes Einzelnen ist unglaublich groß. Das ist eine besondere Herausforderung unserer Arbeit: den Menschen bewusst zu machen, welchen Wert Wasser hat und wie man damit am besten umgeht.

**DAS KLINGT ERSTMAL POSITIV.** Genau. Wir wollen laut sein und die positiven, freudvollen Aspekte, die Wasser mit sich bringt, besetzen und Lösungsansätze präsentieren, wie die Welt von morgen aussehen kann. Oft heißt es: „Die Kriege der Zukunft werden mit Zugang zu Wasser zu tun haben", oder: „Es wird immer mehr Dürren geben." Wir wollen aber keine Schuldgefühle erzeugen oder polarisieren. Wir plädieren für einen bewussteren Umgang mit Wasser, für mehr Informationen über diese Ressource, die für uns immer so selbstverständlich erscheint. Wir wünschen uns, dass jeder dazulernt und einzelne, kleine Schritte nach vorn macht. Und es gibt Positives zu berichten: Zum Beispiel haben heute über 500 Millionen Menschen mehr Zugang zu sauberem Trinkwasser als noch vor knapp 20 Jahren.

**ABER WIR KÖNNEN DAS INTERVIEW AN DIESER STELLE VERMUTLICH NICHT ABBRECHEN MIT DEN ABSCHLIESSENDEN WORTEN: 2030 IST IN SACHEN WASSER ALLES GUT - NÄCHSTES THEMA!** Leider nein. Das Thema ist dringlicher denn je, weil es weitere Faktoren gibt, die die Verfügbarkeit von Wasser beeinflussen. Die klimatischen Veränderungen führen beispielsweise dazu, dass Extremereignisse wie Dürren oder Starkregen auftreten, die den Wasserhaushalt durcheinanderbringen.

**APROPOS KLIMA. WIR LEBEN IN EINER ZEIT, IN DER DER KLIMAWANDEL EINES DER BEHERRSCHENDEN THEMEN IST. GLAUBEN SIE, DASS DAS THEMA WASSER 2030 ÄHNLICH WICHTIG SEIN WIRD WIE HEUTE DER KLIMAWANDEL?** Wasser und Klima – das geht eigentlich Hand in Hand. Die klimatischen Veränderungen haben einen direkten Einfluss auf die Wasserversorgung. Und andersherum genauso. Gerade global gesehen ist die Wasserthematik also heute schon genauso wichtig wie die Klimaveränderungen.

**WIE GEHEN SIE ALS NGO DAS THEMA AN?** Wir bauen auf ehrenamtliche Netzwerke und zwischenmenschliche Beziehungen, wir wollen zum Beispiel die Menschen ermutigen, Wasser viel mehr wertzuschätzen. Wenn Kinder und Jugendliche über unsere Aktionen spielerisch lernen, damit umzugehen, also mit diesem Wissen aufwachsen, sind sie später auch bereit, Wasser zu schützen und sich dafür einzusetzen. Darüber hinaus versuchen wir, über Businessmodelle auch die Wirtschaft zu transformieren. Wir nennen das Social Business und haben weltweit viele Projekte gestartet, zum Beispiel hierzulande die „Millerntor Gallery" oder unsere Gasthäuser, in denen die Vision auf verschiedenen Ebenen transportiert wird und in denen jede Übernachtung Gelder generiert.

**GELD, DAS SIE ZUM BEISPIEL FÜR WASSERPROJEKTE IN LÄNDERN BENÖTIGEN, WO WASSER LÄNGST THEMA NUMMER EINS IST.** Ja, die Situation in Deutschland ist nicht vergleichbar mit der in vielen Regionen auf der Welt, wo es gar keinen Zugang zu Wasser gibt, wo die Lebensgrundlage von Menschen gefährdet ist. Ein Beispiel: Die weltweite Zahl der Todesfälle, die mit Durchfallerkrankungen zu tun haben – sehr häufig durch verunreinigtes Wasser hervorgerufen –, ist fünfmal so hoch wie die, die mit allen kriegerischen Auseinandersetzungen auf der Welt zu tun hat. Hier setzen wir an.

**AUF DER EINEN SEITE SETZEN SIE SICH MIT VIVA CON AGUA UND VIELEN AKTIONEN WELTWEIT DAFÜR EIN, MENSCHEN ZUGANG ZU WASSER ZU ERMÖGLICHEN, AUF DER ANDEREN SEITE GIBT ES DA DIE GLOBALEN PROBLEME, DIE ZU WASSERMANGEL FÜHREN: ETWA KLIMA, INDUSTRIALISIERUNG, LANDWIRTSCHAFT. WO SETZT MAN DENN DA AN?** Es gibt drei verschiedene Ebenen. Zum einen: systempolitisch auf Veränderungen hinwirken. Dann unternehmerisch. Dann auf Individualebene. Hier sind wir eher unterwegs, denn auch in der Politik und in Unternehmen arbeiten ja am Ende Individuen, die Entscheidungen treffen. Wenn wir es schaffen, diese zu erreichen und sie zu bewegen, den Sinn unserer Arbeit zu erkennen, ist die Tragweite viel größer. Das sehen dann auch Politiker:innen und sagen sich: Ach, das scheint ja ein großes Thema zu sein, also nehme ich das mit in meinen Wahlkampf.

**FUNKTIONIERT DAS DENN?** Natürlich führt es manchmal auch zu Wut und Frust, wenn wir beobachten, dass manche Menschen oder Unternehmen diese

Notwendigkeit nicht sehen oder sehr konservativ agieren und es gar keinen Common Ground gibt.

**WAGEN SIE DOCH NOCH EINEN AUSBLICK AUF 2030 AUS DIESER SICHT.** Meine Prognose: Ich glaube, dass die Polarisierung bei Wasser stark zunehmen wird. Einerseits von Bewegungen, die sagen: Der Klimawandel wird stärker, die Herausforderungen werden größer, wir müssen sofort alles radikal ändern. Und auf der anderen Seite die passive Einstellung: Wir können doch gar nicht mehr machen, wir tun doch ganz viel, irgendwo ist aber auch mal gut.

**UND DAZWISCHEN SEHEN SIE SICH UND DIE LÖSUNG?** Es ist eben nicht alles schwarz oder weiß. Wir wollen Handlungsräume finden. Inspirieren. Aufklären. Oder mit Kindern reden, da funktioniert viel über Sport, Spiel, Musik und Kunst. Wir denken so: Lasst uns aktiv bleiben und das Thema immer wieder in den Diskurs rücken. Vielleicht erreichen wir auf unseren Wegen so den einen oder die andere Firmenchef:in, die dann sagen: Ich will in meinem Unternehmen auch etwas tun.

**GEHEN SIE IN DIESE UNTERNEHMEN ODER IN DIE POLITIK?** Ja, wir sind oft im Austausch mit Firmen, die sich sagen: Da scheint etwas zu sein, was wir noch gar nicht richtig verstehen, und wir wollen dazulernen. Die also etwas tun wollen. Benny Adrion *(Gründer von Viva con Agua, d. Red.)* und ich werden zum Beispiel oft eingeladen, Keynotes zu halten. Manchmal führen wir auch Gespräche auf politischer Ebene. Vor allem auf lokaler Ebene in unseren Projektgebieten. Wir wollen nicht, dass unsere Projekte nur funktionieren, solange dafür bezahlt wird. Unsere Projekte sind immer nachhaltig angelegt, weshalb wir auch die Entscheidungsträger:innen einbeziehen wollen und viele Schulungen für die Menschen vor Ort anbieten.

**BEAMEN WIR UNS DOCH JETZT NOCH EINMAL INS JAHR 2030. DAS THEMA WASSER STEHT AN EINEM GUTEN PUNKT, WEIL ...** ... zum Beispiel ein System eingeführt worden ist, das dem Nutriscore bei Lebensmitteln ähnelt, eine Wasserampel also. Firmen und Institutionen müssen dann ihren Wasser-Footprint messen und öffentlich machen. Produktionen, die Wasser verschmutzen, müssten also tracken, wie viel Wasser betroffen ist, und dieser Wert wird dann jährlich erhoben wie der $CO_2$-Fußabdruck. Da würden heute gerade in Industrienationen erstaunliche Werte herauskommen, weil oft Wasser über Logistik und Produktion verschwendet wird. Maßgabe muss sein, dass Firmen in Techniken investieren, die ihnen helfen, diesen Wert zu reduzieren. Zusätzlich erfahren so auch die Verbraucher, wie groß ihr eigener Fußabdruck ist, und können sich so selbst überprüfen.

**GEBEN SIE DOCH MAL EIN BEISPIEL.** Auf einer Kaffeeverpackung würde dann stehen: Der Kaffee, den Sie gerade trinken, verbraucht 120 Liter Wasser.

**120 LITER FÜR EINE TASSE KAFFEE?** Ja, in etwa, Kaffeebohnen müssen immer wieder ausgewaschen werden. Schon die Bewässerung ist sehr intensiv. Aber das ist nur ein Beispiel. Bei vielen anderen Produkten und Nahrungsmitteln ist es ähnlich. Rindfleisch, Baumwolle, Baugewerbe oder Technik – das alles benötigt viel Wasser. Wenn man dann als Einzelne:r den Fußabdruck misst, ist man schnell bei 20.000 Litern am Tag.

**SIE HABEN VORHIN VON SOCIAL BUSINESS GESPROCHEN.** Social Business bedeutet auch, die Wirtschaft zu nutzen, um Einnahmen zu generieren und diese dann einem sozialen oder ökologischen Zweck zuzuführen. Für uns ist ein Social Business unter anderem ein Geschäftsmodell, das ein soziales Problem löst. Ein Beispiel: In Uganda gibt es ein Unternehmen, das Wasserfilter entwickelt hat und produziert, aus lokalen Materialien, die alle Bakterien aus dem Wasser holen. Das Projekt ist vor Ort entstanden, es wird richtig gut angenommen und mittlerweile auch in einigen anderen ostafrikanischen Ländern vertrieben, und wir unterstützen es. Ich sage das, weil wir oft feststellen, dass Lösungen, die wir mit unserem europäischen Blick konstruieren, vor Ort gar nicht funktionieren. Deswegen arbeiten wir gern mit lokalen Organisationen zusammen; unter Berücksichtigung von lokalen Wetterereignissen, kulturellen Besonderheiten, bestehenden Wassersystemen für Menschen und Tiere entstehen manchmal die besten Innovationen.

**WELCHE ROLLE SPIELEN NEUE TECHNOLOGIEN?** Wir brauchen sie einerseits immer mehr, um Wasser zu reinigen. Es gibt aber zum Beispiel keine neuen, innovativen Systeme, die es bei starken Regenereignissen ermöglichen, Wasser aufzufangen und zu nutzen. Wenn heute plötzlich in großen Mengen Wasser zur Verfügung steht, ist es auch schnell wieder weg. Deswegen sage ich ja: Wir müssen ein Bewusstsein dafür schaffen, den Wert von Wasser zu realisieren. Ist das erst mal gegeben, kommt es auch schnell zu Innovationen, vor allem vor Ort. In einem Projekt in Tansania arbeiten wir etwa mit Nebelnetzen, die Wasser aus der Luft auffangen. Entsalzung ist ein großes Thema, weil immer öfter Überschwemmungen das Grundwasser versalzen. Wir brauchen in der Zukunft auch Technologien, die in Gegenden, wo der Klimawandel Fakten geschaffen hat, die nicht mehr zu ändern sind, Menschen Zugang zu Wasser ermöglichen. Oder eine Technologie, die zum Beispiel in Äthiopien herausfindet, wo genau man die tiefen Brunnen bohren muss.

**GLAUBEN SIE DARAN?** Es wird auch künftig gute technische Lösungen geben, ja. Andererseits ist das eben auch eine sehr kapitalistische Denkweise: Wir haben ein Problem, jetzt brauchen wir eine Technologie, die es löst, die dann aber vielleicht eine eher passive Reaktion hervorruft, die wir gar nicht wollen – ah, Problem gelöst, dann kann ich jetzt noch mehr Laptops kaufen. Konsum deckt ja manchmal auch das ab, was in unserem Inneren als Mangel empfunden wird. Wir wollen deswegen Eigenverantwortung stärken, also heute etwas ändern, die Menschen überzeugen, damit das Problem morgen gar nicht erst entsteht. Wenn 2030 jeder Mensch, der den Wasserhahn aufdreht, denkt: „Wow, was für ein Schatz!", wenn es total cool und ein Trendthema ist, Wasser zu schützen, haben wir unsere Aufgabe erfüllt. Dann ist der Sache schon viel geholfen.

*Carolin Stüdemann ist geschäftsführende Vorständin des 2006 gegründeten gemeinnützigen Vereins „Viva con Agua de Sankt Pauli e. V.", der in Hamburg sitzt und sich für den Zugang zu sauberem Trinkwasser für alle Menschen einsetzt. Mit Spendengeldern sowie Einnahmen aus Social-Business-Projekten wie „Viva con Agua"-Mineralwasser, „Goldeimer"-Toilettenpapier, einem Gasthausbetrieb oder Kunstprojekten wie der „Millerntor Gallery" unterstützt die „All-Profit-Organisation" Wasserprojekte vor allem im globalen Süden. 2021 konnte die Organisation knapp 3,1 Millionen Euro in die Projektarbeit stecken – und seit 2006 die Lebensbedingungen von rund 3,8 Millionen Menschen durch den Zugang zu sauberem Wasser verbessern.*

# 06
# UND NUN ZUR WERBUNG

# MARKETING 2030

## Auf fünf Bausteine kommt es an

PHILIPP WESTERMEYER,
Gründer und Geschäftsführer von OMR sowie reichweitenstarker Podcaster, über ein immer größer werdendes und sich schnell veränderndes Spielfeld: Marketing

Von all den BWL-Disziplinen, die es gibt, ist das Marketing vielleicht die inhaltlichste und kreativste. Das hat mich von Anfang an fasziniert; es gibt einerseits Regeln und Ziele, und doch ist nicht klar, wie wir sie erreichen können oder müssen. Das Spielfeld ist groß, es eröffnet viele Möglichkeiten und bietet jedem eine Menge Freiheiten.

Marketing bedeutet auch: einen Trend rechtzeitig erkennen, eine Idee haben, etwas tun, womit niemand gerechnet hat und worüber die Leute reden. Aber früher wurde Kreativität anders gelebt als heute. Das Spielfeld war vor allem die Anzeige in der Zeitung oder in einem Magazin und Werbung im Fernsehen.

Heute sind wir fast alle im Netz. Wozu führt das?

Schauen wir zurück in die jüngere Vergangenheit: Vor 20 Jahren läutete Google das Zeitalter des Klickverkaufs ein. Wer früh dabei war, schnell verstand, was Suchmaschinen leisten und wie sie funktionierten – in Deutschland war das zum Beispiel der Online-Händler Zalando –, wurde reich. Ähnlich lief es bei Check24 oder Idealo. Facebook folgte Google mit einem ähnlichen Modell für Werbetreibende: Du gibst mir Geld, ich gebe dir die passenden Kund:innen.

Wer mitmachte, hatte Erfolg. Ich bin sicher, dass es Unternehmen wie Zalando, Check24 oder Idealo heute in der Form nicht gäbe, wenn sie nicht frühzeitig die Chance genutzt hätten, die ihnen die damalige Situation rund um ihr Marketing im Netz bot. Natürlich haben sehr, sehr viele Brands diesen Weg danach ebenfalls eingeschlagen, heute tun es fast alle, aber die Regeln sind schon wieder andere. Für manche Firmen sind diese Regeln des Marketings – oder sagen wir ruhig: der Wertschöpfung in der digitalen Welt – eine Chance. Für andere sind sie existenzbedrohend.

## DIE MODELLE DER GROSSEN PLATTFORMEN BEGÜNSTIGEN MASSIV VOR ALLEM SIE SELBST

Die Geschäftsmodelle von Google und Facebook sind kein Geheimnis mehr, das es zu lüften gilt; sie bieten auch kein Erfolgsrezept wie früher. Alle nutzen sie – doch, und das ist der entscheidende Punkt: Die Modelle der großen Plattformen begünstigen massiv vor allem sie selbst. Das ist gut nachvollziehbar weil wirtschaftlich logisch, und dennoch hat es viele Konsequenzen.

Aus Verkäufen sind inzwischen Auktionen geworden: Wer am meisten bezahlt, bekommt den Kontakt. Wenn also alle auf dieselbe Weise aktiv sind und sich zu Höchstpreisen die Kundenkontakte gegenseitig wegkaufen, wirkt sich das am Ende negativ auf die Marge aus. Bei der maschinellen Auktion gibt es keine Verhandlungsmasse und keine Mengenrabatte mehr, es spielt also keine Rolle, wer du bist – ob der Volkswagen-Konzern oder die kleine Werkstatt um die Ecke.

Vor allem aber sind Werbetreibende häufig gezwungen, im Auktionsverfahren an ihre wirtschaftlichen Schmerzgrenzen zu gehen, um Kund:innen so lange einzukaufen, wie es sich so gerade eben noch lohnt. Gute Margen sehen anders aus. Die Marge wird gewissermaßen über die Auktion an Google, Facebook, Amazon oder TikTok weitergegeben, um von potenziellen Kund:innen noch irgendwie gesehen zu werden.

Das klingt erst mal deprimierend: In Zukunft steigern weder der gelungene TV-Spot noch die schlaue Printanzeige noch das maschinelle Targeting auf Google, Facebook oder Instagram die Wertschöpfung einer Marke aus dem Marketing entscheidend. Diese Pfade zu den Kund:innen sind alle bekannt, ineffizient und breit ausgetreten.

Ich sehe auch kein neues Facebook und schon gar kein neues Google oder Amazon am Horizont; es gibt heute natürlich TikTok, aber das Modell ist dasselbe.

Das alles bedeutet eine enorme Herausforderung fürs Marketing. Denn zwei Fragen werden damit besonders wichtig. Erstens: Wie schaffe ich es, Kund:innen, die ich bereits teuer eingekauft habe, dann wenigstens lange zu halten – also Kundenbindung. Und zweitens: Wie erreiche und gewinne ich zumindest ab und an neue Kund:innen?

Der Versuch einer Antwort darauf enthält fünf Bausteine:

1. Kundenbeziehung 2.0
2. Die Bedeutung von Vertrauen
3. Die Weiterempfehlung
4. Preissensibilität
5. Marke wird Medium

### 1. WICHTIGER DENN JE: DIE KUNDENBEZIEHUNG

Red Bull ist ein Unternehmen, das seit Ende der 80er-Jahre Getränke verkauft. Eines Tages kamen sie in Österreich auf die grandiose Idee, außerdem ein Veranstalter von Sportveranstaltungen zu werden. Im Laufe der Jahre hat die Marke damit Millionen neuer Kund:innen auf sich aufmerksam gemacht – sie mussten dazu nicht mal das eigentliche Produkt trinken. Die Menschen verbinden sich auch so mit der Marke, sie leben deren Lifestyle, sie gehen zu Red-Bull-Veranstaltungen, und sie treiben Sportarten, die Red Bull erfunden hat.

Oder nehmen wir Nespresso. Auch dort hatten sie eines Tages eine sehr gute und richtungweisende Marketingidee. Sie sagten sich: Wir gehen einen anderen Weg als andere, wir verschenken ein Produkt (nahezu). Nämlich die

Kaffeemaschine. Und dann nehmen wir einen Haufen Geld für das eigentliche, dazu passende Produkt: die Kaffeekapsel.

Das ist schon Jahre her, war aber der Auftakt zu einer neuen Ära des Marketings.

Die 20er-Jahre werden diesen Trend fortsetzen. Unternehmen müssen lernen, eigene Ideen zu haben, sich immer wieder neu zu erfinden. Tun sie das nicht, werden sie schrumpfen und schließlich verschwinden.

Sie brauchen vor allem: eine authentische Beziehung zu ihren Kund:innen. Und dazu gehört: der Kontakt zu den Kund:innen. Firmen müssen diese Kontakte einsammeln, sie pflegen, sie müssen sie auf verschiedensten Wegen schaffen und aufbauen. Dafür werden sie viele interessante Ideen brauchen – weil sie nicht mehr besonders effektiv Neugeschäft über Google Ads akquirieren können.

Und wo pflegt man Kontakte am besten? Zum Beispiel vor Ort.

Ladenflächen, wie es sie etwa in der Hamburger Innenstadt oder den Hackeschen Höfen in Berlin gibt, werden bald noch gefragter sein. Denn sie bieten Unternehmen die Chance, besonders vielen Menschen niedrigschwellig Produkte an die Hand zu geben.

Was bedeutet niedrigschwellig? In den Super- oder Flagshipstores der Zukunft geht es nicht vorrangig darum, Produkte zu verkaufen, sondern sie den Kund:innen zu zeigen. Sie sich anfühlen zu lassen. Also: ein Image zu kreieren. Diese Stores werden auch sehr nützlich sein, um Mailadressen zu generieren.

Adressen sind eine der wichtigsten Währungen: Wie sonst erreicht man Kund:innen, ohne dafür Geld ausgeben zu müssen?

Ja, es mag sein, dass die heute 16-Jährigen Mails nicht nutzen, weil sie über Messenger kommunizieren. Aber auch die 16-Jährigen werden älter. 2030 sind sie 23 Jahre alt. Sie werden bis dahin anfangen, Reisen zu buchen, Anträge bei Behörden zu stellen, sich per Mailadresse auf verschiedenen Portalen anmelden, weil es keine andere Möglichkeit gibt; sie werden erste Jobs antreten und dort am ersten Tag eine Mailadresse zugeteilt bekommen. Sie werden früher oder später also alle auf diesem Weg erreichbar sein – Unternehmen müssen sie dann nur überzeugen, ihnen das zu erlauben.

Die Kraft der Mailadresse dürfen wir nicht unterschätzen in einer Welt, in der es sich nicht mehr lohnt, Kontakte zu kaufen, sondern in der Kontakte gewonnen und gepflegt werden müssen.

### 2. DIE BEDEUTUNG VON VERTRAUEN

Zurück auf Anfang: In den Urzeiten der Fernsehwerbung wurden uns Werbefiguren präsentiert, die es so gar nicht gab. Klementine wusch mit Ariel, hieß aber Johanna. Herr Kaiser verkaufte uns Versicherungen der Hamburg-Mannheimer, wurde aber im Laufe der Jahre von drei verschiedenen Darstellern präsentiert. Und die Zahnarztfrau? Ein Model, das Zahnbürsten oder -pasta anbot. Früher funktionierte das. Vom Marketing getrieben und mangels Alternativen, sind Menschen anschließend in die Läden gegangen und haben gesagt: „Das kenne ich aus dem Fernsehen, jetzt sehe ich es hier, und das kaufe ich jetzt." Heute funktioniert das nicht mehr – vor allem nicht bei jungen Menschen. Die wollen nicht erklärt bekommen, was sie gut zu finden haben, an ihnen sind in den vergangenen Jahren dank TV und Internet Milliarden von Werbebotschaften abgeprallt, die sie umerzogen und abgeklärt gemacht haben.

Kund:innen werden zwar auch 2030 gekauft oder getargeted oder bedrängt werden können. Das wird sich aber nicht mehr so lohnen wie in den 2010er-Jahren. Die Kund:innen der Zukunft möchten etwas anderes: Sie wollen vertrauen können. Eine echte Beziehung zum Produkt haben. Sie möchten gehegt und gepflegt, also unaufdringlich und authentisch an Marken herangeführt werden. Das ist eine riesige Herausforderung.

Immer mehr Top-Markenartikler werden sich künftig deshalb solche Fragen stellen: Wie bleibe ich unter den neuen Bedingungen ein „Love Brand"? Wie sorge ich zum Beispiel als Müller-Milch dafür, dass ich wahrgenommen werde, wenn Aldi sein Eigenprodukt günstiger anbietet? Was tue ich als Premium-Waschmaschinenhersteller, wenn Kund:innen in der Suchmaschine nur noch die Kästchen „Niedrigster Preis" und „Schleuderdrehzahl" anklicken?

### 3. REVIEW: DAS MARKETINGTOOL DER ZUKUNFT

Zu einem immer wichtigeren Werkzeug des Marketings werden Reviews, also Bewertungsportale, oder auch Influencer:innen. Starke Marken werden 2030 auf diesem Gebiet ihr Handwerk beherrschen. Heute passiert hier eindeutig zu wenig, diese Seiten werden oft unterschätzt, dabei müssen sich Unternehmen längst fragen: Wie fokussiere ich mich darauf, dass vernünftige Bewertungen für meine Marke entstehen? Wie werde ich im Netz als das sichtbar, was ich bin?

Viele Brands akzeptieren heute allenfalls, dass es solche Seiten gibt, nutzen sie aber zu wenig, geschweige denn: gestalten sie mit. Dabei haben Review-Portale längst die Funktion übernommen, die früher etwa das gedruckte Testmagazin erfüllte oder die Verkäuferin im Ladengeschäft, wenn sie sagte: „Hier habe ich ein besonders günstiges Produkt – und das dort drüben ist teuer, aber schon etwas ganz Besonderes. Und zwar aus folgenden Gründen ..."

Diesen Part übernehmen künftig immer häufiger Bewertungsseiten, Foren, Influencer:innen auf Social Media oder YouTube. Das wird, ich wiederhole mich gern: sehr unterschätzt. Nehmen wir nur auf dem Gebiet Software das Unternehmen G2.com. Oder im Reisesegment Holidaycheck. Selbst für Mitarbeiter:innen gibt es das: Kununu.

Jeder Sektor hat also seine digitale Bewertungsinstanz. Meist sind das übrigens sehr erfolgreiche Geschäfte, denn auch sie verwalten den Kontakt mit den Kund:innen.

Eher überschätzt wird meiner Meinung nach das Metaverse, wenn man damit die VR-Brille und das Abtauchen in eine andere Welt meint. Daran glaube ich nicht. Wenn ich eine Brille aufsetze, wird mir schlecht davon, bin ich also „motion sick“, ich kriege Bauchschmerzen. Aber ja, in Bereichen wie Gaming, wo sich Jugendliche in andere Welten begeben und beim Spielen den Trailer des neuen Films sehen, der auf Netflix anläuft, da gibt es heute schon Metaversen.

### 4. DIE BEDEUTUNG DES PREISES

Wir haben in den letzten Jahren viele, immer schnellere Innovationszyklen erlebt, weil Angebote kostenlos waren: Social Media, Google, Nachrichtenseiten oder Podcasts werden von Milliarden Menschen genutzt, sie gewannen schnell Kund:innen. Keine moderne IoT-Waschmaschine und kein Tesla kann so schnell adaptiert werden, denn die Kosten des Kaufes, der Nutzung, also der Adaption, sind viel höher als bei den Social-Media-Plattformen oder bei Google.

Der unfassbar schnelle Erfolg dieser Plattformen war auch möglich, weil der Preis für die Nutzung durch Endkund:innen schlicht null ist. Man sieht hier aus einer anderen Sicht, welche Relevanz (sehr) geringe Preise haben. Marketing ist auch 2030 ganz sicher auch noch eine Preisfrage.

Menschen werden künftig in immer mehr neuen Bereichen lieber erst mal das günstige Basisprodukt haben wollen, das sie dann je nach Bedarf mit Funktionen gegen Aufpreis aufladen. Beim Banking erleben wir das schon, in der Musikindustrie (Spotify) hat es sich durchgesetzt – und es trifft selbst große Player wie die Autoindustrie.

Beispiel: Ich kaufe 2030 ein Elektroauto und kann es dann mit WLAN oder mit Fahrgeräuschen oder einfach einfügbaren Systemen upgraden, wenn ich möchte. Oder: Ich kaufe gar kein Auto, sondern miete/share es, was zum Beispiel die Sixt-App heute schon anbietet. Für Fahrten zum Supermarkt nutze ich dann einen Smart oder VW up, und bei Bedarf hole ich mir am Wochenende das BMW-Cabrio. Oder ich nutze ein Leihfahrrad. Auch über App. Idealerweise alles über dieselbe App.

Was ich 2030 eher nicht tue: mir für 60.000 Euro ein neues Auto kaufen, dessen Wert in den ersten zehn Minuten nach der Anschaffung um zwölf Prozent sinkt.

Ein weiteres aktuelles Beispiel dazu: die sehr erfolgreiche Marke Yfood. Sie bietet effiziente Mahlzeiten zum Trinken und tritt damit gegen Döner und Big Mac an. Das Unternehmen ist inzwischen auf rund 100 Millionen Euro Umsatz gewachsen, alle wollen Yfood haben. Aber warum wollen sie das? Und wer sind die Kund:innen?

Eine der ganz konkreten Zielgruppen sind: Lkw-Fahrer:innen. Sie fragen sich jeden Tag sehr genau: Ich habe jetzt Hunger – soll ich mir für fünf, sechs Euro einen Döner an der Raststätte holen – oder haue ich mir für 3,60 Euro eine Pulle rein, spare dabei Zeit, Geld und ernähre mich obendrein auch noch gesünder?

Die Bedeutung des Preises wird manchmal etwas vernachlässigt; auch weil diejenigen, die sich mit Marketing beschäftigen, privat vielleicht selbst nicht immer ganz preissenibel denken müssen. Bekannt gemacht hat Yfood in der Zielgruppe der Trucker übrigens unter anderem ein Nischeninfluencer: „Sascha LKW“.

### 5. MARKEN WERDEN ZU MEDIEN

Neben Preissensibilität, Ideenreichtum und Kundenerstkontakt spielt 2030 auch das Thema Content eine relevantere Rolle. Produktmarken werden immer häufiger auch als Medienmarken agieren. Das Unternehmen Thomann war und ist hier ein Vorreiter. Mit seinen ausführlichen Produktbeschreibungen, -berichten und -videos im eigenen Shop bietet es schon seit Jahren Amazon die Stirn: Thomann ist Europas größtes Musikhaus.

Selbst Online-Broker erstellen inzwischen eigene redaktionelle Angebote, ebenso wie Online-Modeshops auf der eigenen Seite Influencer:innen einsetzen. Sportwettenanbieter produzieren eigene Inhalte, weil sie sagen: Bevor ich Anzeigen auf einer Sportseite schalte, kaufe ich lieber die ganze Seite.

Dieser Trend wird sich verstärken, viele Branchen werden dem Beispiel folgen – gut möglich, dass in Zukunft selbst etablierte Medienmarken immer häufiger von Produzenten übernommen werden.

Ob eine Marke wie „Computer Bild“ 2030 von Saturn oder vielleicht eher von notebooksbilliger.de, einem der größten deutschen Webshops überhaupt, der gerne übersehen wird, gekauft und betrieben wird? Heute eine steile These, morgen durchaus denkbar.

### UND WIE GEHT'S WEITER?

Niemand kann genau sagen, was Marketing im Jahr 2030 bedeutet. Vermutlich wird man an Hochschulen weiterhin das Konzept der „4P“ erklären, um Menschen theoretisch an das Thema heranzuführen. Und von den „P“ – also dem Preis, dem Place, dem Produkt, der Promotion – wird sicher nach wie vor der Preis eine Rolle spielen. Das kann kaum anders sein, auch wenn es immer wieder ungewöhnliche Preis-Phänomene gibt (noch nie haben zum Beispiel so viele Jugendliche Luxus-Modemarken gekauft wie heute).

Der Place, also der Ort, an dem der Verkauf stattfindet, wird sich weiter verändern und noch mehr ins Netz verschieben. Aber auch hier gibt es Bewegung. Die Frage ist, ob nicht mittlerweile jede Generation ihren eigenen Ort im Netz findet – bei Klamotten nutzen die Älteren Zalando und die Jüngeren AboutYou oder auf Social Media die Älteren Instagram, die Jüngeren TikTok, die Älteren N26, die Jüngeren Trade Republic und so weiter. Es wird spannend sein, das zu beobachten.

Die Promotion, also die Art der Bewerbung, wird sich verändern, darüber habe ich oben geschrieben. Und ganz sicher wird das Produkt eine noch viel wichtigere Rolle spielen. Niemand kauft mehr mittelgute Sachen, bloß weil sie im Fernsehen zu sehen waren. Stattdessen muss das Produkt selbst für sich werben oder weitere Käufe und Käufer:innen anziehen. Viel mehr als heute werden Produkte im Abo zu kaufen sein (was eine andere Geschichte ist).

Unabhängig aber von der ganzen Theorie und Deutung ist mein Gefühl: Es kommt ein Element dazu, das alle „P“ beeinflusst und alles entscheidet. Dieses Element kommt vielleicht überraschend, ich bin aber überzeugt: Empathie wird der Schlüssel.

Empathie ist eine der wichtigsten „Fähigkeiten“ der Zukunft. Schon heute fehlt sie an allen Ecken und Enden. Wenn Tausende Mitarbeiter:innen für die erfolgreichsten Digitalunternehmen der Welt Essen ausfahren, Hass-Posts bearbeiten oder Handys zusammensetzen, aber nur den Mindestlohn bekommen, während gleichzeitig Unternehmer:innen innerhalb von Tagen Milliarden an Wert dazugewinnen oder vernichten, wird das mehr Fragen aufwerfen als bislang.

Erfolgreich durch die Wirtschafts- und die Kommunikationswelt zu navigieren wird angesichts von Verwerfungen, Krisen und Ungleichheiten viel mehr Empathie benötigen als heute. Oder anders gesagt: Die Erwartungen der Menschen an Firmen und die Möglichkeiten, diese Erwartungen zu benennen, sind massiv gewachsen. Niemand kann künftig dauerhaft ein positives Gefühl für eine Marke oder ein Produkt erzeugen, der in seinem Handeln und Kommunizieren nicht empathisch ist.

Klar: Man kann mit Empathie alleine nicht an die Börse gehen. Aber wir werden 2030 eine Menge mehr davon brauchen, und sie wird einen Unterschied ausmachen.

*Philipp Westermeyer ist Gründer und Geschäftsführer von OMR – die führende europäische Plattform für die globale Digitalwirtschaft, die Inhalte, Events und Technologie umfasst (mehr als 300 Mitarbeiter:innen). Das jährliche OMR-Festival zählt zu den weltweit größten Events der Digitalbranche, 2022 kamen 70.000 Menschen nach Hamburg. Die OMR-Tochter „Podstars“ produziert über 100 Podcast-Formate, Westermeyer selbst spricht mit namhaften Gästen aus der ganzen Welt und hat rund 70.000 Hörer:innen. Vor OMR gründete er mit Partnern zwei Digital-Marketing-Firmen im Bereich Vermarktung und Technologie und verkaufte sie erfolgreich – adyard 2011 an Gruner + Jahr, metrigo 2015 an Zalando. Sein Buch „Digital Unplugged“ erreichte 2021 die SPIEGEL-Bestsellerliste.*

# PREMIUMMARKEN

## Nicht nur besser, sondern anders

**DR. AXEL KNIEHL,**
**Geschäftsführer Marketing & Sales der Miele Gruppe, über besondere Marken, die, gleich in welcher Branche, vor ihrer größten Herausforderung stehen: Menschen zu begeistern in einer Welt, in der alte Muster nicht mehr verfangen. Wie kann das gelingen?**

Großes Haus, coole Möbel, eine besondere Armbanduhr, das Cottage in der Provence? Auch 2030 wird es sicher noch das Bedürfnis nach statusträchtigem Besitz und dem besonderen Stil geben. „Premium" zu haben und zu sein bleibt Ziel von Milliarden Menschen auf der ganzen Welt. Zugleich ändert sich die Definition dessen, was ein Premiumprodukt auszeichnet, weiter, auch und gerade mit Blick auf globale Megatrends wie Überbevölkerung, Überalterung und Klimawandel. Themen wie Nachhaltigkeit oder Beständigkeit rücken noch stärker in den Mittelpunkt. Minimalismus statt Materialismus prägt zunehmend das Bild. Man möchte stolz sein auf das, was man besitzt, aber ohne damit zu protzen.

Diese Entwicklungen ermöglichen es bereits heute neuen Playern wie Tesla, scheinbar aus dem Nichts heraus den angestammten Platzhirschen das Leben schwer zu machen. Dabei nutzen diese Marken auch die Veränderungen in den Prioritäten der Touchpoints in den Consumer-Journeys – also all jener Momente, in denen Konsument:innen mit einer Marke in Berührung kommen, von der ersten Web-Recherche und Vorführung am Point of Sale über das Produkterlebnis bis zur Service-Erfahrung.

Diese Touchpoints werden bis 2030 nicht nur weiter in die digitale Welt vorrücken, sondern auch immer häufiger in der virtuellen Welt des Metaverse stattfinden. Die Informationsflut wird weiter zunehmen, die Anzahl der Kanäle, auf denen Kund:innen sich informieren, austauschen und einkaufen, wird noch größer sein – und damit auch die Gefahr von Fehlinformation und Manipulation.

In dieser Welt erreicht der Wettbewerb um die Aufmerksamkeit der Kund:innen eine ganz andere Qualität. Für Premiummarken sind damit aber nicht nur Risiken, sondern ebenso große Chancen verbunden – es braucht jedoch auch eine ziemlich radikale Veränderung im Spagat zwischen analoger und digitaler Entfachung von Begeisterung bei den Kund:innen.

## BEGEISTERUNG ALS SCHLÜSSEL: CUSTOMER DELIGHT AM TRUSTPOINT

Im globalen Wettbewerb um Premiumkund:innen erweist sich Begeisterung als die zentrale Voraussetzung für eine nachhaltig loyale Beziehung. Für diese Begeisterung braucht es jedoch signifikant mehr als die reine Bedürfnisbefriedigung. Dieses „Mehr" lässt sich am ehesten mit dem Begriff Customer Delight beschreiben. Momente eines solchen „herausragenden Kundenerlebnisses“ sind jedem schon begegnet, zumindest intuitiv: Ein Servicetechniker, der sich mitgebrachte Hausschuhe anzieht, bevor er eintritt, und mit dem eigenen Staubsauger nach verrichteter Arbeit sauber macht. Die Agentin am Servicetelefon, die per Ferndiagnose und Software-Update schnell die Lösung parat hat, ohne dass ein Techniker kommen muss. Oder auch die Erfahrung, dass die Waschmaschine nach über 20 Jahren immer noch perfekt funktioniert.

Diese Tipping Points in der individuellen Kundenerfahrung mit einer Marke führen regelmäßig dazu, dass wir mit unseren Nachbarn, Freunden oder der Familie dieses herausragende Markenerlebnis teilen. Früher geschah dies in der persönlichen Begegnung etwa zu Hause oder im Restaurant, heute überwiegend geteilt über die sozialen Medien. Überragende Erfahrungen werden gepostet, getweetet und geteilt und bergen so das Potenzial, eine größere Anzahl von Kund:innen sozusagen mit der Begeisterung für die Marke zu infizieren. Genauso, wie wir schlechte Erfahrungen teilen – und Marken anschließend das x-Fache in Marketing investieren müssen, um solche Negativerlebnisse aus den Köpfen der Kund:innen wieder zu verbannen. Insofern greifen zukünftig auch klassische Methoden zur Messung der Kundenzufriedenheit zu kurz, und auch der Net Promoter Score (NPS) kann den Begeisterungsfaktor nur teilweise erfassen. Vielmehr müssen neueste Methoden des Social Listening, zumindest ergänzend, zur Anwendung kommen.

Einige Trends, die sich bis 2030 noch weiter beschleunigen werden, stellen gerade Premiummarken im Hinblick auf diese Begeisterungsmomente vor besondere Herausforderungen: Fast alle Consumer-Journeys beginnen im digitalen Raum, deutlich über 50 Prozent der Transaktionen werden online auch abgeschlossen. Menschen verlagern ihr Leben zunehmend vom analogen in den digitalen oder virtuellen Raum, wo sich die Zahl der potenziellen Kontaktpunkte zwischen Marke und Kund:innen weiter vervielfacht.

Es ist deswegen essenziell, sich nicht im Kleinen zu verlieren, sondern für die eigene Marke die relevanten Kontaktpunkte für (potenzielle) Kund:innen zu identifizieren, fokussiert zu Trustpoints auszubauen und diese markengerecht zu gestalten. Vertrauen hat dabei vor allem mit Ehrlichkeit, Klarheit, Konsistenz und Transparenz zu tun, mit der die Marke sich an den Trust points präsentiert.

## ERFOLGSBAUSTEIN: DIRECT-TO-CONSUMER

Entscheidend ist, dass die Marke den Kund:innen auf allen Kanälen begegnet, die diese ihrerseits nutzen. Omnichannel heißt in diesem Fall Omnipräsenz. Die Premiummarke antizipiert, wo sie die Zielgruppe erreichen kann, ist präsent, ohne penetrant zu sein, hebt sich mit ihrem Auftritt vom Wettbewerb ab und schafft es so, die umkämpfte Aufmerksamkeit der Konsument:innen auf sich zu ziehen.

Traditionell haben sich Menschen mit Premiumanspruch dabei auf den stationären Handel verlassen können. Doch wie soll das funktionieren, wenn Großflächen ums Überleben kämpfen, qualitätsorientierte Fachgeschäfte immer seltener werden, Innenstädte veröden? Bis 2030 werden allein in Deutschland Tausende weitere Geschäfte aus den Städten verschwinden. Zugleich zeigen die anhaltenden Besucherschlangen vor den Stores von Marken wie Apple oder Louis Vuitton, dass insbesondere Fans von Premiumprodukten trotz Digitalisierung und Online-Handel weiter ein klares Bedürfnis nach einer realen Erreichbarkeit haben.

Dies ist auch nicht verwunderlich: Transaktionsfokussierte Online-Plattformen tun sich seit jeher enorm schwer, die spezifischen Vorzüge von Premiumprodukten herauszuarbeiten und vom Massenprodukt zu differenzieren. In diesem neuen „Internet-Sozialismus" stehen die Transaktion und der Marktanteil der Plattform im Vordergrund, nicht die Vermittlung des Markenwertes der einzelnen Produkte. Und wer ein hochwertiges Premiumprodukt recherchiert, bekommt prompt Alternativangebote von vorgeblich „vergleichbaren Produkten" serviert, die aber technisch und mit Blick auf den Kundennutzen oft deutlich abfallen. Insofern ist es auch nicht verwunderlich, dass gerade Premiummarken offline häufig signifikant höhere Marktanteile besitzen als in den Online-Kanälen.

## DIE EIGENEN SHOPS WERDEN ZU „MARKENLEUCHTTÜRMEN"

Hier können und müssen Marken mit innovativen Direct-to-Customer-Formaten gegensteuern. Dabei werden die eigenen Shops zu „Markenleuchttürmen", die weitaus mehr bieten als das bloße Produkt, bis hin zu Koch-Events, Coffee-Workshops und testweisem Waschen der eigenen Wäsche. In der Welt der Luxusmode ist dies seit jeher Strategie. Auch Miele geht diesen Weg bereits seit mehr als 20 Jahren und baut das weltweite Netz seiner Miele Experience Center (MEC) stetig weiter aus. Derzeit können Produkte von Miele in über 250 eigenen Stores live und mit allen Sinnen erlebt werden, und bis 2030 soll sich dieses globale Netzwerk noch einmal mehr als verdoppeln.

Zugleich gilt es, das emotionale Markenerlebnis vor Ort mit digitaler Convenience zu verbinden. Bei Miele geschieht dies heute zum Beispiel über digitale Präsentations- und Konfigurationsformate für das persönliche Beratungsgespräch. Umgekehrt können sich Kund:innen über die Funktion „Go-in-Store" aus dem Miele Webshop in unseren eigenen Geschäften live beraten lassen. Inzwischen hat Miele ein erstes In-House-Geschäft eröffnet, das sich ausschließlich der digitalen Live-Beratung verschrieben hat. Diese und weitere hybride oder rein digitale Formate werden sich weiter durchsetzen und bis 2030 ein wichtiger Vertriebsbaustein sein.

Die letzten Jahre haben gezeigt, wie schnell sich neue Verkaufskanäle und -plattformen entwickeln – so zum Beispiel TikTok mit seiner hohen Verweildauer und überdurchschnittlichen Aktivität – und andere an Bedeutung verlieren. Es kommt also darauf an, Trends frühzeitig zu erkennen und deren Bedeutung als Trustpoint für die eigene Premiummarke zu bewerten und die Vertriebs- und Kommunikationsstrategie gegebenenfalls anzupassen. Ob Konsument:innen dabei letztlich direkt beim Hersteller kaufen oder über einen Händler, ist nachrangig. Entscheidend ist allein, die Begeisterung für die Marke und das Produkt zu entfachen und in Umsatz umzumünzen.

## ERFOLGSBAUSTEIN KUNDENBINDUNG: DATENBASIERTE, NACHHALTIGE „BRAND LOVE" ETABLIEREN

Premiummarken im Segment der langlebigen Konsumgüter bieten besondere Herausforderungen, aber auch Chancen, um eine Kundenbindung im Sinne von „Brand Love" zu etablieren. Bei langlebigen Konsumgütern erfolgt der Kaufentscheid in langgestreckten Zyklen von 5 bis 15 Jahren. Das bedeutet, dass nur alle 5 bis 15 Jahre eine Gelegenheit entsteht, dass ein:e Kund:in beabsichtigt, eine Waschmaschine, einen Backofen oder ein Auto zu kaufen. Insofern ist es umso wichtiger, über den Nutzungszyklus mit Kund:innen in einem aktiven Dialog zu stehen und deren Nutzungsgewohnheiten und Präferenzen möglichst genau kennenzulernen. Wesentlicher Hebel hierfür sind die fortschreitende Digitalisierung und die damit verbundenen Chancen aus der Vernetzung der Geräte. Bis 2030 wird dies zu einer signifikanten Verschiebung im Umsatz- und Ergebnismix in der Nachkaufphase führen.

Bereits heute fließen große Entwicklungsaufwände in den Bereich von Smart Home. Diese Investitionen durch die Monetarisierung der Leistungsangebote auch wirtschaftlich zu rechtfertigen fällt bislang allerdings schwer. Auch das wird sich bis 2030 fundamental ändern. Die mit der Digitalisierung einhergehende Vernetzung der Geräte ermöglicht in immer größerem Maße werthaltige Zusatzleistungen: Bereits heute ist das Feedback für Remote Updates der Software, also etwa das Aufspielen neuer, noch energieeffizienterer Programme oder auch für Empfehlungen zum Erhalt der Langlebigkeit unserer Geräte, sehr positiv. Gleichzeitig lernen die Hersteller aus den anonymisierten Daten enorm viel über die Nutzung der Geräte und können dies in die Entwicklung künftiger Produkte einfließen lassen.

Ein Beispiel: Während die Industrie Millionen in die Entwicklung energiesparender Programme investiert, bleibt die effektive Nutzung dieser Programme häufig im einstelligen Prozentbereich. Wie lässt sich das ändern?

Oder: Der plötzliche Ausfall eines Gerätes ließe sich häufig vermeiden, wenn die Vernetzung dazu genutzt würde, über digitale Ferndiagnose und -prävention Kund:innen rechtzeitig zu informieren, etwa wenn das Wasser zu hart oder der Filter verunreinigt ist. Gerade für Premiummarken liegen hier enorme Chancen für eine wertorientierte, nachhaltige Beziehung mit ihren Kund:innen.

Die Gerätevernetzung muss in Zukunft allerdings auch dazu genutzt werden, digitale Angebote zu machen, die auf Kund:innen individuell zugeschnitten sind und auch entsprechend monetarisiert werden können. Hierfür müssen sie ihnen weiterführende Lösungen anbieten, in Ökosystemen denken, diese entwickeln und den Kund:innen dann zum richtigen Moment anbieten: Wie nutzen sie die Produkte, was könnten konkrete zusätzliche Bedürfnisse sein, derer man sich womöglich noch gar nicht richtig bewusst ist? Und was kann ein Anbieter tun, um diese im passenden Moment punktgenau zu bedienen?

Die Kernherausforderung für nachhaltiges Consumer-Engagement ist die Sammlung und Verknüpfung von Daten und die konsequente Anwendung von Künstlicher Intelligenz (KI). Doch gerade bei den Kundendaten ist davon auszugehen, dass deren freiwillige Weitergabe in den kommenden Jahren weiter abnimmt und auch der rechtliche Rahmen zur Sammlung und Verarbeitung zunehmend verschärft wird. Hier schließt sich der Kreis zur Direktvermarktung von Produkten und einer Trustpoint-basierten Kundeninteraktionsstrategie: Je direkter der Kontakt zwischen Marke und Konsument:in und je klarer Marken glaubwürdig das Vertrauen der Beziehung in den Vordergrund stellen, desto leichter kann es gelingen, Konsument:innen nachhaltig in das Ökosystem einzubeziehen.

Die (begeisterte) Bereitschaft der Kund:innen zu einem permanenten Austausch („nachhaltiger Consent") führt nicht nur beim Wiederkauf zur „Top-of-Mind-Position", sondern ermöglicht auch signifikante weitere Monetarisierungsoptionen über die gesamte Lebensdauer. Aus einem losen Kontakt wird eine stabile Beziehung. Aus „Brand Ownership" wird „Brand Love", und dies zum nachhaltigen Nutzen aller Beteiligten – wenn das Vertrauen stimmt.

## FAZIT: PREMIUMMARKEN WERDEN 2030 IHRE KUND:INNEN NOCH BESSER KENNEN

Was erwartet uns in 2030? Wir können davon ausgehen, dass Premiumkund:innen sich im langlebigen Produktsegment auf weniger Marken konzentrieren werden, nämlich auf diejenigen, die einen deutlichen Mehrwert durch ihr Ökosystem bieten. Dieses Ökosystem wird auf einer überragenden Kenntnis der Präferenzen und des Nutzungsverhaltens der einzelnen Kund:innen basieren und diesen Informationsvorsprung in eine individualisierte Kundenbeziehung und passgenaue Angebote übersetzen.

In einer zunehmend komplexen und digitalisierten Welt braucht es dafür aber auch mehr denn je den unmittelbaren Kontakt zwischen Marke und Konsument:in. Wenn man dieses Szenario zu Ende denkt, ist davon auszugehen, dass sich der Direktvertrieb im Premiumsegment massiv erhöhen und verbreitern wird. Die Kundenbeziehung mutiert von einem Transaktionsmodell zu einem „Partner of my Life"-Modell.

Ob eine Marke ihr Potenzial wirklich nutzt, hängt also nicht zuletzt am richtigen Mix aus physischem und digitalem Kontakt. Hier wiederum bieten Daten zahlreiche Ansatzpunkte, welche die Welt der Marken aber auch immer technischer und „nerdiger“ machen. So wird Marketing zunehmend ein Konglomerat aus Mensch und Maschine – ein Gebilde, das nach innen hochkomplex ist, den Kund:innen aber ebenso hochwertig wie einfach erscheinen muss.

*Dr. Axel Kniehl ist seit 2014 Geschäftsführer Marketing & Sales der Miele Gruppe. Er war zuvor Vice Präsident des Whirlpool-Konzerns für das Geschäft in Nord- und Kontinentaleuropa und in Personalunion CEO der Stuttgarter Konzerntochter Bauknecht Hausgeräte. Nach seiner Promotion hatte Kniehl für die Unternehmensberatung McKinsey gearbeitet und später – als Ressortleiter Internationale Expansion – für die Fielmann AG.*

# BLICK VON AUSSEN III

## VERTEIDIGUNG

### „Yin-&-Yang-Beziehung zwischen Militär und Wirtschaft“

**STANLEY MCCHRYSTAL,**
Vier-Sterne-General der US-Armee im Ruhestand, spricht im *Next.2030*-Interview über Kriege der Zukunft, Atomwaffen, die verheerenden Auswirkungen von Cyberangriffen und Putin

**GENERAL MCCHRYSTAL, UNSER THEMA IST DER KRIEG UND DIE VERTEIDIGUNG DER ZUKUNFT. WIR ZIVILISTEN SAGEN, DASS WIR HEUTE IN SEHR SCHWIERIGEN ZEITEN LEBEN. FÜR SIE ALS VIER-STERNE-GENERAL GEHÖRTEN SCHWIERIGE ZEITEN SCHON IMMER ZUM TAGESGESCHÄFT. WIE SCHWIERIG IST FÜR SIE PERSÖNLICH DER AKTUELLE KRIEG?** Ich glaube, dass der Krieg in der Ukraine ein Wendepunkt in der Geschichte meines Lebens ist. Es ist das gefährlichste Ereignis der letzten 50 Jahre oder zumindest seit dem Fall der Berliner Mauer. Und ich glaube, dass er die Dynamik nicht nur in Europa, sondern in der ganzen Welt auf absehbare Zeit verändert. Ich halte ihn also für außerordentlich gefährlich, sowohl aus militärischer Sicht als auch aus geopolitischer Sicht in der ganzen Welt.

**WIR REDEN VIEL DARÜBER, WIE WIR MIT DIESER KRISE UMGEHEN SOLLEN, WEIL SIE SICH VOR UNSERER HAUSTÜR ABSPIELT. WIE MAN SICH RESPEKT VERSCHAFFT, INDEM MAN DOMINANT AUFTRITT. WÜRDEN SIE DER NATO EMPFEHLEN, SICH MEHR UND AKTIVER IN DEN KRIEG EINZUMISCHEN? KÖNNTE DAS DER ERSTE SCHRITT ZUR BEENDIGUNG DES KRIEGES SEIN ODER DER ERSTE SCHRITT ZUR KATASTROPHE?** Das ist eine schwierige Balance. In erster Linie denke ich: Wir müssen Wladimir Putin stoppen. Ich denke, dass er einen Großteil der russischen Nation vereint hat, indem er versucht, die Ukraine wieder in das russische Imperium einzugliedern. Aber das können wir nicht zulassen. Nicht nur, weil die Ukraine ein unabhängiger Staat ist, sondern weil ich glaube, dass es als Präzedenzfall sehr, sehr gefährlich wäre. Ich denke also, wir müssen ihn aufhalten. Ich bin nicht der Meinung, dass wir einen größeren Krieg anstreben sollten. Meiner Meinung nach besteht der wichtigste erste Schritt darin, die Einheit des Westens gegen Putin zu festigen und eine sehr klare und entschlossene Politik dagegen zu verfolgen, was leichter gesagt ist als getan. Wenn das bedeutet, dass sich die westlichen Nationen unter Führung der Vereinigten Staaten möglicherweise stärker in den Krieg einmischen müssen, dann denke ich, dass wir genau das tun müssen. Aber ich würde das nicht anstreben.

**GIBT ES EINE MÖGLICHKEIT, DEN KRIEG SO ZU BEENDEN?** Ich glaube: Wenn wir den Krieg nicht beenden, wird er so lange andauern, bis Putin die ganze Ukraine unter Kontrolle hat. Zumindest hat er dafür gesorgt, dass Selenskyj nicht wirklich eine unabhängige Nation führen kann. Wir müssen also alles tun, um das zu verhindern. Ich glaube, dass wir ihn (Putin) ab einem gewissen Punkt wahrscheinlich davon überzeugen können, dass er nicht gewinnen kann. Dass er versuchen wird, deutlich niedrigere Ziele anzustreben, vielleicht die Donbass-Region, und die Krim zu halten. Wenn wir ihn nicht aufhalten, befürchte ich, dass die Ukraine als unabhängige Nation nicht mehr existieren kann.

**IST ES IN UNSEREN SCHLIMMSTEN TRÄUMEN MÖGLICH, DASS DIESER KRIEG BIS ZUM JAHR 2030 DAUERT? WIE WÜRDE ER DANN AUSSEHEN?** Ich denke, im allerschlimmsten Fall könnte der Krieg so lange weitergehen. Weil ihn Russland bei einem begrenzten Aktivitätsniveau bis in alle Ewigkeit fortsetzen könnte. Und ich glaube nicht, dass die Ukrainer aufgeben, wenn der Westen weiterhin Nachschub liefert. Sehen Sie sich den Iran-Irak-Krieg in den 80er-Jahren an, der fast ein Jahrzehnt lang geführt wurde. Kriege können sehr lange andauern, wenn sie begrenzt sind, das heißt: Wenn es nicht so viele Beteiligte gibt. Ich denke also, er könnte noch andauern. Ich glaube nicht, dass das gut ist. Aber ich denke, es ist offensichtlich eine der Optionen.

**SEHEN SIE EINE MÖGLICHKEIT, DAS GANZE ZU STOPPEN? ODER KÖNNEN WIR NUR ZUSEHEN UND BETEN?** Nein. Ich denke, wir, der Westen und die Welt als Ganzes, haben die Möglichkeit, das Ganze zu stoppen. Der Weg ist: es für Russland unmöglich oder zu teuer zu machen, die Operation fortzusetzen. Ich denke, dass solche Mittel Sanktionen sind und die Einschränkung der Möglichkeiten Russlands, Öl, Gas und andere Rohstoffe zu verkaufen, worauf das Land angewiesen ist. Also das Ganze auf dem Schlachtfeld teuer machen. Und wir haben bisher gute Arbeit geleistet, indem wir der Ukraine Waffen zur Verfügung gestellt haben, die sie in die Lage versetzen, effektiv gegen Russland vorzugehen. Aber die Realität ist, dass wir mehr von beidem tun müssen. Und ich denke, dass das nicht aufhören wird, bis Russland, nicht nur Putin, sondern auch Russland feststellt, dass es einfach zu teuer und zu schmerzhaft ist, weiterzumachen.

**DIE GANZE WELT FASST WLADIMIR PUTIN MIT SAMTHANDSCHUHEN AN, WEIL ER ATOMWAFFEN HAT. WIE SOLLTE ER BEHANDELT WERDEN?** Mit Vorsicht. Ich glaube zwar nicht, dass er strategische Atomwaffen einsetzen wird, also interkontinentale ballistische Raketen, denn das wäre Selbstmord für sein Regime. Ein vernünftiger Mensch würde das nicht tun. Ich denke aber, es besteht die Möglichkeit, dass er taktische Atomwaffen einsetzt, um nicht nur die Ukraine, sondern auch das übrige Europa einzuschüchtern. Er würde damit ein Signal senden, dass ein Atomkrieg über die Grenzen der Ukraine hinausgehen kann. Das ist kein rationaler Akt, aber ich bin mir nicht sicher, ob Wladimir Putin als völlig rationaler Akteur betrachtet werden kann. Ich denke, er hat seine persönliche Glaubwürdigkeit und seine persönliche Zukunft in diese ganze Operation gesteckt. Wir können uns von ihm nicht erpressen lassen, sonst verlieren wir automatisch.

**WAS UNTERSCHEIDET STRATEGISCHE VON TAKTISCHEN ATOMWAFFEN?** Taktische Atombomben wurden nach dem Zweiten Weltkrieg entwickelt. Es sind kleine Atomwaffen. So klein, dass man sie gegen einzelne Dörfer, Fabriken oder Stadtteile einsetzen kann. Aber es sind immer noch Atomwaffen, die radioaktiven Fallout und massive Zerstörung verursachen. Wenn Putin glaubt, dass er taktische Atomwaffen einsetzen kann, um Ausrüstung und ukrainische Wirtschaftsaktivitäten zu zerstören, sendet er damit auch eine wirkungsvolle Botschaft zur Informationskriegsführung.

**WAS WÜRDE PASSIEREN, WENN PUTIN DAS TÄTE?** Das ist schwer zu sagen. Ich glaube nicht, dass sich alle sofort zurückziehen und sagen würden: Na ja, dann lasst Putin seine Mission eben erfüllen. Ich finde aber auch nicht, dass wir sofort mit Atomwaffen reagieren sollten. Aber wenn er wirklich eine taktische Nuklearwaffe in der Ukraine einsetzt, um eine Botschaft zu senden und viele Menschen zu töten, dann sollte der Westen das zum Anlass nehmen, das Bündnis zu festigen, die Sanktionen zu verstärken und auf noch mehr konventionelle Waffen zu setzen. Ich würde seine Schwarzmeerflotte ins Visier nehmen und zerstören.

**IHRE THEORIE LAUTET, DASS DER KRIEG IN DER UKRAINE ERST ENDET, WENN DIE KOSTEN RUSSLAND IN DEN RUIN TREIBEN. MÜSSEN WIR DANACH AN EINEN NEUEN MARSHALLPLAN DENKEN, DAMIT DAS LAND NICHT IN EINEM BEDROHLICHEN CHAOS VERSINKT?** Ich weiß nicht, wann es passiert, aber ich denke, Putin treibt sein Land in den Bankrott. Russland hat eine sehr limitierte Wirtschaftskraft, ich glaube ungefähr vergleichbar mit Holland. Russland wird wirtschaftlich implodieren – mit allen möglichen sozialen Auswirkungen. Es wird in Europas bestem Interesse sein, es besser zu machen, als wir es 1990/91 getan haben, also eingreifen und ihnen beim Wiederaufbau der Gesellschaft und der Wirtschaft helfen.

**THEMENWECHSEL: CHINA VERFOLGT EINEN MASTERPLAN, UM DIE FÜHRENDE WELTMACHT ZU WERDEN. WIRD PEKING SEIN ZIEL BIS 2030 ERREICHT HABEN?** Ich glaube nicht, dass sie ihr Ziel bis 2030 erreichen. China verfolgt eine expansionistische Sichtweise, was seinen Einfluss in der Welt angeht, sowohl durch Wirtschaft als auch durch Handel. Da ist die Idee der Seidenstraße. Damit hinterlassen sie einen extremen wirtschaftlichen und damit politischen und letztlich auch militärischen Fußabdruck. Der Gefahrenpunkt zwischen jetzt und 2030 ist natürlich Taiwan. Präsident Xi Jinping hat öffentlich versprochen, Taiwan unter die direkte Kontrolle der Volksrepublik China zu stellen. Und wenn ein Staatsoberhaupt seine persönliche Glaubwürdigkeit in die Waagschale wirft, erhöht das die Gefahr. Ich glaube, dass Präsident Xi ein sehr großes Ego hat, was die Situation um Taiwan außerordentlich schwierig macht. Die Welt muss also eine Entscheidung treffen. Taiwan an sich ist für das Überleben der westlichen Demokratien wahrscheinlich nicht entscheidend, auch wenn die dortige Chip-Produktion wichtig ist. Aber ich glaube, dass es für Japan, Korea, den Rest Südostasiens, aber auch für die Welt gefährlich wäre, wenn man China einen solchen Schritt erlauben würde. Dies ist also ein weiterer Fall, in dem internationale Allianzen unerlässlich sind. Es wird für jede Nation, selbst für die Vereinigten Staaten, schwer sein, es mit Russland und China aufzunehmen. Wir brauchen Allianzen.

**WIRD CHINA TAIWAN BIS 2030 ANNEKTIEREN?** Sie werden es tun, sobald sie glauben, dass sie damit durchkommen. Im Moment meinen sie, dass eine direkte Invasion sehr kostspielig und möglicherweise erfolglos sein würde. Die Herausforderung für uns, den Westen, besteht darin, ihnen klarzumachen, dass die Kosten immer höher wären, als sie zu zahlen bereit sind. Die Herausforderung für den Westen besteht also darin, den Einsatz so zu erhöhen, dass unsere Einigkeit, unsere militärischen Fähigkeiten und unser politischer Wille hoch genug sind, dass China zu dem Schluss kommt, dass dies keine echte Option ist.

**WIE GROSS IST DIE GEFAHR, DASS CHINA CYBERANGRIFFE NUTZT, UM KRITISCHE INFRASTRUKTUREN WIE KRANKENHÄUSER UND STROMVERSORGER LAHMZULEGEN?** Das ist ein interessanter Punkt. Ich denke, die Gefahr besteht zu 100 Prozent. Wir haben eine viel effektivere Cyberkampagne Russlands in der Ukraine und gegen den Westen erwartet. Schließlich unterstützt der Westen die Ukraine. Es war aber nicht annähernd so effektiv, wie wir befürchtet hatten. China hat verstanden, dass der Cyberkrieg ein wesentlicher Teil seiner militärischen Strategie sein muss. Zunächst würde sich China auf Taiwan konzentrieren, um es zu stören. Danach würden sie Nationen ins Visier nehmen, die Taiwan unterstützen – die Vereinigten Staaten, Australien, Japan und andere. Die Frage ist nun, ob sie mit einem einzigen Angriff aufs Ganze gehen oder begrenzte Angriffe durchführen würden, um das Signal zu senden: Wir können mehr tun! Und damit haben wir das Äquivalent zu Atomwaffen. Die Auswirkungen von Cyberangriffen auf eine Gesellschaft könnten verheerend sein. Man legt dann nicht nur die Strom- und Wasserversorgung lahm, sondern die Fähigkeit einer Nation, wirtschaftlich zu agieren. Allerdings wissen die Chinesen, dass wir das auch können. Es handelt sich also um eine Art gegenseitiger Zerstörungsankündigung. Wir müssen die klare Botschaft vermitteln, dass die Kosten höher wären als jede Berechnung der Konsequenzen eines Angriffs.

**DIE DEUTSCHE WIRTSCHAFT IST VON CHINA ABHÄNGIG. WAS IST IHRE BOTSCHAFT AN UNTERNEHMER?** Als China seine Wirtschaft öffnete und plötzlich enorme Möglichkeiten, riesige Märkte und Produktionsmöglichkeiten bot, bot sich für die Wirtschaft ein Bild, als säße ein Kind im Süßwarenladen: Es gab unbegrenzt viele Möglichkeiten, davon zu profitieren. Aber wenn ein Land wie Deutschland bei der Versorgung mit Energie, Rohstoffen, kritischen Mineralien oder Teilen seiner Versorgungskette von anderen Ländern abhängig ist, dann hat es sich selbst geschwächt. Dies steht im Widerspruch zur Globalisierung. Unternehmen ticken kapitalistisch. Sie werden sich immer für den effizientesten Standort zur Herstellung von Waren oder den besten Weg zum Verkauf entscheiden. Aber das berücksichtigt nicht die Anforderungen der nationalen Verteidigung und die Widerstandsfähigkeit der Nation. Deshalb denke ich, dass jede Nation einen Schritt zurücktreten und das Äquivalent einer Industrie- und Wirtschaftspolitik entwickeln muss, die sicherstellt, dass die Versorgungsketten nicht so anfällig sind, wie sie es bisher waren. Wenn du dazu nicht in der Lage bist, kannst du die geopolitische Zukunft deiner Nation nicht kontrollieren.

**APROPOS WIRTSCHAFT UND WISSENSCHAFT. WIR HABEN AUS DEM KRIEG GELERNT, DASS NICHT NUR SIE TREIBENDEN KRÄFTE EINER GESELLSCHAFT SIND. DAS MILITÄR WIRD WICHTIGER. DAS GILT BESONDERS FÜR DEUTSCHLAND. WELCHE ROLLE SEHEN SIE FÜR DAS MILITÄR DER ZUKUNFT?** Ich denke, es braucht eine Yin-&-Yang-Beziehung zwischen dem Militär und der Wirtschaftskraft einer Nation. Wir stellen gerade fest, dass in einem realistischen geopolitischen Umfeld ohne ein glaubwürdiges Militär, das in der Lage ist, für Sicherheit zu sorgen und den Zugang zu Ressourcen zu gewährleisten, die Wirtschaft einer Nation zu anfällig ist und nicht funktionieren kann. Wir hatten in der Vergangenheit eine Art Flitterwochen, und, um ehrlich zu sein: Deutschland lebte seit dem Ende des Zweiten Weltkriegs in einem unrealistischen Umfeld. Weniger während des Kalten Krieges, aber insbesondere nach 1989 hat das die ganze Welt genossen; wir dachten, das Militär sei nicht so wichtig, weil ja globalisiert wurde. Ich denke, dass wir jetzt feststellen werden, dass man kein Militär mehr braucht, um abenteuerlustig zu sein und andere Nationen zu erobern, aber man braucht Militär, um die wirtschaftliche Struktur und das System zu schützen, in dem man sich befindet. Wirtschaftliche, politische und militärische Bündnisse benötigen auch eine integrierte militärische Beziehung, damit das größere Netzwerk geschützt ist, denn allein kann fast keine Nation als wohlhabende wirtschaftliche, einzelne Einheit funktionieren. Das bedeutet, dass unsere Militärs so zusammenarbeiten müssen, dass sie jede einzelne Einheit, aber auch das größere System schützen können. Das ist nicht neu in der Geschichte, aber es ist wichtiger als je zuvor, denn wir sind wirtschaftlich weniger autark als je zuvor.

**WENN DAS MILITÄR IMMER WICHTIGER WIRD, KÖNNTE DAS AUCH BEDEUTEN, DASS WIR UNS AN MEHR KRIEGE GEWÖHNEN MÜSSEN?** Es gab schon immer zwei konkurrierende Denkschulen. Die eine besagt, dass eine Verringerung des Militärs die Wahrscheinlichkeit eines Krieges verringert. Und das würden wir natürlich alle gern glauben. Aber das wird von der Geschichte nicht bestätigt. Wir haben eher Folgendes festgestellt: Wenn man es zulässt, selbst zu schwach zu werden, wird jemand anderer das ausnützen. Leider hat sich in der Weltgeschichte gezeigt, dass das beste System ein Gleichgewicht der Kräfte ist, in dem jede Nation stark genug ist und andere Nationen keinen Anreiz haben, anzugreifen. Die Gefahr heute besteht nun darin, dass alle immer stärker werden, bis wir alle zu große Armeen haben. Das ist in der Geschichte ja schon ein paar Mal passiert. Hoffentlich erreichen wir also diesmal ein Niveau, auf dem wir zu einem vernünftigen Maß an Verteidigungsfähigkeit finden, also niemand glaubt, dass es das Risiko wert ist. Und das führt zurück zu den Bündnissen: Wenn jede einzelne Nation stark genug sein muss, um sich allein zu verteidigen, ist das eine Menge. Mit einem wirksamen Bündnis wie dem der NATO nach Artikel 5 wird es gefährlicher für eine einzelne Nation, einen Krieg zu beginnen. Ich denke, so muss die Welt in Zukunft aussehen.

**EUROPA, USA, CHINA, RUSSLAND – WIR ERLEBEN DIE ENTSTEHUNG EINER NEUEN WELTORDNUNG. WIE WIRD SIE IM JAHR 2030 AUSSEHEN? WIRD EUROPA DIE ROLLE EINES JUNIORPARTNERS DER VEREINIGTEN STAATEN EINNEHMEN?** Europa ist dann eher ein größerer Partner als jetzt. Die Allianz des Westens, die aus den Vereinigten Staaten und Westeuropa oder so viel Europa wie möglich besteht, wird ein wichtiges Bündnis sein. Es wird auch weitere Teilnehmer geben, Australien und andere Akteure in der Welt, die Teil dieses Bündnisses sein müssen. Unsere Bündnisse werden sich also nicht nur auf Europa oder Asien beschränken, sie werden integriert sein. Und ich denke, diese Allianzen werden sich auch in den Vereinten Nationen widerspiegeln. Wobei ich mir hier nicht sicher bin, 2030 ist vielleicht zu nah – die Vereinten Nationen werden eine Rolle spielen, aber ich denke, dass die NATO im Jahr 2030 eine größere Rolle spielt.

**HABEN SIE NOCH ETWAS POSITIVES FÜR UNS? DAMIT WIR EIN BISSCHEN HOFFNUNG HABEN.** Auf jeden Fall. Es gibt unheimlich viel Positives. Der wichtigste Punkt ist, dass wir die wirtschaftlichen Möglichkeiten sehen, die wir haben. Technologie wird uns Möglichkeiten geben, Energie für die Menschen viel effektiver und billiger zu machen. Die Nutzung der Informationstechnologie wird es uns ermöglichen, effizienter zu werden, sodass Produktion und wirtschaftlicher Wohlstand nicht grenzenlos, aber fast grenzenlos sein können. Wir werden zwei neue Mitglieder in der NATO und ein viel stärker geeintes Europa haben. Ich denke, man wird eine engere Beziehung zu den Vereinigten Staaten führen, weil die Welt das diktiert. Und auch wenn es wegen der Invasion in der Ukraine geschehen sein mag, wird das Ergebnis positiv sein. Die Menschen werden denken, dass wir uns gegenseitig verteidigen. Und ich glaube, dass das am Ende des Tages zu einer viel stabileren und wohlhabenderen Welt führt.

**EINE FOLGEFRAGE ZUR TECHNOLOGIE: VOR 80 JAHREN HATTEN WIR EINEN WETTLAUF UM ATOMWAFFEN. WIRD ES EINEN NEUEN WETTLAUF UM TECHNOLOGISCHE WAFFEN GEBEN, VON DENEN WIR HEUTE NOCH NICHTS WISSEN?** Ja, ich glaube, wir befinden uns gerade mitten in einem Wettlauf. Der erste Wettlauf betraf kleinere Technologien wie Präzisionswaffen oder Nachtsichtgeräte oder die Fähigkeit, in den Weltraum zu gelangen. Das sind Rennen, die sehr schnell verlaufen sind. Und wir erleben, was ich die Demokratisierung der Technologie nenne. Eine Zeit lang gab es nur einige wenige Nationen, die Raketen hatten, die einen bestimmten Punkt treffen oder das globale Positionierungssystem nutzen konnten. Jetzt ist das auf breiter Basis verfügbar. Ich glaube, die nächsten großen Wettkämpfe werden in zweierlei Hinsicht stattfinden. Der eine wird im Bereich der Künstlichen Intelligenz liegen, denn sie ist sehr leistungsfähig und wird die Effizienz und Effektivität in so vielen Bereichen beeinflussen, dass ein halsbrecherischer Wettlauf entsteht. Der zweite große Wettlauf wird sich um Materialien drehen, um Batteriematerialien zum Beispiel. Die Kernfusion und dergleichen sind jetzt in Sichtweite. Ich denke, auch hier hat ein Wettlauf begonnen, dem wir kaum Beachtung schenken. Im Moment läuft das Programm in Frankreich. Aber allein in den Vereinigten Staaten gibt es 40 Start-ups für Fusions-Energieprojekte. Wir befinden uns also in Sichtweite der Ziellinie von Dingen, die in unserer Kindheit eine Art Traum waren.

*Stanley McChrystal ist Vier-Sterne-General der US-Armee im Ruhestand. Er war bis 2010 Kommandeur der ISAF in Afghanistan sowie der US Forces Afghanistan. Von 2003 bis 2008 führte er als Kommandeur des Joint Special Operations Command (JSOC) einen Großteil der Operationen von Spezialtruppen im Irak und in Afghanistan.*

# DANKE!

**HERZLICHEN DANK**
*für die (teilweise unermüdliche) Unterstützung dieses Buchprojekts an:
Rolf Ackermann, Cherylanne Anderson, Felix Bauch,
Mira Dechant, Jan Dermietzel, Carmen Dörsch, Christian Frommert, Kai Gerullis,
Len Khodorkovsky, Andreas von Münchow, Carsten Prudent, Ann-Sofie Ruf,
Thomas Schalberger, Tina Schmitt, Sandra Schönhage, Danielle Schoof, Cameron Scott,
Sandra Tibor, Thomas Voigt, Gabi Westerteiger und Peter Wübben.*

Printed in Poland
by Amazon Fulfillment
Poland Sp. z o.o., Wrocław

21618422R20158